中国社会科学院创新工程学术出版资助项目

勤俭村遇上哲学

单继刚 马新晶 周广友 著

中国社会科学出版社

图书在版编目(CIP)数据

勤俭村遇上哲学 / 单继刚等著. —北京：中国社会科学出版社，2015.8
ISBN 978-7-5161-6820-2

Ⅰ.①勤… Ⅱ.①单… Ⅲ.①马克思主义哲学—研究
Ⅳ.①B0-0

中国版本图书馆 CIP 数据核字 (2015) 第 197583 号

出 版 人	赵剑英
责任编辑	冯春风
责任校对	韩天炜
责任印制	张雪娇
出　版	中国社会科学出版社
社　址	北京鼓楼西大街甲 158 号
邮　编	100720
网　址	http://www.csspw.cn
发行部	010-84083685
门市部	010-84029450
经　销	新华书店及其他书店
印　刷	北京君升印刷有限公司
装　订	廊坊市广阳区广增装订厂
版　次	2015 年 8 月第 1 版
印　次	2015 年 8 月第 1 次印刷
开　本	710×1000 1/16
印　张	16.75
插　页	2
字　数	275 千字
定　价	65.00 元

凡购买中国社会科学出版社图书,如有质量问题请与本社营销中心联系调换
电话：010-84083683
版权所有　侵权必究

献给所有致力于马克思主义哲学大众化的人们

图扉-1 勤俭村口"中国农民哲学村"景观石

浙江衢州江山市新塘边镇勤俭村,地处江山市西南26公里处,邻近浙赣铁路、205国道、京台高速(黄衢南段)。全村区域面积1.34平方公里,建成区面积0.13平方公里,耕地812亩,山林147亩,水面135亩,园地104亩。

勤俭村由勤俭、里塘尾、突后三个自然村组成,共有11个村民小组,367户,1102人。其中,村干部4人,党员50人,村民代表32人。生猪养殖、外出务工为勤俭村主要收入来源,种茶、养鱼等特色产业也有一定规模。村集体经济年收入25万余元,村民人均纯收入超过13000元。

20世纪70年代初,在时任党支部书记姜汝旺的带领下,勤俭村形成了学习毛主席著作的热潮,在《人民日报》等中央级媒体连续发表多篇文章,喊出了"种田人就是能学好用好哲学"的豪言壮语,成了全国农民学哲学用哲学的典型。姜汝旺应邀到北京作汇报,名扬海内外。短短几年间,全国共有十多万人来勤俭村参观学习,勤俭村因此有"中国农民哲学村"之称。

近几年,勤俭村重拾"农民学哲学"这一文化品牌,与时俱进,从

"哲学的矛盾论"向"哲学的发展观"转变,注意凸显符合时代要求的生态哲学、低碳哲学和幸福哲学,共获得"浙江省文化示范村"、"浙江省卫生村"、"浙江省绿化示范村"、"衢州市民主法治村"、"衢州市生态示范村"、"江山市文明村"、"江山市'中国幸福乡村'"等十多项荣誉。

(2012年资料)

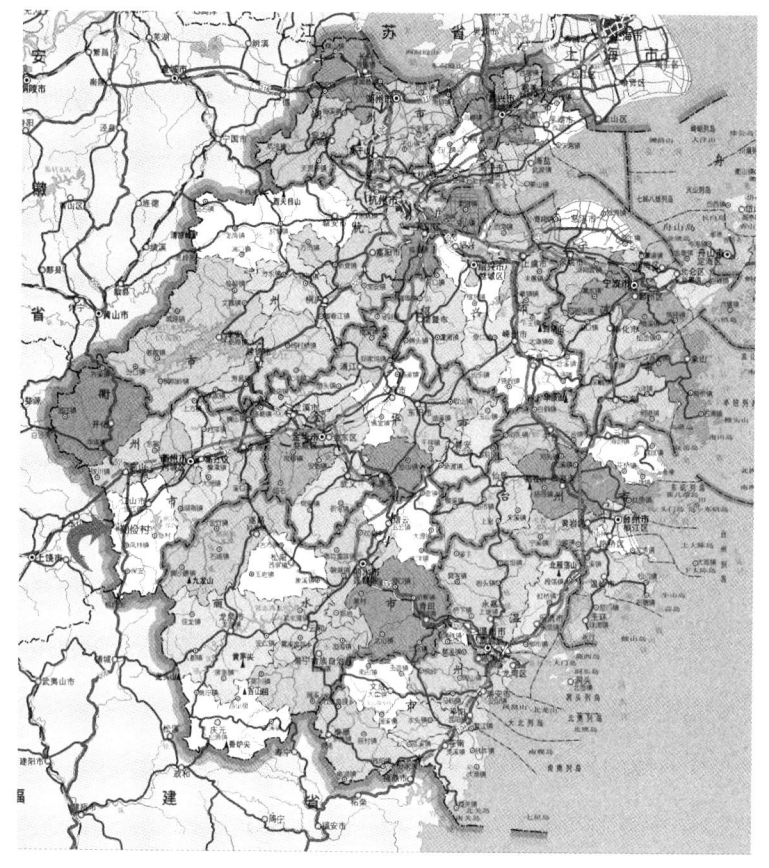

图扉-2 浙江省地图及勤俭村地理位置

勤俭村所属的江山市是"中国优秀旅游城市",旅游资源丰富。省内衢州、金华、杭州,安徽黄山,江西南昌、景德镇,福建武夷山等城市均在"三小时交通圈"以内。

目 录

勤俭纪行 ………………………………………………………………（1）
引子　全民学哲学 ……………………………………………………（1）

上篇　曾经大红大紫

一　脱颖而出 ……………………………………………………………（9）
　（一）1969：金华"积代会"上姜汝旺语惊四座……………………（10）
　（二）1969：省"积代会"后《浙江日报》发表《"红脚
　　　　梗"学哲学　人变聪明心更红》 …………………………（12）
　（三）1970：《人民日报》刊登《种田人就是能学好用好哲
　　　　学》 ……………………………………………………………（14）
二　姜汝旺的北京之行 …………………………………………………（19）
　（一）背景 ………………………………………………………………（19）
　（二）向高级干部、知识分子和外国政要讲哲学 ……………………（23）
　（三）受到邓大姐关照 …………………………………………………（27）
　（四）郭沫若题词 ………………………………………………………（30）
　（五）两次会见斯诺 ……………………………………………………（32）
三　媒体追捧的对象 ……………………………………………………（37）
　（一）《哲学的解放》横空出世 ………………………………………（37）
　（二）画报、照片集、连环画 …………………………………………（42）
　（三）课本也宣传 ………………………………………………………（44）
　（四）现在开始播送 ……………………………………………………（46）
　（五）新闻纪录片 ………………………………………………………（48）
　（六）越剧《半篮花生》的创作素材 …………………………………（49）

（七）外文读物 …………………………………………………（53）
四　政治待遇 …………………………………………………………（57）
　　（一）姜汝旺"当官" ……………………………………………（57）
　　（二）戴香妹成为全国人大代表 ………………………………（59）
五　交流盛况 …………………………………………………………（63）
　　（一）小山村车水马龙 …………………………………………（63）
　　（二）与东海舰队结下特殊友谊 ………………………………（66）
　　（三）广交会上的哲学展位 ……………………………………（69）
　　（四）传说西哈努克亲王要来 …………………………………（73）
六　由盛而衰的几个节点 ……………………………………………（75）
　　（一）被张春桥批评 ……………………………………………（75）
　　（二）姜汝旺仕途受阻 …………………………………………（76）
　　（三）曹轶欧淡出第一线 ………………………………………（77）
　　（四）与江山县委主要领导关系始终不好 ……………………（77）
　　（五）1975年后发生严重偏差 …………………………………（78）

中篇　种田人与哲学的亲密接触

七　基本文献 …………………………………………………………（83）
　　（一）勤俭作品 …………………………………………………（83）
　　（二）相关宣传报道 ……………………………………………（88）
八　毛主席的书我最爱读 ……………………………………………（91）
　　（一）"基本文献"引用马克思主义哲学著作情况 ……………（91）
　　（二）"基本文献"引用中国哲学著作情况 ……………………（99）
九　老虎就是能上树 …………………………………………………（102）
　　（一）《矛盾论》解决了矛盾 …………………………………（102）
　　（二）大破"哲学神秘论" ……………………………………（104）
　　（三）带着问题学 ………………………………………………（105）
　　（四）学习班、讲用会、辩论会 ………………………………（106）
十　斗天斗地斗敌斗私 ………………………………………………（112）
　　（一）我们有了"精神原子弹" ………………………………（112）
　　（二）姓姜的不都是一家人 ……………………………………（113）

（三）织夏布的故事 …………………………………………（115）
十一　骨干队伍 ………………………………………………………（118）
　　（一）五大明星 ……………………………………………（118）
　　（二）写作班子 ……………………………………………（126）
十二　唯物辩证法是个宝 ……………………………………………（129）
　　（一）唯物辩证法基本理论 ………………………………（130）
　　（二）认识领域的唯物辩证法 ……………………………（147）
　　（三）历史领域的唯物辩证法 ……………………………（155）
十三　做到了通俗易懂 ………………………………………………（160）
　　（一）俗话、比喻、歇后语、打油诗 ……………………（160）
　　（二）比较法 ………………………………………………（165）
　　（三）举例法 ………………………………………………（168）
十四　一些思考和评论 ………………………………………………（169）
　　（一）关于学哲学用哲学活动 ……………………………（169）
　　（二）关于内容观点 ………………………………………（175）
　　（三）关于文风文体 ………………………………………（183）

下篇　重装上阵

十五　走出人生低谷 …………………………………………………（189）
　　（一）不服输的姜汝旺 ……………………………………（189）
　　（二）"三姐妹"又有了信心 ……………………………（199）
十六　老革命遇到了新问题 …………………………………………（202）
　　（一）社会形态问题 ………………………………………（202）
　　（二）社会矛盾问题 ………………………………………（205）
　　（三）意识形态多样性与指导思想一元化问题 …………（206）
　　（四）价值观问题 …………………………………………（207）
　　（五）"哲学的贫困"问题 ………………………………（208）
　　（六）理论与实践相结合、知识分子与民众相结合问题 …（210）
十七　后来者 …………………………………………………………（212）
　　（一）姜法十 ………………………………………………（212）
　　（二）姜建平 ………………………………………………（214）

（三）毛金靖 …………………………………………………（217）
十八　陈列馆又开张了 …………………………………………（220）
　　（一）展板内容概览 ……………………………………………（220）
　　（二）馆藏 ………………………………………………………（224）
　　（三）接待情况 …………………………………………………（228）
尾声　"哲学村"走向"哲学镇" ………………………………（233）
后记 …………………………………………………………………（242）

勤俭纪行

2004年8月，中国社会科学院哲学研究所和部分高校共同举办了"中国哲学大会"。在收到的大约900篇征文中，业余爱好者的文章竟占了将近三分之一。这绝对大大出乎我的预料！专业人士和业余爱好者的文章从形式上就很容易判断，前者是电子版，通过电子邮箱寄来的；后者是手写的，通过邮局寄来的。看着稿纸上那些或者工工整整或者歪歪扭扭的笔迹，看着某某村、某某街道、某某工厂的落款，不能不令人想到当年那场学哲学用哲学运动的伟大力量。

后来，实际接触过一些哲学爱好者，大多不靠谱。有的拿来一张图，前面排上马克思、恩格斯、列宁、斯大林、毛泽东，后面排上他自己，传承有序的样子；有的向你展示了很多奇怪的符号，还说要去申请诺贝尔奖；有的很神秘地说已经预测到国家的前途，成果要直接报党中央国务院，等等。

时间到了2011年。

2011年9月1日至4日，为着筹备"首届中国古镇文化论坛"的缘故，我来到了浙江衢州江山市。在江山期间，县委宣传部的王之云副部长向我提及，他们这里新塘边镇勤俭村，号称"中国农民哲学村"，在"文化大革命"期间相当有名。什么"一把锄头两股劲"呀，什么"大石头离开小石头砌不成墙"呀，什么"不叫的狗更会咬人"呀，都是当时的哲理名言。我顿时有了兴趣。这是辩证法，是生活中的辩证法呀。更令我高兴的是，当年主要的风云人物都还健在。

他们大红大紫的时候，我还是一个孩子。

"文化大革命"留给我的记忆是模糊的。听母亲说，我两三岁的时候，别人用报纸给我糊了一顶高帽子，我戴着它，跟在批斗队伍后面，咿咿呀呀地模仿大人喊口号，把大家都笑翻了。上小学期间，给学校养羊、拾粪、薅草，给生产队摘棉花、掰棒子、揽芋头，当红小兵、戴红领巾、戴红袖章，到集市上表演快板书，在舞台上拿着红缨枪刺向"敌人"，在上学的路上愤怒地把"敌人"的泥塑砸烂，这些是我记得的。

与哲学有关的记忆一种。金庄供销社家属院的外面有一块大黑板，经常登"大批判"文章。一天，我看到一个词：形而上学。我当时想，一定是写错了，干嘛嘛不行，当然还不能上学，干嘛嘛行了，就可以去上学了。所以，这个"形"，应该是那个"行"。

当我还不知哲学为何物的时候，勤俭村已经成为全国学哲学用哲学的典型了。当我后来成为一名哲学工作者的时候，这里早就被人遗忘了。我与勤俭村擦肩而过。

我的专业是马克思主义哲学。说到中国的马克思主义哲学，一般人可能会想到"毛泽东思想、邓小平理论、三个代表重要思想"这些，没错，它们是政治领袖的马克思主义哲学，最为经典和正统，但是我们也有别的马克思主义哲学，知识分子的马克思主义哲学，民间的马克思主义哲学，等等。或许它们不那么经典与正统，然而，也是我感兴趣的。

2011年10月17上午，我们来到了勤俭村。

村口有一棵大樟树，大樟树的前面是一块大石头，大石头的上面刻着九个大字"勤俭 中国农民哲学村"。毛泽东的字体，恣意而奔放，一种温暖而奇怪的感觉使我振奋起来。

村里有一间陈列馆，展览着"文化大革命"时代勤俭村的辉煌。在那里，我见到了许多原始文献：报纸杂志、照片、视频资料等等，还有当年来这里参观的人们赠送的礼品。

村委会办公室，一张桌子隔开了我们。这边坐着三个以哲学为谋生手段的人，我、马新晶、周广友，那边坐着两个把哲学变为生活方式的人，姜汝旺、戴香妹。这张桌子又把我们联系起来，就像哲学把我们联系起来一样。

虽然事先有心理准备，可是，当听到"哲学"这两个字从他们的口中清晰而有力地发出来的时候，我还是免不了有些震撼。谈起哲学，他们意气风发，情绪饱满，眼睛里发出光芒，脸庞也一时红润起来，不像80岁左右的老人。

茶杯中袅袅升起的热气,"中华"与"大前门"混合而成的烟气,随着双方谈话气流方向的改变而漂移不定。这边说的是普通话,那边说的是江山话,两者的频率似乎不一样。

我渐渐地跟不上了,不知怎么地,脑海里突然浮现出一个画面,康有为、梁启超为光绪皇帝说变法的画面。康、梁二位是广东人,官话说不好,光绪皇帝一开始认真听,后来也糊涂了,所以只封了他们个六品小官,比谭嗣同、杨锐、林旭、刘光第的都低。姜汝旺曾经到北京给高级干部汇报学习经验,想必也碰到同样的问题了吧。本来他可以更有名的,像陈永贵、王进喜一样。然而,陈永贵和王进喜说的话人家听得懂呀。唉,看来,学好普通话顶重要的嘞。

两个小时以后,由于日程安排的关系,谈话不得不结束了。两位老人似乎意犹未尽,我也意犹未尽。我产生了一个想法,申请一个项目,对哲学村做持续的研究。

回到北京,这个想法开始付诸实施。在获得中国社会科学院创新工程资助后,我们开始对当时采集的声像资料进行整理,并着手收集和研究"文化大革命"中的相关文献。

2012年8月21日,当我们再次踏上去勤俭村的路途时,我们已经有了部分研究成果了。他们当时读什么书、怎样学哲学用哲学、他们的哲学体系,都有了基本的了解了。根据研究的情况,我们准备了调研计划和问题。

调研计划包括三个方面。

一是参观考察勤俭村的村容村貌、有关景物,例如斗天井、徐垄水库、陈列馆等。

二是采访,分为五组。第1组:镇村有关领导。第2组:姜汝旺、戴香妹、傅金妹、姜乾位、毛阿妹。第3组:姜洪宗、姜建文、姜法六、姜宗福、姜成良、姜祥福、姜根土、姜刚森、姜洪树、李子刚、姜位高、姜均成、姜建富。第4组:姜洪贵、姜法建、姜文湖、姜子太、姜洪仓、金衷妹、姜有觉、吴爱菊、姜盛德、刘合友、姜梅兰。第5组:姜瑞禄、"猪毛鬃"(姜均成的大伯)、"反面典型"以及"文化大革命"中受到冲击的人员。

三是档案、资料的收集,包括勤俭村、江山市档案馆、衢州市档案馆等单位所藏有关文献。

调研问题分三类。

第一类是关于勤俭村历史地位和影响的。例如，姜汝旺成名是在地区还是省的讲用会上？"北京之行"多长时间？受到哪些领导接见？讲过几次？听众是谁？"北京之行"后，姜汝旺仕途如何？西哈努克亲王为何没来勤俭村？戴香妹的全国人民代表大会代表资格是如何确定的？有没有提案？毛家仓火车站是客运站吗？何时批准停靠两分钟？接待群众40多万是怎么统计出来的？勤俭村与东海舰队有怎样的联系？勤俭村是如何参与越剧《半蓝花生》创作的？

第二类是有关勤俭村学哲学用哲学活动以及理论观点的。例如，最早学哲学的12个人是谁？当时学习过什么教材？请什么人做过辅导？是否到外地参加过培训？文章署名者是不是作者？写作组里都有谁？学习辅导员都有谁？《辩证唯物主义通俗讲话》、《"神灭论"注释》、《革命儿歌集》出版了吗？关于哲学村"三姐妹"的说法是怎么来的？当时学哲学的真实情景怎么样，多少人愿意学？用哲学的效果究竟怎么样？"五七"学校哪一年开办，哪一年停办，具体办学情况如何？姜瑞禄、"猪毛鬃"是阶级敌人吗？有没有冤假错案？现在对刘少奇、邓小平、杨献珍有什么重新评价？对"文化大革命"如何评价？

第三类是关于勤俭村现状和发展前景的。例如，陈列馆建于何时，资料的收集情况如何？出于什么考虑建陈列馆？哲学村的规划情况如何？为什么搞这样一个规划？当年风云人物现在的生活状况如何？现在的年轻人对当年那段历史的看法如何？有多少人在外打工，从事什么职业？本村有没有哲学专业的大学生？当年那场运动的影响如何，有没有后遗症？对哲学的看法有没有改变？哲学是什么？还需要哲学吗？哲学大众化与道德文明建设、和谐社会建设、新农村建设有什么联系？有没有一些具体的问题、看法和建议？

我们邀请了衢州学院中国哲学与文化研究中心的老师一同参加调研，21日来的有三位：吴锡标、郑红梅、徐裕敏。徐老师是我们特地邀请的，地道的江山人，帮助我们做现场翻译和后期录音整理工作。有了上次的经验，我们深知，徐老师对于我们的工作是何等的重要！

我们项目组这次来了两位，我和周广友。马新晶因身体原因没来。我们是随同哲学所党委书记吴尚民率领的国情考察组一起来的。人很多，热闹。吴书记代表我们项目组向勤俭村赠送了《毛泽东文集》。在函套上面，我事先打了几个字贴上：共同学习，共同进步。

姜汝旺和戴香妹还是那么精神矍铄。看见他们，我赶紧过去握手。他们笑着说，来了哇，欢迎啊，也使劲握着我的手。

一个简单的开场白后，照例是姜汝旺主讲。他谈到了去年我们曾经讨论过的一些问题，也提出了一些新问题。演讲结束后，大家发表了一些评论，有礼貌性的称赞，也有真心的佩服。

考察组轰轰烈烈地、熙熙攘攘地奔往下一个地点了，我们参加调研的同志留了下来，现场一下子安静了许多。

我拿出调研计划，交给村支书姜建平，请他协助安排。他说，没问题，不过，第3组和第4组的人有故去的，有迁出的，有不在家的，有联系不上的，能找多少是多少，第5组的人都故去了。我说，那好吧，第3第4组的人合并吧，安排在明天下午，参观也安排在明天下午，明天上午安排第2组，今天镇里和村里的领导都在，我们先安排第1组吧。他说，好啊。

接下来，我主要就第三类问题进行询问。与我事先料想的情况差不多，这个村子里的年轻人基本上都外出务工了，留下的大都是老弱病残、鳏寡孤独、妇女儿童，哲学在这里几乎断了传承了。除了村干部，就剩下了8个年轻人，其中一个还有精神病。姜建平强调说，只有一个是精神病，其他都不是哈。失之东隅，收之桑榆。令我没有想到的是，新塘边镇的领导们成了接班人。他们不光对哲学村的建设给予了支持，而且把哲学运用到他们的实际工作中。镇党委书记李纯浩给了我一张哲学试卷，说是考察村干部用的，我大致看了看，觉得挺有想法。他还说准备编一本《哲学小故事》的连环画，并请我当顾问。我说，好啊好啊。姜汝旺说，哲学村现在变成哲学镇了。

访谈结束的时候，已经差不多晚上7点了，然后又到镇里座谈。回到衢州的时候，已经差不多晚上10点了。因为比较兴奋，所以并没有觉得累。

22号一大早，我们直奔勤俭村。除了前天的人马外，衢州学院又有两位老师张永峰和魏俊杰加入。调研队伍扩大为7人。

上午采访的对象是姜汝旺、戴香妹、傅金妹、毛阿妹、姜乾位。这5个人，是勤俭村名气最大的。姜汝旺、戴香妹、姜乾位的事迹曾经在《哲学的解放——勤俭大队学哲学用哲学的故事》中给予专门介绍。这篇报道在《浙江日报》连载，《人民日报》全文转载，连续五天的宣传，足以让他们扬名中国。后来，单行本还被译成英文，海外发行，这更是让他们走向世界。前些天我检索 Amazon 网站的时候，发现英文版还有卖，名字是 Philosophy Is No Mystery。封面是一个木刻农民形象，手里拿着一本红宝书，带着白毛巾，脸上笑呵呵的。浙江的农民是不带这种白毛巾的，这里的农民戴斗笠。戴香妹、傅金妹、毛阿妹号称"哲学村三姐妹"，名头在当时也是很响的。

我主要是就第一、二类问题向他们提问。姜汝旺谈得最多，戴香妹偶尔插话，其他人相对沉默。我有意识地引导大家都说一说，傅金妹的情绪调动起来了，说了一大段地道的江山话，语速很快，再加上她满嘴的牙疑似快掉光了，反正我几乎什么也没听懂。唉，看来又只能等着看徐老师的译文了。姜乾位和毛阿妹始终比较沉默，当问到他们问题的时候，也往往是由姜汝旺代为回答。

吃完中午饭，插空采访了毛金靖。她曾经是这里的大学生村官，80后，普通话说得好，所以担任了陈列馆的解说员。现在考取了事业单位，在龙游工作，为了采访的事情特地赶过来。

下午到场的，除了"五大明星"外，又增加了姜根土、姜法六、姜兴刚、姜刚森四人。问题基本上是上午那些问题的深入。我加强了对新面孔的提问，主要是关于他们写的文章。时间过去那么久了，他们对文章的内容还记忆犹新，真不简单。给我留下深刻印象的是姜法六，衢州师范毕业，写作班子的核心成员，真正的笔杆子。他说话的时候，眉头皱起来，那是一个经常思考的人才有的表情。

采访结束后，村里村外转了转。徐垄水库、妇女水库、儿童水库；远处的西干渠，高架在天空中，下面是将军茶园；斗天井加装了水泥盖，看不见了。古樟树，五连塘，开放的荷花。姜汝旺的家，堂屋里挂了不少对联，还有郭沫若的"题字"。大喇叭，标语和宣传画，土戏台，篮球场，旧房子旁边的新房子。这是一个混搭的世界。

空旷的戏台上有些杂草，仿佛听见穆桂英在那里唱："当年的铁甲我又披上了身，帅字旗，飘入云，斗大的'穆'字震乾坤，上啊上写着，浑啊浑天侯，穆氏桂英，谁料想我五十三岁又管三军呐……"

勤俭村重装上阵，要出发了。

祝你好运！

下午五点，完成了预定的调研任务，我们在勤俭村的行程全部结束了。

依依告别姜汝旺和可爱的村民们。

再见，我还会回来的，我心里想。

2013年5月31日，我们果然又回来了。这个时候，20多万字的《勤俭村遇上哲学》初稿已经完成。这次来的目的很明确，主要是就书稿征求意见和进一步核实材料。除了周广友之外，一块来的还有同事李涛。他对于马克思主义哲学大众化问题也很有兴趣，所以我们邀请他参与此次活动。

31日上午，在勤俭村委会会议室，又见到了那些可爱的老人们：姜汝旺、戴香妹、姜乾位、姜根土、姜法六等等。为了节约时间，我有针对性地进行了提问。对于姜汝旺，我的问题主要集中在浙江省与金华市"积代会"的细节、1970年北京之行的细节、当年媒体采访的细节、接待来访人员的细节等方面。除此之外，还请他辨认了一些老照片上的人物，确认了一些人物姓名的写法。对于戴香妹，我的问题主要集中在履行人大代表职责情况、"文化大革命"后职务变动情况等方面。对于姜法六，我的问题主要集中在《辩证唯物主义通俗讲话》的编写与出版情况等方面。对于姜建平，我的问题主要集中在哲学村建设情况等方面。

整个下午几乎都花在陈列馆。仔细研究了每一幅照片，每一份展品，并就整个展览中可以改进的地方与姜建平进行了交流。

晚上，我们宿在了镇上的一家宾馆，它离勤俭村不远。住在这里，方便我们第二天开展工作。晚饭后出来散步，不知不觉间又来到了勤俭村口，这时遇到一个吃了酒的人，他说了一些酒话，我们反正什么也听不懂。一直和我们待在一起的蔡怡老师说，他是姜子太，要是"文化大革命"不结束，他是准备接姜汝旺班的。蔡老师曾经是村里的蹲点干部，今年已经83岁高龄了，受姜汝旺之邀陪同我们调研。他身体很好，博闻强记，给我们介绍了很多背景知识。

6月1日上午，在姜建平的带领下，我们把勤俭村里外所有的"哲学景观"都走了一遍，还爬到了西干渠渡槽的上面远眺了一下勤俭村。整个行程印象最深的是"接待站"。它位于新塘边镇姜家祠堂的"下祠"，曾经用作粮库，后来改为接待站，专门接待到勤俭村参观学习的人们。目前，它整体上已被拆毁，只留下半栋残垣断壁，无言地对着我们。漂亮的"牛腿"还是骄傲地立在那里，不愿意退出历史舞台。

下午，市委宣传部的毛明华副部长为我们安排了一个小型座谈会，地点在宣传部会议室。我们赶到那里的时候，夏好礼已经在那里等。过了一会，朱德田也来了。他们两位都是当年勤俭大队学哲学那段历史的重要参与者和见证者。夏先生曾经是江山县委政工组组长，姜汝旺和吴培生赴京讲用就是由他带队的。朱先生曾经是县委办公室干部、勤俭村蹲点干部，后任县委报道组组长，对于宣传推广勤俭村功不可没。他们两人的回忆，令我们所了解的历史丰富了许多。座谈会结束之后，我们又去拜访了毛东武。毛老师也曾参与勤俭村宣传工作，家里藏了很多原始资料，由于时间仓促，只看了其中一部分。

6月2日，我们赶往宁波。为什么要去宁波呢？是为了会见一个重量级人物，竹潜民教授。竹老师退休前任教于宁波工程学院，以研究鲁迅和浙江电影史知名。他和勤俭村有什么关系呢？关系大了。竹潜民1967年大学毕业后，被分配到江山县工作，1969年被抽调到县委报道组，此后常驻勤俭大队，直到"文化大革命"结束。所以，他对于勤俭作品是如何产生的、媒体的宣传报道是如何完成的、哪些人到过勤俭村采访这些情况，是最为熟悉的。

这天的早晨下起了大雨。勤俭村主任姜赛华开车送我们。姜汝旺也同去，他坐另一辆车。路上，我和赛华讨论了许多关于勤俭村发展的事情。我说，最重要的，是把"勤俭哲学村"、"农民哲学村"、"中国哲学村"、"中国农民哲学村"、"农民哲学第一村"、"中国农民哲学第一村"这些商标都注册下来，开发一些绿色农业产品，例如花生和茶叶，本来咱们就有"半篮花生"和"将军茶"的基础。这样做，不仅体现了从"斗争哲学"到"和谐哲学"、"低碳哲学"、"生态哲学"的"哲学转向"，而且，更重要的是，集体经济发展壮大了，才可能吸引年轻人回乡就业，从而解决哲学的传承问题。

到达宁波后，竹老师到我们住的宾馆会见我们。姜汝旺和他叙了叙旧，很快就返回江山了。从下午 4 点多到晚上 8 点多，这段时间基本上是竹老师和我们在交流。先是在我房间里谈，后来到餐厅边吃边谈。竹老师慷慨地答应，第二天上午会把他收藏的有关资料拿给我们看。

6 月 3 日上午 9 时，在宁波工程学院附近的一个咖啡馆，我们和竹老师如约见面了。他带来的原始资料——当时的各种出版物、剪报，有许多是我们没有见到过的，令我们耳目一新。其中一份资料，正是我苦苦寻觅的《辩证唯物主义通俗讲话》(《哲学通俗讲话》)。

当天下午，我们离开宁波，前往杭州，并从那里返回北京。路上，大家聊天，都说这次收获很大。我也这么认为。这直接导致了接下来我在西湖苏堤漫步时心情大好！

我盼望着，《勤俭村遇上哲学》能够尽快出版。那时候，再去浙江，再去江山，再去勤俭村，把书献给那些学哲学用哲学的人们，献给那些致力于马克思主义哲学大众化的人们，献给那些关心勤俭村发展的人们。他们中的许多人已经进入耄耋之年。我相信，他们此刻也在盼望着。

单继刚

记于 2013 年 6 月 15 日

引子　全民学哲学

"全民学哲学"是毛泽东发动的一场群众运动,正式的名称是"工农兵学哲学"运动。它从1957年开始,一直持续到1976年,20年的时间,横跨"大跃进运动"、人民公社化运动、反右倾运动、农村社会主义教育运动、"文化大革命"运动、批陈整风运动、批林批孔运动等政治运动,并成为这些运动的有机组成部分。

这场运动的热烈场景在当时的宣传画上得到了充分反映。

图引-1　工农兵学哲学宣传画

在毛泽东看来,哲学必须为政治与现实服务,而中国最大的政治与现实就是什么是社会主义、怎样建设社会主义。

早在1955年,毛泽东就敏锐地指出我们要在党内外五百万知识分子和各级干部中，宣传并使他们获得辩证唯物论，反对唯心论，我们将会组成一支强大的理论队伍，而这是我们极为需要的，这又是一件大好事。我们要作出计划，组成这么一支强大的理论队伍，有几百万人读马克思主义的理论基础，即辩证唯物论和历史唯物论，反对各种唯心论和机械唯物论。我们现在有许多做理论工作的干部，但还没有组成理论队伍，尤其是还没有强大的理论队伍。而没有这支队伍，对我们全党的事业，对我国的社会主义工业化、社会主义改造、现代化国防、原子能的研究，是不行的，是不能解决问题的。因此，我劝同志们要学哲学。有相当多的人，对哲学没有兴趣，他们没有学哲学的习惯。可以先看小册子、短篇文章，从那里引起兴趣，然后再看七八万字的，然后再看那个几十万字一本的书。马克思主义有几门学问：马克思主义的哲学，马克思主义的经济学，马克思主义的社会主义——阶级斗争学说，但基础的东西是马克思主义哲学。这个东西没有学通，我们就没有共同的语言，没有共同的方法，扯了许多皮，还扯不清楚。有了辩证唯物论的思想，就省得许多事，也少犯许多错误。

这是毛泽东在中国共产党全国代表会议上的讲话。这次会议，还没有把学哲学的任务推广到"全民"，只是要求知识分子和党的干部学哲学。后来，毛泽东意识到，这样做还不够，必须使全国人民都来学辩证法，才能克服思想的片面性，正确地看待社会主义建设事业。

1957年3月，中国共产党全国宣传工作会议在北京召开。借这个机会，毛泽东讲了八个与现实有关的重要问题。第六个问题是"片面性问题"。他讲到：片面性就是思想上的绝对化，就是形而上学地看问题。对于我们的工作的看法，肯定一切或者否定一切，都是片面性的。这样看问题的人，现在在共产党里面还是不少，党外也有很多。肯定一切，就是只看到好的，看不到坏的，只能赞扬，不能批评。说我们的工作似乎一切都好，这不合乎事实。不是一切都好，还有缺点和错误。但是也不是一切都坏，这也不合乎事实。要加以分析。否定一切，就是不加分析地认为事情都做得不好，社会主义建设这样一个伟大事业，几亿人口所进行的这个伟大斗争，似乎没有什么好处可说，一团糟。许多具有这种看法的人，虽然和那些对社会主义制度心怀敌意的人还不相同，但是这种看法是很错误的，很有害的，它只会使人丧失信心。不论是用肯定一切的观点或者否定一切的观点来看我们的工作，都是错误的。对于这些片面地看问题的人，应该进行批评，当然要以惩前毖后、治病救人的态度去批评，要帮助他们。怎么帮助呢？在毛泽东看来，既然"片面性"的本质是"违反辩证法"，那么我们最需要的，就是"把辩证法逐步推广，要求大家逐步地学会使用辩证法这个科学方法"。

出席这次会议的，不仅有中央和省（市）两级党的宣传、文教等部门的负责人380多人，而且还有科学、教育、文学、艺术、新闻、出版等部门的党外人员100多人。如此多的非党人士参加共产党的会议，这在党的历史上是不常见的。它传递出这样一个信息：学哲学的活动应该扩大范围，应该让全国人民都学一点"辩证法"。这次会议，可以说吹响了全民学哲学的号角，发出了全民学哲学的动员令。

1958年，媒体对工农兵学哲学先进事迹的报道开始多起来，并推出了最早的一批典型。

工人学哲学的典型是上海求新造船厂的马仕亭、陆顺昌和周宝林等人。《人民日报》1958年6月5日的报道中称："求新造船厂的第一个哲学小组是在今年3月中旬由修造车间党支部书记马仕亭、宣传委员陆顺昌和二十五岁的钳工、共青团员周宝林发起成立的。只读过六年书的周宝林很早就对哲学发生兴趣，他从书上看到，与马克思同时代的德国制革工人狄慈根利用业余时间学习哲学，独立地研究了哲学上的许多问题，得出了和马克思、恩格斯的唯物主义辩证法极其相近的结论。狄慈根的事迹鼓舞了周宝林，使他四年来坚持用业余时

图引-2 上海人民出版社1958年7月出版的《一个工人哲学学习小组——上海求新造船厂修造车间哲学学习小组》收录了工人学哲学的三篇文章

间读完了毛主席的《实践论》、《矛盾论》、列宁的《哲学笔记》、《唯物论与经验批判论》、《反杜林论》等十多本哲学书。马仕亭和陆顺昌对理论学习同样具有强烈的兴趣和要求。整风运动中，三个人在一道整理大字报时，常常联系大字报提出的问题，谈到现象和本质、量变和质变、内容和形式等问题。后来，他们就成立了一个哲学小组，互相帮助，每周一、三、五晚上学习两小时哲学。支部书记马仕亭担任了小组长。"

在上海工人的带动下，天津工人迅速投入到学哲学的浪潮之中，并涌现出李长茂、刘景英、魏长庚、王淑珍等一批先进人物。1958年8月6日如《人民日报》对天津工人学哲学座谈会的情况进行了专题报道。

图引-3 河南人民出版社1959年2月出版了题为《登封三官庙全民学哲学的经验》的宣传小册子

图引-4 云南人民出版社1959年1月出版了《普通一兵讲哲学》，内收向胜昌等人四篇文章

农村干部和农民学哲学的典型是河南三官庙乡的高长海、甄禀豪、范运来、范福贵、范随秀、范大库等人。《人民日报》1958年7月1日的报道中称："三官庙乡的三十七名干部有95%是脱盲不久的学员和初小毕业生，他们在种了实验田以后，普遍注意钻研农业技术，但总觉得不能解决红的问题，因此他们考虑能不能在一块实验田上再加一堂马列主义的理论

课程。今年2月间，这个乡的中共党委会连续开了四个夜晚的会议，认真讨论了这个问题，最后作了大胆的决定：学哲学。当时他们只蒙眬地知道哲学是马克思列宁主义的重要组成部分，能帮助改造思想，解决实际工作问题，但具体内容还不大了解。这时区里有一位叫高长海的干部调到这个乡任党委书记，他在地委初级党校学过十七天哲学，愿意当哲学教员，还有一位叫甄禀豪的县驻社干部，也愿意一面学一面教，每个学员又交了五分钱，作为灯油和粉笔费。三官庙乡的干部哲学课就在3月开课了。"

部队官兵学哲学的典型是向胜昌等人。《人民日报》1958年7月13日的报道中称："中国人民解放军某部机枪连战士向胜昌，不久前被邀请在解放军昆明地区部队某部的'五好'积极分子大会上讲哲学。他结合自己的学习心得，生动地阐述了社会形态、生产力与生产关系、基础与上层建筑、精神与物质等哲学原理。看来仿佛十分深奥的学问，在这普通一兵道来娓娓动听。这个战士的聪明才智引起全体代表的极大兴趣和惊讶。"

勤俭大队最早学习毛主席著作，是在1959年。这一年，解放军到这里帮助整社。在他们的辅导下，大队党支部全体成员学习了"老三篇"，也就是毛泽东写的三篇短文：《为人民服务》、《纪念白求恩》、《愚公移山》。学习取得了一些成绩。1962年，县文化馆干部蔡怡到这里蹲点，就是受县委宣传部指派来总结经验的。当时，党支部并不认为这是在"学哲学"，当时他们还没有"学哲学"的概念。

1959到1961年，是"三年困难时期"。人是铁，饭是钢，一顿不吃饿得慌。精神到底敌不过物质，这一时期，全民学哲学的热情有所减退。

1963年对于全民学哲学运动来说是重要的一年。这一年，毛泽东又发出了新的指示。在审阅《中共中央关于目前农村工作中若干问题的决定（草案）》（即"前十条"）时，他加写了很多文字，其中有不少就是关于学哲学用哲学的。

最著名的一段文字是："让哲学从哲学家的课堂上和书本里解放出来，变为群众手里的尖锐武器。"

另有一段较长的文字，后来被冠之以"人的正确思想是从哪里来的？"这个标题，成为毛泽东的"五篇哲学著作"之一。其中提道：一个正确的认识，往往需要经过由物质到精神，由精神到物质，即由实践到认识，由认识到实践这样多次的反复，才能够完成。这就是马克思主义的认识论，就是辩证唯物论的认识论。现在我们的同志中，有很多人还不懂得这个认识论的道理。问他的思想、意见、政策、方法、计划、结论、滔滔不绝的演说、大块的文章，是从哪里得来的，他觉得是个怪问题，回答不出来。对于物质可以变成精神，精神可以变成物质这样日常生活中常见的飞跃现象，也觉得不可理解。著名的"物质变精神、精神变物质"的原理就是发端于此。

"毛主席挥手我前进"。随着《前十条》下发到广大城市和农村的基层党、团支部，全国掀起了学哲学用哲学的又一轮热潮。

勤俭大队党支部1964年开始学习《矛盾论》，这标志着该村学哲学用哲学活动的正式开始。我们目前见到的所有原始材料，都支持这样一种说法。

我们姑且把1959到1963年这段时间称为勤俭村"哲学前史"。勤俭村的"哲学史"可以划分为六段。第一段是1964到1968年，发端；第二段是1969到1971年，走向巅峰；第三段是1972到1976年，维持影响力；第四段是1977到1979年，衰落；第五段是1980到2008年，休止；第六段是2009年到现在，复兴。

上篇　曾经大红大紫

在本篇中,我们将共同触摸历史的脉搏,感受勤俭村在历史上那最有力的跳动。在上世纪70年代,它的地位曾经达到了那样的高度……哪样的高度?

一 脱颖而出

新中国刚成立那会儿,勤俭村还叫"荒塘尾"。它位于浙赣两省交界的十三条黄土岗上,土地贫瘠,自然条件差,是个出名的苦地方。当时流传着这样的民谣:"有囡莫嫁荒塘尾,老米汤粥烫嘴边,财主贪官刮大钱,穷人讨饭做长年。"

图1-1 昔日的荒塘尾

1955年,村里要成立农业生产合作社。大家觉得,"荒塘尾"不好听,应该趁此机会改个好名字。改什么呢?七商量八商量之后,决定用"勤俭"两字做社名。大家认为,要改变村子的面貌,一要勤劳,二要节约。从那时到现在,村子经历了从"生产队"到"大队"再到"村委会"的变迁,但是"勤俭"的名字一直保留了下来。

1964年底到1969年中期这段时间，大队党支部认真学习毛主席的哲学著作，特别是《矛盾论》，并运用其中的哲学观点解决实际问题，渐渐有了一些名气。大队书记姜汝旺善于讲"一分为二"，被冠以"矛盾师傅"的雅号，他的先进事迹还上了《浙江日报》。团支部学习毛主席著作也很有成绩，被推荐参加团中央在山东临朐召开的"全国农村青年学习毛主席著作李家庄现场会"。蹲点干部蔡怡帮团支部书记姜继训准备了一套图片带到会上展出，据说反响较好。

对于勤俭大队和姜汝旺来说，要成就更大的辉煌，除了有实力外，还需要有更多更好的机会。正应了那句话，内因是变化的根据，外因是变化的条件，缺一不可。但是，还有一句话，机会是留给有准备的人的。

（一）1969：金华"积代会"上姜汝旺语惊四座

胡韶良是江山市的一位学者。在他的文章《天下无双的"哲学家"》（与徐利水合作）中，对姜汝旺在"金华地区第二届活学活用毛泽东思想积极分子代表大会"上发言的场景有生动的描写：

> 可容千人的金华大会堂座无虚席，彩旗与标语相辉映，口号声与大喇叭广播声相交织，人们活学活用毛泽东思想的热情胜过自然界的热浪，简直高涨得划一根火柴就可燃烧起来……
> 乘着这股热浪，一身农民打扮的姜汝旺踏上了几千双眼睛盯着的讲台。没有讲稿，不用提纲，怎么做就怎么说，说到哪里算哪里，一口气讲了足足90分钟，给人的感觉倒是能说会道、口若悬河。"哗——"全场报出惊天动地的掌声。

会议是在9月份召开的。会前，江山县"革委会"宣传办公室和报道组为勤俭大队准备了文字材料，是报道组的竹潜民采访了姜汝旺等勤俭村的社员后起草成的，题目叫做《在斗争实践中活学活用毛主席的光辉哲学思想》。这份材料混在各个单位交来的一堆材料里，没有引起大会组织者的注意，姜汝旺也没被安排发言。

这时，一个改变姜汝旺和勤俭村命运的人物出现了。

"姓杨的，管宣传的，部队是副政委，姓杨的，杨家骏。"姜汝旺回忆，"我们这个村学哲学，他最早发现的。为什么？他看了金华地区十一个县单位的材料，觉得都没有什么特殊的。什么好人好事啦，看了以后，觉得不怎么突出。他就说了，你们金华地区学习毛泽思想好像材料不怎么丰富嘛！其中几种基本的核心的材料好像没有。这时，我们县里一个姓夏的，夏好礼，他带队的，他为人一向诚实，他说我们江山有一个，学毛主席哲学著作的。"

杨家骏的身份是军代表，时任浙江省"革委会"政工组副组长。"军代表"是军队派到地方的支左人员，进入领导层，权力很大。他为什么来到金华呢？原来，省首届"积代会"将于当年11月召开，他到这里来是寻找先进典型的。夏好礼的一席话，引起了杨家骏的重视。他从一堆材料里翻出来勤俭大队的材料，仔细阅读。阅读的过程中，他的脸上不时泛出满意的微笑。"有内容，有深度，有特色"，他心里想。这么重要的典型怎么会遗漏呢？他找来姜汝旺面谈，结果很满意。于是，他热情地向地区"革委会"主任李纯推荐，这样才出现了胡韶良笔下的那一幕。

听了姜汝旺的报告，看到现场观众的反应，杨政委知道，这绝对是金华地区的不二人选！没等会议结束，他就要求姜汝旺带他到村子里核实情况。"回到我们大队，按照他的要求召开座谈会，核实我讲话的内容。他来了两天时间，他找各方面的事例。那时候很紧迫的，我们本大队的座谈会核实过以后，周边的大队他还去问，要去调查。这个大队到底生产发展怎么样？政治空气怎么样？他都去找，访问的。这样子他确定下来了。他说，好，下次省委召开学习毛主席著作积极分子会议你要组织材料。我说，怎么组织法？他说，没关系的，我会派人来的。结果他回到省里，省里来了30多个人。党校的一批老师，杭大的一部分老师，省委写作组的，一共来了34个人。一个调查组就驻在我们勤俭大队调查农民学哲学，待了一个多月的时间。"提起这位"贵人"，姜汝旺心里还是很感激的，但是情绪也有些复杂。正是杨家骏的"慧眼识珠"，让姜汝旺走上了一条大福大祸、福祸交织的道路。

（二）1969：省"积代会"后《浙江日报》发表《"红脚梗"学哲学 人变聪明心更红》

在省委调查组的帮助和指导下，大队写作组完成了一份材料，报送到省里。材料的名字叫《毛主席的辩证法是个宝，继续革命不可少——我们大队是怎样开展学哲学的群众运动的》，后面还附上了勤俭大队的7篇哲学小文章。

11月1日至10日，浙江省首届活学活用毛泽东思想积极分子大会在省会城市杭州召开，地点在省体育馆。

图1-2 浙江省首届活学活用毛泽东思想积极分子大会会场

坐在会场里面，姜汝旺不由得一阵紧张。几十位省领导端坐在台上，台下是2000多名代表，省电视台的摄影机器不停地扫视着台上和台下的人们。发言者们介绍的都是先进事迹，根本没有人谈哲学，自己的这个材料人家听得懂听不懂，欢迎不欢迎呀？

轮到姜汝旺发言了，他定了定神，深吸一口气，健步登上主席台。他一边念着稿子，一边竖起耳朵，留意着听众的反应。除了"哗哗"翻材料的声音，会场里出奇的安静，这说明大家都被这个材料的内容吸引住了。姜汝旺心里渐渐有底了，他的发言也自如起来。当读完最后一个字的时候，会场上响起了热烈的掌声，比前面的掌声都要热烈。在会议的总结报告中，省"革委会"主任南萍称赞说，这个材料写得好，独一无二，浙江省活学活用毛泽东思想要向江山县勤俭大队那样。顺理成章地，勤俭大队成为全省的先进单位。

图 1-3　1969 年 11 月 15 日《浙江日报》

11 月 15 日，勤俭大队的发言材料刊登于《浙江日报》头版，原来的主标题被一个更能让人留下深刻印象的题目《"红脚梗"学哲学　人变聪明心更红》代替了。"红脚梗"，是当地土话对农民的戏称。因为农民下田要打赤脚，经常在水里泡，再加上风吹日晒，双脚的颜色就变红了。编者特地为这篇文章加了近 200 字的按语，其中说："勤俭大队的贫下中农学哲学取得了可喜的成绩。他们的经验证明，毛主席的伟大的哲学思想一旦被广大群众所掌握，就会成为认识和改造社会，认识和改造自然的巨大力量。"第 3 版选登了 7 篇附带材料中的 5 篇，分别是：戴香妹的《既当"动力"，又当"对象"》，姜建文的《"老实"的背后》，姜成良的《决不能一把锄头两股劲》，姜洪宗的《为什么灾年不

图 1-4　《"红脚梗"学哲学　人变聪明心更红》封面

荒?》，姜宗福的《庄稼一枝花　全靠人当家》。

紧接着，浙江人民出版社将上述文章编印成小册子《"红脚梗"学哲学　人变聪明心更红——浙江省活学活用毛泽东思想先进单位江山县勤俭大队是怎样开展学哲学的群众运动的》（个别篇目标题有更动）。这本小册子的确很小，64开本，但它的出版具有重要意义。它不仅是勤俭村的第一本"哲学专辑"，而且标志着勤俭村在浙江省的领头羊地位得到了确认。

（三）1970：《人民日报》刊登《种田人就是能学好用好哲学》

浙江省"积代会"后，勤俭村的先进事迹引起了中央高层的关注。

1969年11月18日，《人民日报》重新发表了15日《浙江日报》戴香妹和姜洪宗的文章。仅仅隔了一天，11月20日，又发表了勤俭大队的另外两篇文章，姜法六的《大石头离开小石头砌不成墙》以及姜建文的《"不叫的狗最会咬人"》。这些文章还都比较短小，还不足以引起全国人民的充分注意。

勤俭大队成为全省先进单位后，江山县和金华地区决定乘势而上，加大宣传力度。

在江山县，竹潜民和县委报道组的同志们加班加点，赶制出一批材料。一篇关于勤俭大队学哲学用哲学的"总报告"，还有几篇以"社员"署名的体会文章。这些材料被投送到《红旗》杂志。结果，《红旗》杂志选用了其中两篇，戴香妹的《养成分析的习惯》以及姜乾位的《只有破得深　才能立得牢》，登在1970年第4期上。这一轮"轰炸"有所收获，但还算不上成功，因为"总报告"没有发表。

1970年春天，金华地区宣传办公室主任葛晓峰等正着力编写全区学毛著先进典型的小册子。勤俭大队蹲点干部朱德田被抽调参加这项工作，他根据原本已积累的素材，重新整理出一篇宣传勤俭大队先进事迹的材料，以"勤俭大队党支部"署名，题目是《我们大队是怎么学哲学用哲学的？》。小册子编印出来以后，金华地区宣传办公室到处撒网，中央党校啦，《红旗》杂志啦，《人民日报》啦，都投递了，但是很长时间都没有什么消息。

1970年8月16日，当朱德田打开这一天的《人民日报》时，不由得"啊呀"一声。一篇署名浙江省江山县勤俭大队党支部的文章几乎占据了头版整个版面。它有一个响亮的、充满自豪感的、很有气势的题目：《种田人就是能学好用好哲学》。5000多字的篇幅，再配以近千字的短评，足以显示这篇文章的分量和重要性。

朱德田急切地读了起来。

这不就是自己写的那篇文章吗？读完整篇文章后，他不由得对编辑的水平暗暗称奇：原来的废话都去掉了，文字也顺畅了许多，就像一个头发胡子乱蓬蓬的人，经过一番修剪，好看多了，变成了帅小伙，编辑真是一个高明的理发师。

这篇文章总结了勤俭大队学用哲学的五条经验：（1）大破哲学神秘论。（2）把学哲学和学"老三篇"结合起来。（3）活学活用，学用结合，在斗争中学，在斗争中用。（4）抓住基本观点，反复学，反复用。（5）领导重视，骨干带头。文章最后说："我们大队广大贫下中农活学活用毛主席光辉哲学思想的实践充分证明，广大工农兵群众掌握了唯物辩证法，就会产生无穷无尽的力量，对于推动我国社会主义革命和社会主义建设事业的蓬勃发展，对于进一步巩固无产阶级专政，都有着不可估量的意义。"

随文配发的短评《思想建设的一个重要问题》指出："浙江省江山县勤俭大队，是工农兵活学活用毛主席哲学思想群众运动中涌现出来的一个先进单位。他们的经验比较全面、比较深刻，特向广大读者推荐"；"勤俭大队的实践再一次证明，广大工农兵满怀对毛主席的深厚的无产阶级感情，具有丰富的实践经验，只要紧密结合三大革命斗争的实际，紧密结合改造主观世界和客观世界的实际，工农兵就是能够学好用好哲学"。最后，"短评"发出了号召："各级领导干部的重视，是把活学活用毛主席哲学思想的群众运动坚持下去，扎扎实实地推向前进的关键。领导干部要深刻认识学哲学、用哲学的伟大意义，带头学，带头用，并抓好群众的学习。我们期待着看到领导干部活学活用毛主席哲学思想的典型。"

这哪里是"期待"，分明是向各级领导干部发出的一道命令。

当时，从浙江省、金华地区到江山县的各级领导部门，都没有预料到

图1-5 1970年8月16日《人民日报》

《人民日报》会用那么大的版面宣传勤俭大队的事迹,还配上了分量很重的短评,后来才知道其中的缘由。原来,金华地区宣传办公室编印的小册子送给了中央党校后,引起了时任中央党校负责人武葆华的注意,他便送给了康生的夫人曹轶欧。当时康生是中央政治局常委,主管宣传、思想工作。曹轶欧将此文推荐给了《人民日报》,经压缩、编辑后发表。因背后有曹轶欧这么一位推手,所以才有这么大的声势。

浙江省迅速做出反应。8月18日,省"革委会"发出了《关于向江山县勤俭大队学习,进一步掀起活学活用毛主席哲学思想群众运动新高潮的通知》(8月20日刊发于《浙江日报》头版)。《通知》中说:"全省军民一定要反复地、认真地学习《人民日报》短评,学习勤俭大队学哲学的经验,进一步掀起活学活用毛主席哲学思想群众运动新高潮。"《通知》要求:"各级领导干部,特别是县以上各级党委和革命委员会的领导干部,要深刻认识学哲学的伟大意义,带头学,带头用。带头人一定要带头学习毛主席的世界观和方法论,学会从无产阶级立场出发,运用辩证唯物主义和历史唯物主义的观点和方法,去观察问题,解决问题。'领导一定要走在运动的前面,不要落在它的后面。'要用积极的高兴的欢迎的全力以赴的态度去领导这个运动。"

图1-6 1970年8月20日《浙江日报》

《通知》发出后,全省各地区、县政工部门负责人,部分大专院校和厂矿企业的代表纷纷赶往勤俭村,参观取经,办学习班,开现场会。很快，外省的单位也闻风而动。上海来的人最多，每一个区县轮着来，一波接一波。为了应付日益增长的参观人群，江山县在这里成立了专门的接待机构。

9月上旬，姜汝旺去北京的时候，来这里的人已经够多了，而到了10月下旬，姜汝旺准备回来的时候，邓颖超对他说，你家里有灾难了，你赶快回去，参观的人太多了……

二 姜汝旺的北京之行

姜汝旺1970年的北京之行，毫无疑问是勤俭村历史上最可说道的一段传奇。然而，这段历史却扑朔迷离。我们目前掌握的原始资料很少。姜汝旺说他家里原来存了一些原始资料，因为抄家，也都不知所终了。姜汝旺与同行者夏好礼、吴培生之间的叙述有时候并不能相互印证。极端情况是同一叙述者对同一事件的多次叙述也不能相互印证。我们只能根据自己的判断做出取舍。本章以姜汝旺的叙述为主要依据，夏好礼的叙述为辅，个别问题参考了吴培生的意见，并根据武葆华、赵玉瑾、竹潜民等人的回忆进行了补充与校正。

（一）背景

1970年9月10号左右，姜汝旺接到县"革委会"的通知，说要马上进京汇报。

"那时候党员要服从组织，下级要服从上级，党中央叫你去你不能不去。"说起那段往事，仿佛就在眼前，仿佛就在昨天，姜汝旺略显无奈，但是言语之中透着自豪。

"什么事情也没有告诉我，我连拿条裤带都来不及啊。因为那时候火车有时间的，通知我马上，我们就去火车站。下午四点半钟的火车，就这么一趟，赶不上就没办法了。省里领导在杭州等。我连回家拿根裤带都来不及呢，就借了一条裤带，跑到城里火车站上买了一条，就去杭州。晚上到了杭州就叫我们在那儿等，休息都不让休息。20分钟后就叫我们介绍，我们就去介绍。接下来几天向省"革委会"领导汇报了情况后，马上就去北京。"就是在这样一个有些仓促而茫然的情况下，姜汝旺离开江山，来到杭州，继而又踏上了去首都北京的旅程。同去汇报的还有江山水泥厂工人吴培生。带队的是县"革委会"政工组长夏好礼。

这次进京汇报是在什么背景下发生的呢？这还要从中央党校工农兵学哲学调查组的活动说起。

1969年4月，曹轶欧在中共九大上当选为中央委员。康生对她说，你当选了中央委员，应当找些事情做。做什么呢？曹轶欧想了一番。康生主管中央党校，而自己以前在党校做短训班主任的时候，关注过工农兵学哲学的情况，还在光明日报发表文章《工人能够学好哲学》，支持天津工人的学哲学活动，现在能不能利用党校的一班人马，成立工农兵学哲学调查组，再把这个工作做下去呢？她把这个想法与康生交流，康生表示支持。

1969年底，中央党校工农兵学哲学调查组成立，武葆华担任召集人。调查组的任务主要有三个。第一是"走出去"，到全国各地搞调查研究，重点走访学哲学用哲学的先进单位和个人，总结经验。第二是"请进来"，把一些典型人物请到北京来，在党校或其他单位开展"讲用"活动——结合自身实际，谈活学活用毛主席哲学思想的经验。第三是"编集子"，把工农兵学哲学用哲学的体会文章编辑出版，并提出指导性的意见，引导工农兵学哲学用哲学活动走向深入。

第一个调查组派往天津。这个调查组由陶信诚、安苗、汪玉尧等人组成。通过在天津第二毛纺厂蹲点，以及走访老工人李长茂、刘景英，国棉四厂老工人王淑珍等人，调查组写出了《让哲学变为群众手里的尖锐武器》一文。

在次年的二、三月份，又派出了第二个调查组，前往河南登封三官庙大队。成员有耿立、吴秉元、陶信诚等人。不久，调查组写成了《毛主席的哲学思想照亮了山村》一文。

看了这些调查成果，曹轶欧感到既满意又不满意。满意的是，对天津第二毛纺厂和河南登封三官庙大队的经验进行了深度总结，写出了新东西；不满意的是，这两个典型都是老典型，有点炒冷饭的意思。于是，她让武葆华留意寻找一些新典型。到1970年8月份的时候，一批新典型基本上确定下来了，其中包括浙江江山县勤俭大队、江山水泥厂，广东电白县七迳大队和湖南汨罗县汨罗公社。

8月底，三个调查组差不多同时出发了，分赴以上三个地方，去江山的有赵玉瑾、吴秉元、陈祖甲等人，去电白的有马清健等人，去汨罗的有耿立、金守更等人。武葆华三个地方都去了，先是江山，然后是电白，最后是汨罗。在汨罗的时候，他接到了北京的电话，要他立即赶回去，听取九届二中全会精神的传达。

从1970年9月份开始，在随后的一年左右时间里，调查组陆续请了十几位学哲学用哲学的先进人物赴京讲用，李长茂、王淑珍、姜汝旺、吴培生、何培亮、易光兴、曹新华、姚士昌、邢希礼、赵普羽等人均在其中。

1970到1972年，中央党校工农兵学哲学调查组编辑的十几种通俗哲学读物陆续出版，比较重要的有：《好文章》（系列读物，封面"好文章"三字为郭沫若题写），《让哲学变为群众手里的尖锐武器》（系列读物），《认真学习马克思主义认识论 活学活用〈实践论〉例选》，《认真学习马克思主义认识论 学习〈实践论〉例选》，《学会使用唯物辩证法 活学活用〈矛盾论〉例选》，《学会使用唯物辩证法 学习〈矛盾论〉例选》，《毛主席的哲学思想照亮了我国医学发展的道路》，等等。

调查组1971年以后基本上停止了活动。或者说，它因工作重点的转移而改变了身份。

1970年11月，为了配合"批陈整风"，中央发出《关于高级干部学习问题的通知》，号召各单位干部读六本马列著作和五本毛泽东著作，即：马克思、恩格斯的《共产党宣言》，马克思的《哥达纲领批判》、《法兰西内战》，恩格斯的《反杜林论》，列宁的《唯物主义和经验批判主义》、《国家与革命》，毛泽东的《矛盾论》、《实践论》、《关于正确处理人民内部矛盾的问题》、《人的正确思想是从哪里来的》、《在中国共产党全国宣传工作会议上的讲话》。此后不久，中央党校承担了马列"六本书"辅导材料的编写工作。随着这项工作的开展，"中央党校工农兵学哲学调查组"逐渐变身为"中央党校编写组"，后来，众所周知，又向开展大批判的"唐晓文"转变。

武葆华、赵玉瑾他们来江山勤俭大队考察的情形，夏好礼至今记忆犹新。以下是他的有趣的回忆：

在杭州稍作停留后，武葆华一行几人来到江山，来到勤俭村。他们白天看外景，田畈、茶叶山、水库、夏布厂、养蚕厂、展览室、接待站，见到接踵而来的外地参观人群。晚上召开各类人物座谈会，了解学习、联系实际解决问题的事例。接下来，真正的挑战开始了，武葆华向姜汝旺、戴香妹、姜法亮等人出了两道题。一道是数学题：1+1=？另一道是论述题：你对于学大寨并队是什么看法？

头脑灵光的姜汝旺回答："1+1不仅等于2，还等于两点论。一切事物都有两面性。一个茶杯，这边看去一朵花，那边看去几个字。我们学哲学，不能光讲成绩，不讲缺点，总有两点论，分清主次。再讲学大寨。有的人认为，人民公社，一大二公，就要并大队核算，就要规模大，其实那样公社、大队职责也大，工农商学兵都要管，农林牧副渔都要抓。'二公'就是心里要有个公字，特别是干部要带头大公无私，先公后私。至于核算单位，要按生产关系适应生产力发展情况而定。不一定大队核算就是好，生产队核算就是差。"

戴香妹接着说："汝旺讲得有理，我就有两面性。干工作凭干劲，不怕得罪人。缺乏做思想工作，经常吃力不讨好。我们生产还是靠耕牛和锄头，没有机械化，思想觉悟也跟不上。生产队核算规模小，社员看得见，摸得着，暂不搞大队核算更好。"

姜法亮是大老实人，只是说："两点论，我一点是带头干，一点是不多占。我看不能当了干部就1+1等于2，去占双份东西。"说得大家哈哈大笑。

在召开其他社员座谈会时，也是"讲者头头是道，听者频频点头"。武葆华还听到不少学哲学小故事，如"毛毛雨湿衣裳，不注意上大当"，"大石头离开小石头砌不成墙"，"番薯由破损变霉烂"等等。他感到勤俭真是个好地方，生产队里故事多，就兴高采烈地赞扬汝旺等人说："你们不仅懂得哲学道理，还懂得政治经济学的道理哩！你们说的生产队核算问题很符合最近中央召开的华北地区学大寨会议精神。"

在去勤俭大队之前，武葆华一行人先到了江山水泥厂，听取了厂党委委员、"革委会"副主任、工人吴培生的讲用，以及厂党委书记卢敬武的讲用，印象也很深刻。厂党委会 8 月 28 日刚刚在《人民日报》发表了学哲学的体会文章。

9 月上旬武葆华回京后，将三个地方的调查情况向曹轶欧做了汇报，曹做出了邀请江山县姜汝旺、吴培生进京讲用的决定，同时受到邀请的还有汨罗县易光兴等人（为什么没有邀请电白的代表？是不是担心他们说不好普通话，北京的领导们听不懂？那就不得而知了。武葆华与笔者交谈的时候，倒是说过他听不懂那几个积极分子的汇报，即使通过翻译，也听不大懂）。

党校迅速将这一决定通知还在江山的赵玉瑾，赵转告夏好礼，夏赶紧向还在江山开现场会的省领导沈策、杨家骏做了汇报。沈、杨与省里其他领导沟通之后，决定姜汝旺和吴培生赴京之前，先在杭州搞几场讲用，有练兵的意思。县"革委会"派夏好礼带队，竹潜民也同去，但他只到杭州，帮着写写材料，把把关。

赵玉瑾、吴秉元、陈祖甲参加了杭州的部分活动，大概是因为要赶回去听九届二中全会精神传达的缘故，所以只在杭州待了一天就回北京了，虽然西湖的美景颇令他们有些恋恋不舍。姜汝旺、吴培生在杭州人民大会堂、空五军驻地等场所，向省"革委会"领导和部队官兵做了讲用报告。在中旬的下半段，姜汝旺三人结束了在杭州的活动，向着北京出发了。

（二）向高级干部、知识分子和外国政要讲哲学

来到北京以后不久，曹轶欧就接见了他们，并且安排他们"巡回演讲"。姜汝旺是主讲人，吴培生有时候也讲，夏好礼有时候做个开场发言。究竟讲了多少场，连他们自己也记不清了。

姜汝旺记得，中央办公厅、国务院办公厅、《人民日报》社、《光明日报》社、《工人日报》社、新华社的负责人，公安部、外经部、外贸部、外交部、中联部的部长们以及司局级干部，各大单位的军代表，卫戍区司令员，北京市"革委会"领导，参加过他的汇报会。乔冠华、韩念龙、姬鹏飞、吴德、丁国钰、黄作珍、申健、冯铉、袁木、鲁瑛，这些人都曾经是他的听众。

姜汝旺记得，华国锋和其他一些省负责人在京西宾馆听过他汇报。

图 2-1　时任湖南省"革委会"主任的华国锋

"中央召开整建党工作会议，12个省，当时华国锋在湖南省当"革委会"主任。12个省的"革委会"负责人、负责组织工作的领导在京西宾馆，我向他们汇报了整个上午啊，整个上午啊。我印象比较深刻的有一个叫李瑞山，还有龙书金。李瑞山在陕西，龙书金在新疆。会议休息的时候李瑞山找到我，他说，姜汝旺，你们学哲学很好，我想问你，你们学哲学同学大寨是怎么结合的？当时党中央提出来农民要学大寨嘛。我说，学大寨，我们学哲学同学大寨没有矛盾，大寨也是搞社会主义，我们学哲学也是搞社会主义，结合可以一样的，没有什么矛盾。"姜汝旺对华国锋印象很好，觉得他平易近人。他说华国锋总是笑眯眯的，听完汇报带头鼓掌。夏好礼感觉华国锋这个人很老实，"真是想不到啊，这么老实的人以后还能当上党中央的主席！"

姜汝旺记得，冯友兰，还有清华大学、北京大学的其他一些老师也听过他的介绍。"中央电视台，那时候不叫中央电视台，叫北京电视台，通过电视转播。清华大学、北京大学的老师在电视台叫我去汇报，那时候有个著名的叫冯友兰，专门把他排到前面的位置，叫我去汇报，这样子的。电视转播给中央毛主席、总理他们看，通过电视台看我们。"冯友兰近视得厉害，戴着厚厚的眼镜，姜汝旺看不清他的眼睛，但可以感受到镜片后射过来的威严。他想通过观察冯友兰的表情了解自己演讲的效果，然而，冯友兰始终面无表情。夏好礼对这次讲用的回忆更具有文学色彩："我们三人被专车送到电视台，那真是岗哨林立。我们登上一层又一层高楼，每层都有解放军把门。绕过一条又一条通道，每个转弯处或办公室门口也有警卫把守，真像上海世博会门口的迷宫一样。绕到一个很大的演播厅时，已坐着20多位观众了，北大教授、哲学家冯友兰也请来了，《人民日报》哲学家王若水、汪子嵩也请来了，中央党校、新华社、中央广播电台、《光明日报》等新闻单位搞理论的同志也来了。我们像演员似的听导演安排就座，听其指挥，看他手势行动。两架摄像机同时对着你，又是强灯光，真难熬。先后花了一个多小时，总算拍完了。"

姜汝旺记得，先后共有20多个国家的兄弟党代表团听过他的宣传。"阿尔巴尼亚的凯莱齐，他是激进的，政治局委员，副总理啊。其他还有激进的比如印度共产党，缅甸共产党，泰国共产党，还有日本共产党，还有印度尼西亚的，还有伊朗的，阿根廷的，挪威的，20多个国家一共。"对外宾宣传的地点有友谊宾馆、北京饭店、钓鱼台国宾馆、中联部招待所、中联部礼堂等。

图2-2 哲学家冯友兰

说来有意思，姜汝旺"农民哲学家"的称号还是凯莱齐给封的。凯莱齐准确的职务是阿尔巴尼亚部长会议副主席兼国家计划委员会主任。那次在钓鱼台国宾馆听完姜汝旺的宣讲后，凯莱齐赞扬说，江山县学哲学组织得好，还有几个典型，学得好，用得好，姜汝旺真是一个农民哲学家。夏好礼回江山县后把这段话在全县干部大会上传达时，引得全场一片掌声！在汉语里，称"哲学家"是不得了的事情，只有那些在哲学领域造诣极深的人才能称"哲学家"，而在英语中，"哲学家"是"philosopher"，只要是"做哲学工作的人"都可以称为"philosopher"。凯莱齐说姜汝旺是"peasant philosopher"，既可以翻译成"农民哲学家"，也可以翻译成"农民哲学工作者"。翻译人员当时采用了第一个译语。

除了姜汝旺、吴培生之外，差不多同时在北京活动的还有其他一些学用哲学的积极分子，例如天津某部队的排长

图2-3 阿尔巴尼亚部长会议副主席阿卜杜勒·凯莱齐

邢希礼，天津第二毛纺厂的工人李长茂，天津国棉四厂的工人王淑珍，湖南汨罗县汨罗公社的干部何培亮、易光兴，农民曹新华等人。姜汝旺感到，还是和他们待在一起舒服，不累。

图2-4 1970年10月30《人民日报》

在北京期间的各种座谈、汇报、宣讲、交流活动中，姜汝旺都说了些什么，我们可以从《让毛主席的哲学思想在干部和群众中扎根》一文中探出大概。这篇由姜汝旺署名的长文发表于10月30日《人民日报》，时间恰好为姜汝旺离京前后。它延续了《"红脚梗"学哲学 人变聪明心更红》和《种田人就是能学好用好哲学》两篇文章的基本内容，进一步总结和介绍了勤俭大队学哲学用哲学的过程、做法、经验与教训。

（三）受到邓大姐关照

邓颖超是周总理的夫人，姜汝旺他们习惯称她为邓大姐。

姜汝旺在京期间，与邓大姐有三次见面。

第一次见面是在中央党校。见到邓大姐，大家在感到惊喜的同时，也多少有些紧张。姜汝旺一直生长在农村，官场等级观念淡一些，还是按照平常训练那样介绍情况。邓大姐听后大为赞赏，当即发表了热情洋溢的讲话。她提高了声音说："浙江的同志对毛主席哲学思想学得这么好，用得这么自如，值得推广。学哲学很重要，最近二中全会提出来了，要搞反映论，不搞先验论。我们支部也搞天天读。恩来同志有时推说工作忙，不参加，我们就批评他。"听到这里，大家都笑了，气氛变得轻松起来。接着，邓大姐向曹轶欧建议："为了推广浙江经验，可请他们到电视台去讲一次，向全国播放。阿尔巴尼亚同志对毛主席很尊重，可向凯莱齐讲一次，也可向美国友好人士斯诺先生讲一次。等他们回去后，叫电影制片厂去他们那里拍个纪录片向全国放映，好好把学哲学运动推动起来。"完了还不忘谦虚地说："这些活动插进去，会否影响你们原来的计划安排？如果影响，就往后推吧！"曹轶欧连忙表态，"不会，不会"。她转身吩咐中联部的同志："可以先安排邓大姐的活动，原来的计划顺延吧。"曹轶欧觉得，邓颖超讲这些话是代表总理的，表明了总理对这次邀请姜汝旺他们北上讲用活动的支持，也表明了对中央组织宣传工作的肯定，这正是康生和曹轶欧求之不得的。

第二次见面是在京西宾馆。姜汝旺在京西宾馆向华国锋等省领导汇报讲用的活动，邓颖超参加了。一上午的会议，她静静地听，并没有发表讲话。吃午饭的时候，她和姜汝旺边吃边聊。姜汝旺记得，在勤俭大队学哲

图 2-5 被称为"邓大姐"的邓颖超

学的诸多经验里面,邓大姐最为肯定的一条是,学哲学一定要结合学文化。她说,对呀,姜汝旺,学哲学是要学文化,没有文化你不能很好地学哲学,总理也很强调这一条,学哲学和学文化可以互相促进。

第三次见面是在中央党校。姜汝旺他们快离开北京的时候,中央党校为他们召开了一个座谈会。倪志福、赵普羽等人也参加了。赵玉瑾清楚地记得,邓大姐参加了这次座谈会,因为当时天气比较凉,变天了,所以烧了炉子,温度要求达到20度以上。大概在这次会上,邓大姐向姜汝旺交代了回去以后的注意事项。

在姜汝旺与斯诺会见之前,邓大姐通过黄华、武葆华等人做了大量的准备工作。邓大姐让武葆华提醒姜汝旺,要实事求是,不要把自己的想法强加于人,等等。就在会见的前一天晚上,她还打电话给武葆华,要求认真准备。当时,武葆华、赵玉瑾正在和姜汝旺等人一起在中联部礼堂看电影,看的是美国电影《巴顿将军》。电影刚放到一半,邓大姐的电话就追过来了。她问武葆华,明天姜汝旺给斯诺演讲,都准备好了吗?讲多长时间,讲什么问题,怎样讲,都准备好了吗?武葆华一听,赶紧表态:我们马上回去准备,这就回去准备。电影也不看了,几个人马上回党校的住处去研究应对方案了。

邓大姐送过一本《阿Q正传》给姜汝旺。鲁迅笔下的阿Q,是辛亥革命时期浙江的一个农民,一个质朴、愚昧、落后而又沾染上一些不良习气的农民。阿Q的拿手绝活、独门秘技是"精神胜利法"。所谓"精神胜利法",是指在现实社会中处于失败者的地位,却不正视现实,反而以妄自尊大等种种方法,自欺欺人,求得"精神上的胜利"。这部作品,揭示出启发农民觉悟、教育引导农民的重要性问题。邓大姐为什么要送这样一本书给姜汝旺呢?因为鲁迅也是浙江人?还是提醒姜汝旺不要成为阿Q那样的人,有则改之无则加勉?

姜汝旺他们回到江山以后不久,夏好礼给邓颖超写了一封感谢信,并

二 姜汝旺的北京之行

寄送了一些学哲学的材料。不久,邓颖超回了信。这封信也能反映出邓大姐关心他们的一些情况。全文不长,照录如下:

夏好礼同志:

收到你的信和寄给我的两种工农学哲学的汇编小册子共十本。这给我和我们支部的同志带来了鼓舞和帮助,衷心地谢谢你!

你和姜汝旺、吴培生同志在北京电视台座谈讲用哲学的实况,我和同志们都集合在电视机前又看又听了。姜汝旺同志讲得很自然,内容也精辟,我们很受教育很高兴!昨天早晨在收音机又听到你们组织的学主席哲学著作的座谈会,使我又感到好像同你们在一起哩!

你们如有新出的学习材料,希望你常常寄些给我们。

我因为病,没有立刻回你的信,希望你原谅!现在病已好,望放心。

姜汝旺、吴培生及其他同志们,请代我向他们问好!

专此草复。致以

革命的敬礼!

邓颖超

一九七〇年十月十九日

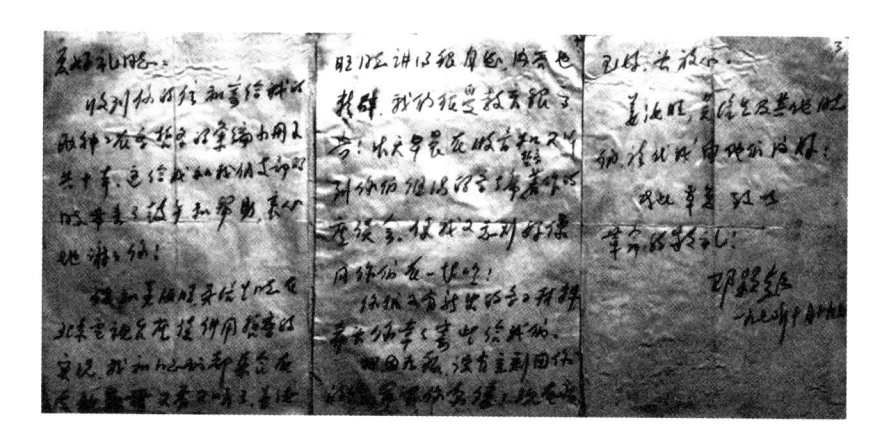

图 2-6 邓颖超写给夏好礼的回信

这封信的落款时间是个笔误，应该是一九七〇年"十一月十九日"，而非"十月十九日"。夏好礼三人是10月底离开北京的，回到江山是11月初。既然是回来以后给邓颖超写的信，那么她的回信时间不可能是10月。

（四）郭沫若题词

郭沫若擅长书法。1970年的时候，他的身份是全国人大常委会副委员长、中国科学院院长、全国文联主席。当时，哲学社会科学的相关研究所还没有独立出来，称"中国科学院哲学社会科学部"。直到1977年，学部才独立为"中国社会科学院"。作为科学院院长，郭沫若关心全民学哲学的进展情况，要求听取工农兵代表的讲用汇报，一点都不奇怪。武葆华曾经带领姜汝旺和吴培生到位于后海附近的郭老家里做客，聊哲学，郭老的夫人于立群女士还亲手做了蒸糕招待他们，但是郭老并没有现场题词。

那么，姜汝旺、吴培生以及夏好礼三人是何时以及如何得到郭沫若题词的呢？

夏好礼回忆——

> 在离京的前几天，曹轶欧专门到党校来，向我们临别赠言，并嘱咐说：你们回去要谦虚谨慎，要向各级党委汇报，但有些在我国避难外宾的情况不要讲，人家是冒生命危险来中国的；有些事不要吹，吹了对你们不好。说到此，就拿出三副条幅，我的是"既当火车头，又当老黄牛"，姜汝旺的是"一分为二看自己，谦虚谨慎永向前"，吴培生的记不清了。曹还说，这题词内容是她出的，请郭老书写的。

根据这里的说法，三个人各得一副对联，而且内容不同。姜汝旺的回忆则是，郭老共题写了四副对联，内容两两相同，自己得了两副，夏好礼和吴培生各得一副。我们专门打电话向吴培生求证此事。他说，他的印象和夏好礼一样，也是三人各得一副，他的那一副是"一分为二对自己赞扬声中找差距"，至于姜汝旺对联的内容，他则不记得了。竹潜民回忆

二 姜汝旺的北京之行

说他亲眼见过郭沫若题写给姜汝旺的两幅对联，而且记得姜汝旺向他谈到的一个细节：一开始，姜汝旺的确只得了一幅和吴培生一样的对联，是后来郭老主动对曹轶欧提出来说写给姜汝旺的那幅字自己不太满意，想重写，曹轶欧说，郭老的字哪有不好的，要不你另外再给姜汝旺写一幅吧。于是，郭老又重提了"既当火车头，又当老黄牛"的条幅给姜汝旺，并不是厚此薄彼。在新的证据出现之前，我们采信这个说法。

图 2-7 挂在姜汝旺家里的"郭沫若作品"

在姜汝旺家里，我们见到一幅郭沫若的"题词"："既当火车头 又当老黄牛 姜汝旺同志座右 一九七〇年十月廿三日 郭沫若"。如果不是有人提醒的话，你根本看不出来，"姜汝旺"三个字与其他部分有什么不同。原来，郭老题给姜汝旺的对联抄家的时候抄走了，所以，他特地把题给夏好礼的同样内容的对联借过来，请江山本地的一位书法家模仿郭老的笔迹写了"姜汝旺"三个字，把原来的"夏好礼"三个字盖住，复印以后制作而成现在这个对联。

姜汝旺家里还挂着郭沫若"题写"的另一副对联："一分为二看自己 赞扬声中找差距"。对联的边上有一行小字："一九七〇年郭沫若先生为姜汝旺亲笔题联 二〇〇五年六月刘毅遵汝旺老兄重录之 嘱书"。原来，这副对联的原联也被抄走了。吴培生那里有一副郭老题写的内容相同的对联，但因为联系不便，所以，干脆姜汝旺就找来本地书法家重新写过。仿写的过程中发生了一个小错误。上联"一分为二对自己"中的"对"误写成了"看"字。

图 2-8 最外侧的对联是姜汝旺请人仿写的

（五）两次会见斯诺

埃德加·斯诺这个名字，姜汝旺以前听说过，知道他是一个美国人，是个著名的记者，和毛主席关系很好。毛主席还在延安那会，他就跑到那里采访，写了一篇《西行漫记》，介绍中国的革命。国庆观礼那天，姜汝旺看到，斯诺就在天安门城楼上，和毛主席在一起。

图 2-9　毛泽东与斯诺（左一）1970 年 10 月 1 日在天安门城楼上，冀朝铸担任翻译

二　姜汝旺的北京之行

这个人要采访我，到底会问些什么呢？肯定会问哲学吧，反正在北京讲了这么长时间了，有底了，不怕。姜汝旺心里这样安慰自己。

多年以后，姜汝旺把两次会见斯诺的情况讲给胡韶良听。胡韶良根据姜汝旺的口述，再加上自己的合理想象，"还原"了当时的情景。以下是他在《天下无双的"哲学家"》一文中的描写：

> 公元1970年10月9日，北京饭店7楼3号会客室。壁灯、挂灯及画幅，把室内点缀得金碧辉煌。地板上铺着的高级地毯，令习惯了黄泥巴的"红脚梗"踩在上面极不自然。工作人员请姜汝旺在靠背沙发上等一会，"斯诺先生马上就到！"
>
> 在当时的中国，埃德加·斯诺先生的知名度，高得几乎家喻户晓，人人皆知。这位以一部《红星照耀中国》（《西行漫记》）蜚声全球的美国著名作家、新闻记者，在中国所受到的礼遇，在老百姓看来并不比一般的国家元首低。就在一个星期前的10月1日，姜汝旺应邀参加国庆节观礼活动，看到伟大导师毛主席站在天安门城楼上，左边是林彪，右边紧接着的便是这位看上去"人比毛主席矮，鼻子比毛主席长"的美国友好人士，毛主席还和他指指点点，说说笑笑。在这样的地方同这样的"上上宾"谈哲学，姜汝旺的心里不免有些七上八下，所幸的是他已来北京一个多月，算是见过不少大世面了……
>
> 正当姜汝旺局促不安地想着怎么回答问题时，斯诺和夫人在黄华夫妇的陪同下走进了会客室。在姜汝旺的眼里，斯诺一米七〇左右的身高，头发灰白，背有些佝偻，穿一件咖啡色皮夹克，不算怎么洋气。他的夫人却穿得相当时髦，一头漂亮的金发，一双明亮的蓝眼睛，颇有电影明星的风采，只是脸部好像有些雀斑。
>
> 黄华为双方作了介绍，彼此寒暄了几句，便开始了正式的交谈。在场的还有两名翻译，姜汝旺记得他们的名字叫冀朝铸和王凤仙。他们翻译完时，黄华偶尔还加以纠正、补充。
>
> "你们怎么学哲学，我已在《人民日报》上看到了。今天，我们就不谈哲学了，只想问你几个简单的问题，好吗？"
>
> "什么，不谈哲学？"姜汝旺慌了。进京以来，言必谈哲学，已

经习惯了。斯诺先生的"开场白",出人意料,使姜汝旺意识到这回要打无准备之仗。他希望斯诺像江山人一样,见了面喜欢先开句玩笑,不由得仔细看了斯诺两眼,发现对方是真诚的、坦率的。于是,姜汝旺横下一条心坚决"应战"似地回道:"好,您就随便问吧,我答错了可别见怪!"

下面便是他们非常有趣的对话:

"你们怎么做计划生育工作?"

"我们采用避孕的办法。"

"是用避孕工具还是用避孕药?"

"吃避孕药。"

"药是你们自己去拿的还是公家发的?"

"多数是发的,少数人自己拿。"

"现在,农村生孩子是在家里还是上医院?"

"大都到医院生的。"

"你们每个人有多少自留地?"

"大概2厘多些。"

"都种些什么?"

"蔬菜,杂粮都有。"

"您读了几年书?"

"小学毕业。"

姜汝旺注意到斯诺沉默了片刻。或许,他在想一个仅能勉强看懂报纸的农民,何以成了"哲学家"?

斯诺每问一两个问题,就要抽出一支中华牌香烟,不点火抽,放近鼻孔闻,一支烟闻它三五分钟,把"香味"闻得差不多了,便权当抽过,按进烟缸。

斯诺先生不愧是个中国通。他又问道:"你们江山县是与江西省交界吗?"未等回答,他又补充说:"哦,你们与福建省也是交界。"他问姜汝旺:"闽浙赣地区在第二次国内革命战争时期农会的情况怎么样?"

姜汝旺迟疑了一下说:"很抱歉,我那时还没有出生呢。"斯诺一听,拍着头"NO,NO"地哈哈大笑起来:"我想,我应该到你们江山看看。"斯诺与姜汝旺进行了两个上午——9日上午与10日上午的会谈，只字未谈哲学，只把他当作一位普通的中国农民借机进行了一次社会调查。

关于这两次见面的细节，在场的一些当事人的回忆并不一致，例如，有的说黄华没有带夫人，有的说翻译人员的名字不是冀朝铸和王凤仙，有的说实际提问的问题与这里记载的有出入，有的说也谈了一些哲学。

两个半天的会见，谈话的内容并不是很多，这主要是因为翻译过程占去了大量时间。翻译人员听不太懂"江山普通话"，需要反复询问，反复核实；即便听懂了，有时候也不知道如何翻译。姜汝旺使用的一句歇后语"大竹篮关泥鳅，这边关那边溜"，真的把翻译人员难倒了。在黄华的帮助下，翻了10多分钟，才把意思说清楚。

斯诺为什么如此关心中国的现实呢？

1970年8月，斯诺再一次踏上中国的土地，这是他对新中国的第三次访问。西方传媒关于中国"文化大革命"的报道使他迷惑、忧虑，他渴望了解中国的现实。那个红色的中国，此时此刻在发生什么？工厂、农村的生产生活情况怎样？阶级斗争的情况怎样？共产党领导机构的变动情况怎样？

来到北京后不久，在周总理的安排下，斯诺夫妇参观了很多地方，清华、北大、反帝医院（协和医院）、二七机车厂等，然后到外地，河北遵化县西铺村、延安、保安、沈阳、鞍山、广州、杭州、上海、南京、武汉……每到一地，斯诺都受到热烈欢迎，被当作"贵宾"、"国际友人"来接待，而他的"记者"身份反而被忽略了。斯诺要求尽可能地多安排一些采访，但这些"被安排的"采访，有时候令斯诺有些小失望，他听不到真实的情况。

这次会见姜汝旺三人，实际上是斯诺"社会调查"的一部分，也是他努力打破"信息封锁"的一种尝试。

1970年12月18日，在与姜汝旺他们会见两个多月后，斯诺有机会见到毛泽东。他告诉毛泽东说："现在中国农民同意计划生育了。"毛泽东说："你这个人受人欺骗哟！农村里的女人，头一个生了是个女孩，就想个男孩子。第二个生了，又是女孩，又想要男孩子。第三个生了，还是女孩还想要男孩子。一共生了九个,都是女孩子,年龄也四五十岁了,只好算了。"[1]

1971年2月,斯诺结束长达半年的对中国的访问,回到瑞士。他的访华报道,先后在意大利的《时代》杂志、美国的《生活》杂志等报刊上发表。发表在《时代》杂志上的一篇报道特别提到:"普通人家也许至少有一辆自行车(农民也是如此)。有很多种类型的住房,但一般说来都比过去的好(在农村,农民有自己的房屋,不必交房租)。工厂工人的医疗费用是由他们的组织支付的。医药的售价比起西方国家的售价来简直可以说是不必花钱,避孕药是免费供应的。"这里的信息,有些恐怕也是从姜汝旺那里得到的吧?

---

[1] 《会见斯诺的谈话纪要》,参见《建国以来毛泽东文稿》第13册,中央文献出版社1998年版,第165—166页。

三 媒体追捧的对象

《"红脚梗"学哲学 人变聪明心更红》、《种田人就是能学好用好哲学》、《让毛主席的哲学思想在干部和群众中扎根》，三篇文章三大步，每一步都大大提高了勤俭村的知名度。美中不足的是，这几篇文章还都属于"自我推销"，媒体还没有组织过重量级的宣传文章。另外，原来的宣传形式也过于单一，基本上局限于文字宣传，以介绍经验、谈体会为主，可读性不够。

姜汝旺从北京回来以后，情况就不一样了。在杭州，省"革委会"主任南萍亲自接见，接着安排他在省体育馆向8000人左右的省、杭州市级机关干部做了赴京情况汇报。回到金华，地区"革委会"敲锣打鼓来迎接，他在金华广场向近千听众做了汇报。回到江山，县委又敲锣打鼓来迎接，安排他在大会堂做了汇报。

这时候，姜汝旺已经摇身变为"超级明星"，勤俭大队的头上也罩上了"明星村"的光环。媒体怎么可能不"追星"呢？

（一）《哲学的解放》横空出世

姜汝旺还在北京的时候，曹轶欧就确定了继续大力宣传勤俭大队的方针。1920年10月初，《人民日报》杨列慎、陈祖甲等人进村采访。半个月后，他们带着20篇小故事形式的稿子离开了。

12月，勤俭大队接到通知，说《人民日报》评论组的组长王若水要来补充、核实材料。

竹潜民清楚地记得，王若水到江山的时间是1970年12月20日凌晨，乘坐的是北京到福州的特快列车。他带来了经过编辑的大样，共五个部分,大小标题都还没有最终确定。在随后的10天时间里,王若水不断调查走访,还补写了"活学活用哲学的带头人姜汝旺"一节。"学大寨学什么?"一节则是由竹潜民补写的。

提起王若水,姜汝旺现在仍然记忆犹新并充满感激之情:"他对我们帮助很大,许多问题通过他来辅导、帮助,使我们上升到理性的概念。"

就是在这样一些知识分子的参与下,一篇更有深度、更具冲击力的全面反映勤俭村学哲学用哲学事迹的文章完成了。王若水最后亲自敲定了大标题:《哲学的解放——勤俭大队学哲学用哲学的故事》。

将近4万字的篇幅,如果要登报,只能是连载的形式,至少要5天,5个版,直接登《人民日报》,影响会不会太大了?带着这个疑虑,王若水请示了曹轶欧。曹轶欧想了一下,说,那就《浙江日报》先登,《人民日报》转载吧!

1971年3月13日,《浙江日报》开始连载《哲学的解放》,一直到17日。

这篇报道可以说是对"勤俭事迹"、"勤俭经验"和"勤俭哲学"最全面和最深刻的总结。它的叙事风格显然经过推敲拿捏,可读性很强。报道的署名者为中共江山县委报道组、《浙江日报》通讯员。

这篇很长的文章,配了很长的"编者的话":

> 我们热情地向大家推荐勤俭大队学哲学用哲学的故事。
>
> 这是一曲哲学解放的凯歌!是政治思想战线上的灿烂花朵!它再一次表明毛主席关于"让哲学从哲学家的课堂上和书本里解放出来,变为群众手里的尖锐武器"的伟大号召正在变成革命的现实!工农兵就是能学好用好哲学!
>
> 勤俭大队的事实生动地告诉我们:毛主席的哲学思想,是指导无产阶级和广大人民进行革命的精神武器。他们经验中最可宝贵的一点,就是在路线斗争中学哲学,学了哲学指导路线斗争。
>
> 两条路线斗争,归根到底是唯物论和唯心论、辩证法和形而上学的斗争。毛主席的哲学思想,是毛主席革命路线的理论基础,它深刻地揭示了阶级斗争、路线斗争的客观规律,是武装群众、指导革命的法宝;唯心论和形而上学,是各种错误路线的思想根源,是欺骗群

三 媒体追捧的对象

图 3-1 1971 年 3 月 13 日《浙江日报》

众、反对革命的毒药。只有弄懂弄通毛主席的哲学思想，才能始终保持清醒头脑，紧紧掌握路线斗争的主动权。

勤俭大队由于学了毛主席的哲学思想，在路线斗争中，就从不自觉变成自觉，从被动转为主动；当错误的东西冒头的时候，就能立即抓住；当错误路线变换牌号的时候，就能及时识破；当一种倾向掩盖另一种倾向的时候，就能注意防止。一句话，努力活学活用毛主席的哲学思想,"人变聪明心更红",就能洞察阶级斗争、路线斗争的复杂现象。

当前,我们遵照毛主席的指示,正在全党进行一次思想和政治路线方面的教育。这个教育,从根本上来说,就是要用毛主席的辩证唯物论和历史唯物论来武装头脑,改造我们的世界观。我们只要像勤俭大队那样,紧密联系两条路线斗争的实际,在斗争中学,在斗争中用,牢牢掌握哲学这个路线斗争的尖锐武器,坚持正确的政治方向,就可以在大风大浪中不迷航。

从3月25号到29号,《人民日报》对这篇文章进行了全文转载,也是连续5天。这在《人民日报》的历史上,恐怕是空前绝后的吧!《人民日报》也加了编者按,其中说,"这篇文章虽然长一点,但是发人深省,颇有味道,值得一读。"

图 3-2 1971 年 3 月 25 日《人民日报》

胡景北,1971年春参加上山下乡运动,从南京市第九中学来到江苏省句容县宝华人民公社风坛大队建华生产队插队,那一年,他18岁。

4月4日,他在日记中写道:"《人民日报》最近连续刊登了浙江省江山县勤俭大队学哲学用哲学的经验介绍《哲学的解放》。伟大领袖毛主席号召'让哲学从哲学家的课堂上和书本里解放出来,变为群众手里的尖锐武器'。勤俭大队能做到的,别的地方也应该能做到。我应向勤俭大队的贫下中农学习,努力学哲学用哲学,指导自己的实践。"

4月13日的日记再一次提到这篇文章:"《人民日报》发表了勤俭大队学哲学用哲学的故事《哲学的解放》。勤俭大队革命干部和贫下中农从巩固无产阶级专政出发，认真学习毛主席的光辉哲学著作，并把它用来解决实际问题，取得了很大的成绩。我要向勤俭大队的贫下中农学习，努力学习毛主席的哲学著作，改造世界观，树立唯物论和辩证法的思想。"

在全国，还有千千万万个像胡景北这样的读者。可以说，《哲学的解放》这篇长文把勤俭村送上了巅峰，让它如日中天，大红大紫！

图3-3 人民出版社出版的《哲学的解放——勤俭大队学哲学用哲学的事例》单行本

《人民日报》转载以后，各地迅速兴起出版单行本的高潮。人民出版社、浙江人民出版社、湖南人民出版社、湖北人民出版社、广东人民出版社、云南人民出版社、贵州人民出版社、四川人民出版社、陕西人民出版社、河南人民出版社、河北人民出版社、山东人民出版社、新疆人民出版社、辽宁省新华书店、福建省新华书店、香港三联书店等几十家机构都推出了自己的单行本。非正式出版的单行本更是不计其数。不知是故意还是失误，人民出版社的单行本把原来副标题"勤俭大队学哲学用哲学的故事"中的"故事"两字改成了"事例"。这些单行本的出版，让勤俭村的影响继续扩大。

（二）画报、照片集、连环画

文字再好，读多了也难免枯燥。这个时候，就需要图画调节一下。对于最广大的人民群众来说，"图文并茂"永远都是喜闻乐见的传播形式。

我们这里选取几种代表性的读物，略作展示。

1.《人民画报》1971 年第 2 期——《灾后又丰收的道理》

图 3 - 4a 《人民画报》1971 年第 2 期封面   图 3 - 4b 该期第 15 页

三　媒体追捧的对象　　　　　　　　　43

图 3-4c　该期第 16、17 页

这篇作品共占 3 个页面，从第 15 页到第 17 页。摄影者"钱江红"显然是个化名。

图 3-5　普及版照片集《种田人就是能学好用好哲学》

2. 新闻展览照片农村普及版——《种田人就是能学好用好哲学》

照片集由新华通讯社编，人民出版社 1972 年 2 月出版，编号 7103，9 开 12 张。

3. 连环画——《半篮花生》

目前见到的《半篮花生》连环画有两种。

一种由上海人民出版社出版，史中培改编，贺友直绘画，1975年5月第1版，64开，58图，第1次印刷40万册。

另一种由浙江人民出版社出版，东方涛、范成璋、钟友山改编，钱贵荪绘画，1975年9月第1版，60开，71图，第1次印刷100万册。

图 3-6　上海版连环画《半篮花生》封面　　图 3-7　浙江版连环画《半篮花生》封面

两本连环画均改编自同名越剧，内容大同小异。关于这个剧的详细情况以及它与勤俭村的联系，本章第六节再做介绍。

（三）课本也宣传

1972年，《哲学的解放》中的一节《拿枪不见鸟，还是有鸟没拿枪？》入选北京市中学课本《语文》第一册。

这个题目很有意思，是个比喻。枪，比喻阶级斗争这个武器，鸟，比喻阶级敌人。它的大意是：我们拿起了阶级斗争这个武器，却没有发现敌人；还是存在着阶级敌人，我们却没有拿起阶级斗争这个武器？

文后附有"阅读提示"：

> 这篇文章生动地记叙了勤俭大队关于"拿枪不见鸟，还是有鸟没拿枪"的一场大辩论，赞扬了贫下中农运用毛主席的哲学观点，

分析阶级斗争的形势，狠批"阶级斗争熄灭论"的先进事迹，阐明了阶级斗争"必须年年讲，月月讲，天天讲"这一伟大真理。

勤俭大队的贫下中农为我们树立了认真学习毛主席哲学著作的好榜样。我们要象贫下中农那样，忠于毛主席，带着三大革命斗争中的问题，认真学习毛主席哲学著作；要象贫下中农那样，敏锐地观察阶级斗争的新动向，在复杂的阶级斗争中立场坚定，爱憎分明。

本文采用摆事实讲道理的写法，运用了许多生动活泼的劳动人民的语言，增强了文章的表现力。

同年，姜汝旺的作品《用毛主席的哲学思想指挥战斗》入选贵州省中学试用课本高中《语文》第二册。它节选自1970年9月27日《光明日报》的同名文章，有删改，记载的是姜汝旺本人运用毛主席哲学思想指导阶级斗争、生产斗争、改造世界观的故事。

文后附有"教学建议"：

1. 遵循伟大领袖毛主席关于"人的正确思想，只能从社会实践中来，只能从社会的生产斗争、阶级斗争和科学实验这三项实践中来"的教导，积极投入三大革命运动，努力改造客观世界和主观世界。

2. 结合《用毛主席的哲学思想指挥战斗》一文的学习和自身的亲身经历，说明"物质可以变成精神，精神可以变成物质"的道理。

3. 用"一分为二"的哲学观点看自己。写一篇学习毛主席哲学思想的心得体会。

有的学校则直接把勤俭村作品集当作政治课本或教材使用。徐忠友，70年代初在淤头中学（现为江山市五中）就读，根据他的回忆，学校当时的政治课本，就是浙江人民出版社1970年8月出版的《种田人就是能学好用好哲学》。这本书全名为《种田人就是能学好用好哲学——浙江省江山县勤俭大队活学活用毛主席哲学思想的经验》，辑录了《人民日报》短评《思想建设的一个重要问题》、浙江省"革命委员会"《关于向江山县勤俭大队学习，进一步掀起活学活用毛主席哲学思想群众运动新高潮的

图3-8 被用作政治课本的《种田人就是能学好用好哲学》

通知》以及勤俭作品17篇，是当时最好和最全的一部勤俭村作品集。

大量的教辅书也选用了勤俭作品或相关宣传报道。例如，浙江台州师专1971年为工农兵学员编的《写作文选》就选用了两篇勤俭作品：姜汝旺的《让毛主席的哲学思想在干部和群众中扎根》以及姜建文的《"不叫的狗最会咬人"》。

（四）现在开始播送……

在电视没有普及以前，广播是最主要、最迅速、最直接、影响范围最大的现代化传播工具。

提到广播，经历过"文化大革命"的人们一般会想到绑在高高的水泥杆或木头杆上的大喇叭，挂在墙上的"匣子"，还有摆在桌上的各种各样的收音机。

勤俭村出名后，广播里经常播送勤俭作品和相关宣传报道，基本是"读报"，但是也有一些原创性的稿件。中央人民广播电台、浙江人民广播电台的记者都到村子里来采访过。江山县广播站的同志来得就更勤了，他们的一个重要任务是来录音。大队党支部写的《听广播，用广播，管广播——用马列主义、毛泽东思想武装农民》（1976）一文披露了为县广播站录音的细节："这几年，我们有不少干部、社员录过音。我们每次录音，都十分认真。从党支部书记到一般社员，只要广播站派人来录音，我们都不厌其烦地一次又一次地录音，直到录好为止。老贫农姜成良，妇代会主任、党支部委员傅金妹等同志，因文化水平低，录音比较困难。但是，他们为了搞好广播宣传，克服文化低的困难，不识的字一个一个地

三　媒体追捧的对象　　　　　　　　　　　　　　　　47

图 3-9　勤俭大队社员集体收听广播的情形

认，读不顺的句子一句一句地念，看不清楚的地方一处一处地问，积极做好录音准备，用革命战争时期的那么一股劲，占领广播这个上层建筑领域的阵地，每次都胜利地完成了任务。"

广播大会，可以说把广播的宣传功能发挥到了极致。它是声音的"现场直播"。通过广播系统，把中心会场的声音直播出去，各个分会场同时组织收听，这样就形成了几万人甚至几十万人的大会场。

广播大会的原理可能大多数人弄不清楚。不过，广播大会的威力，可是有不少人真真实实地体验过。

1970年9月16日，《浙江日报》头版头条报道了省"革委会"召开全省活学活用毛主席哲学思想广播大会的消息，标题是《掀起大学大用毛主席哲学思想群众运动新高潮　用毛主席的唯物辩证法推动革命生产飞跃发展》，副标题是"勤俭大队和江山水泥厂介绍了活学活用毛主席哲学思想先进经验"。

消息称，大会于9月15日晚上召开，省活学活用毛主席哲学思想的先进集体——勤俭大队和江山水泥厂的同志介绍了他们学哲学、用哲学的先进经验，省"革委会"的主要同志出席了大会，省"革委会"主任南萍同志作了《关于坚决响应党的九届二中全会的号召，把活学活用毛主席哲学思想的群众运动推向新高潮》的报告，云云。

消息最后说：

>全省各地军民认真收听了广播，受到了很大的鼓舞，决心更高地举起毛泽东思想伟大红旗，坚决贯彻落实党的九届二中全会提出的各项战斗任务，以勤俭大队和江山水泥厂为榜样，迅速掀起活学活用毛主席哲学思想群众运动新高潮。以两个阶级、两条路线斗争为纲，用毛主席的唯物辩证法，进一步揭露矛盾、分析矛盾、解决矛盾，推动革命和生产的飞跃发展，用新的胜利，迎接我们伟大的社会主义祖国建国二十一周年的光辉节日，迎接第四届全国人民代表大会的召开。

让"全省各地军民"实时了解大会内容，并且在第一时间动员起来，这种宣传效果，是当时其他媒体所达不到的。

（五）新闻纪录片

拍摄纪录片是邓大姐交代的任务。姜汝旺他们还在北京的时候，北京电视台（中央电视台前身）的人就进村了，一待就是个把月。姜汝旺回忆：

>他们来了三个人，一个搞摄像的，一个搞录音的，同步录音，一个搞采访的。同步录音，很难的啦。戴香妹同志五分钟的画面，他拍了好多次，花了三卷多的胶卷，为什么？因为同步录音，很难的啦，他要求又高。像我们农村，有时刚刚录了一半，外面麻雀"喳喳喳"又叫了，有时斑鸠又叫了，"哗"一下，他又不要，重来重来。有什么办法呢？所以就放晚上，晚上也有困难。晚上比较静，九点钟以后呢，他录得正起劲的时候，狗又叫了，"汪汪汪，汪汪汪"，又得重来，又得重来。困难啊，花了一个多月的时间。

关于这部纪录片,没有查到公开的资料。那会儿电视还不普及,观众人数比较少,主要是领导干部。

中央新闻纪录电影制片厂的人随后也来了。承担拍摄任务的是华东记者站的徐明等人。他们拍了一些素材,制作成《新闻简报》。这期《新闻简报》在江山放映的时间是1970年底。竹潜民说他看过两次。

浙江省电影摄制组拍的纪录片有两种与勤俭村有关。《浙江广播电视年鉴》(2003)介绍:

> 1970年9月,根据浙江省革命委员会政工组指示,浙江省电影摄制组重新建立。这一年,由于设备条件限制,仅用16毫米胶片摄制了3部纪录片,其中之一是《种田人就是能学好用好哲学》,反映了江山县勤俭大队农民学哲学、用哲学的情况。戴伟偌编辑,童本骅、周荣震、邵柏友摄影。
>
> 1971年改用35毫米摄影机,拍摄了纪录片《大寨红花遍浙江》(彩色、3本)。这是建立新闻摄制组后的第一部彩色纪录片。影片介绍了在学大寨运动中涌现出的一批先进典型,其中有:桐庐县南堡大队;江山县勤俭大队;绍兴县上旺大队;奉化县达岙岭大队;德清县下高桥大队;缙云县马加坑大队;岱山县南峰渔业大队;温州市宪一大队;天台县苍山顶林场;以及萧山县广大军民围垦海涂等。邵柏友编辑,童本骅、周荣震、周平、邵柏友摄影。

(六) 越剧《半篮花生》的创作素材

越剧《半篮花生》属"现代小戏",产生于20世纪70年代初期,后被拍成电影,走向全国。

电影《半篮花生》叙述了这样一个故事:秋收季节,江南某山村小学生晓华放学后,为队里拣回半篮"地脚"花生(收割时未掘出而遗留在泥土中的花生),因为保管员不在,所以只得暂时把花生带回家保存。小伙伴喊她去开会,临出门时,她关照妈妈"一颗也不能少"。妈妈知道晓华爱吃盐水煮花生,意欲把花生煮熟了给她吃。哥哥东升以为晓华把花生带回家就是为了自己吃,等妹妹回来后,便责怪她自私。晓华受了委屈，气得哭起来。晓华爹发现篮里花生颗粒饱满，不像是"地脚"花生，就和全家人带着疑问学习哲学，使大家弄懂了"矛盾的普遍性和特殊性"、"千万不要忘记阶级斗争"以及"一心为公"的道理。通过调查研究，他们弄清了事实真相。原来，地主王有财想偷队里花生，收掘时故意把好花生当"地脚"花生埋在泥土里，让儿子小宝在后面捡拾，为了掩人耳目，拉来晓华做"挡风墙"。误会解除，认识提高，他们高高兴兴地把半篮花生交归集体。

图 3 - 10a　越剧电影《半篮花生》（1974）截图之一

图 3 - 10b　越剧电影《半篮花生》（1974）截图之二

关于剧本的来源，中国越剧网有这样的介绍：

1970 年 10 月至 11 月，浙江省"革委会"在杭召开地方剧种改革交流会。会中，杭州标准件厂李立军、朱富毅编写的独幕话剧《山村开遍哲学花》参加观摩演出。12 月，方元改编成婺剧《半篮花生》；次年 2 月，何贤芬改编成同名越剧，分别在金华、杭州上演。4 月，浙江省文化局据以上两个戏曲本组织讨论修改提纲，由方元再作修改后金华婺剧团首演。6 月，省宣传部、文化局成立浙江省《半篮花生》创作组，由曾昭弘主要执笔，再改编成越剧，7 月由浙江越剧团在杭州演出。9 月，毛泽东同志在杭州通过电视荧屏观后说："这个戏有戏，一家人都很可爱，说明农民不但可以学哲学，而且可以学好哲学。"11 月，中央电视台拍摄成黑白电视片播放。1972 年 1 月 23 日，《浙江日报》刊登《半篮花生》越剧本，署名为"浙江省《半篮花生》创作组"。同年 11 月，长春电影制片厂决定拍摄彩色戏曲片。1973年上半年由何贤芬几经修改，拍成送审后，江青提出要加强矛盾的特殊性，突出斗争哲学，下令"要重拍"。再经曾昭弘执笔修改，于1974年3—5月完成拍摄。最后越剧本于1974年由浙江人民出版社出版单行本，全国多家出版社再版。

勤俭村"农民学哲学陈列馆"展板上的介绍是：

> 1970年10月至11月，浙江省"革委会"在杭召开地方剧种改革交流会。会中，杭州标准件厂李立军、朱富毅以勤俭真实故事编写的独幕话剧《山村开遍哲学花》参加观摩演出。12月，方元改编成婺剧《半篮花生》；次年2月，何贤芬改编成同名越剧，分别在金华、杭州上演。4月，浙江省文化局据以上两个戏曲本组织讨论修改提纲，由方元再作修改后金华婺剧团首演。6月，省宣传部、文化局成立浙江省《半篮花生》创作组，由曾昭弘主要执笔，再改编成越剧，7月由浙江越剧团在杭州演出。11月，中央电视台拍摄成黑白电视片播放。

显然，勤俭村陈列馆展板上的内容来自于中国越剧网，但有一处明显的不同。它在"杭州标准件厂李立军、朱富毅编写的独幕话剧《山村开遍哲学花》参加观摩演出"这句话中插入了"以勤俭真实故事"几个字，使这句话变成了"杭州标准件厂李立军、朱富毅以勤俭真实故事编写的独幕话剧《山村开遍哲学花》参加观摩演出"。

这个说法到现在还是一个孤证。

1974年7月19日《浙江日报》发表了浙江省《半篮花生》创作组的一篇文章，名字叫作《学习革命样板戏搞好小戏创作——越剧〈半篮花生〉的创作体会》，其中谈到了故事的素材问题："一九七〇年九月，党的九届二中全会号召全党要认真学习毛主席的哲学著作。我省和全国各地一样，涌现了许多学哲学的先进单位。在这样的时代背景下，杭州标准件厂工人业余文宣队编演了小话剧《山村开遍哲学花》。"由此看来，话剧的故事素材并非完全取自勤俭村，而是综合了许多单位的实践，经过艺术加工之后形成的。

姜汝旺本人的回忆也证明了这一点："我从北京回来，刚好杭州市召开党代表大会结束，有文艺演出，邀请我们去观看，这其中杭州市江干区文化馆搞了一个'工农兵学哲学'这样一个小话剧。看了以后，我们金华地区管宣传的，姓桂，这么一个同志，我说学哲学这个内容很好，这个剧本能不能给我们？结果他去问了，要来一个剧本。拿回到地区的时候，地区的同志觉得很好，问能不能把它搞成戏曲，金华婺剧，他说行。"

在改编时，姜汝旺提供了一个新鲜的素材。"我说我们那里有这么一个故事，挖花生的故事。一个人啊，私心杂念很重，他把生产队的花生，看到没有人，埋到地里，第二天叫他儿子去挖地角花生。金华就根据这么一个背景，创作成一个《半篮花生》。这个是婺剧。"这个素材直接使得婺剧的名字发生了变化。从此，无论是婺剧还是越剧，无论如何改编，剧本都保留了"半篮花生"这个名字。

根据创作组的说法，《半篮花生》最初写了工、农、兵三个方面的三个"主要人物"，后来对人物作了重新安排，力图集中描写贫农英雄形象晓华爹，为他增加了一些新的唱段和台词。"四年来，进行了数十次修改，特别是在中央领导同志直接关怀下，进行了重大修改，使作品的思想艺术面貌发生了根本的变化"，创作组的文章说。

在修改过程中，创作组邀请了本省工农兵学哲学先进单位的同志提意见。"在过去的演出本中，剧中人物拿出了《矛盾论》，只提矛盾的普遍性，没有提矛盾的特殊性，这就违背了《矛盾论》的原意，因而就不可能塑造好用毛主席哲学思想武装起来的英雄人物，主题思想就不能准确表达。这一严重错误，经领导同志指出后，我们重新学习了《矛盾论》并邀请勤俭大队等工农兵学哲学先进单位的同志进行讨论座谈，认识到：毛主席在《矛盾论》中，以大量篇幅着重讲了矛盾的特殊性，深刻地论证了矛盾普遍性和特殊性的关系。"创作组的文章明确提到了"勤俭大队"。看来，勤俭大队是主角，起了决定作用。

姜汝旺的回忆也印证了这个事实："省委提出来把金华《半篮花生》从婺剧改编成越剧，这样子省里创作组几个著名的作家，像曾昭弘、顾锡东、胡小孩、沈虎根这些人，他们是浙江搞文艺的专家，那么就根据省委指示来讨论、修改、创作越剧的《半篮花生》。汪锡华也曾经陪我去参加过修改，两次。那时我讲，矛盾，剧本里只讲普遍性，它没有突出矛盾的特殊性，那么普遍性是和特殊性统一的。后来中央审查组过来，说只讲矛盾的普遍性，你里面没有讲矛盾的特殊性，这个不对的。那么通过一个多月修改，把特殊性给体现出来了。"

可以说，勤俭村与《半篮花生》的密切关系，是在剧本修改的过程中逐渐建立起来的。在多次的修改中，《半篮花生》融入越来越多的勤俭元素。

电影《半篮花生》让人明显感觉到它完全有可能是发生在勤俭村的一个故事。无论是故事地点（江南某山村），故事情节（为集体挖花生的时候故意埋起来让家人来捡），故事结构（多种矛盾冲突并存，敌我矛盾与人民内部矛盾并存），人物原型（晓华爹身上明显有姜汝旺的影子，地主王有财身上明显有姜瑞禄的影子），人物语言（"丰收以后有没有矛盾"，"学哲学又学文化"，"这世界上到底是先有鸡、后有蛋，还是先有蛋、后有鸡"，"泥腿子也想学哲学，那是老虎想上树"，"有了矛盾，就不能掩盖、调和，要彻底解决就得充分揭露"，"刚才批评，现在表扬，一分为二"，等等），都带有明显的勤俭特征。当然，艺术来源于生活而高于生活，电影《半篮花生》中的各种细节不可能与勤俭村的实践完全吻合。一个比较恰当的说法是，勤俭村的生产、生活以及阶级斗争实践为越剧《半篮花生》提供了创作素材。姜汝旺的一个说法也比较恰当："背景是我们这个村的，创作是省委创作组。"从"背景"（素材）到"创作"，少不了艺术加工的成分，是一个"蒸馏"的过程。

鉴于勤俭村与《半篮花生》的密切关系，所以，村民们把这个戏也看作对勤俭村的宣传。村里的土戏台上，经常上演各种水平、各种班底的《半篮花生》。电影《半篮花生》的原班人马在这里演出过，上海越剧团、安徽婺剧团的专业演员在这里演出过，勤俭大队的村民们也在这里演出过。据说，由村民们演出的《半篮花生》还颇受欢迎，上演百余场，观众达数万人次。

（七）外文读物

有关勤俭村的外文读物不少。从内容上说：有的是原创性的，直接用外语写成，没有中文版；有的是翻译过去的，有对应的中文版。从形式上说：有英语、德语、法语、日语、俄语、世界语等，不下十几种语言。

下面展示几种代表性的读物。

1. 原创类

China Reconstructs（《中国建设》英文版）1971 年第 7 期刊登了 "Peasants Learn Philosophy" 一文，题目直译为《农民学哲学》。该杂志 1952 年由宋庆龄创办。创刊时为英文双月刊，1955 年起改为月刊。从 1960 年至 1980 年，先后有西班牙文版、法文版、阿拉伯文版、俄文版和葡萄牙文版创刊。1980 年 10 月中文版创刊。1990 年 1 月，易名为《今日中国》。

图 3-11a　《中国建设》（英文版）1971 年第 7 期封面

图 3-11b　正文第 41 页

图 3-12　世界语杂志《中国报道》1975 年第 2 期封面及正文

三 媒体追捧的对象

El Popola Cinio（世界语杂志《中国报道》）1975 年第 2 期刊登了 "Studo de Filozofio en Kingian – brigade" 一文，题目直译为《勤俭大队学哲学》，作者 Hjue Nong。该杂志创刊于 1950 年 5 月，月刊，1954 年停刊。1957 年复刊后改为双月刊，1967 年恢复为月刊。2000 年《中国报道》杂志世界语印刷版转为网络版，同时《中国报道》中文月刊创刊。

2. 翻译类

《人民画报》1971 年第 2 期刊登的《灾后又丰收的道理》随其外文版的传播而广泛传播。该期封三显示，"本报用汉、朝鲜、俄、英、德、法、日、越南、印度尼西亚、印地、西班牙、阿拉伯、瑞典、斯瓦希里、意大利、乌尔都十六种文字刊印"。《人民画报》外文版创刊时间为 1951—1958 年。

《哲学的解放——勤俭大队学哲学用哲学的故事》被翻译成多种语言，这儿展示的是外文出版社 1972 推出的英文、朝鲜文版本。其中，英文版的名字是 *Philosophy Is No Mystery*: *Peasants Put Their Study to Work*，直译为《哲学并不神秘：农民学以致用》。相当有趣的是，这两个版本的封面都用了木刻画表现农民形象，但都搞错了。这些农民的头上扎着白毛巾，而不是戴着斗笠。看来，封面设计者是把浙江的农民当成是山西的农民了，把勤俭当成大寨了。

图 3 – 13　《人民画报》1971 年第 2 期英文版封面

Peking Review（《北京周报》英文版）1972 年第 42 期（10 月 20 号）刊登了 "The Birth of a Subterranean Well" 一文，题目直译为《地下井的诞生》，署名为 "the Party branch of the Chinchien Brigade in Chekiang Province"（浙江省勤俭大队党支部）。《北京周报》（英文版）为新闻类周刊，创刊于 1958 年。原名 *Peking Review*，后改为 *Beijing Review*。

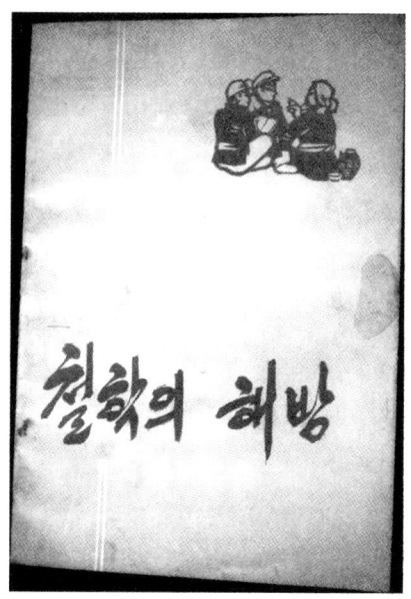

图 3-14a 《哲学的解放》英文版封面　　图 3-14b 《哲学的解放》朝鲜文版封面

图 3-15a 《北京周报》1972 年第 42 期封面　　图 3-15b 正文第 16 页

四　政治待遇

姜汝旺成名了，戴香妹成名了，按照中国人的思维，一个人有了名气，就应该转化为实际的利益。他们两人都是共产党员，党能够给予他们的，是各种所谓的"政治待遇"。

（一）姜汝旺"当官"

提到姜汝旺，大家最津津乐道的是他的官职，都说他当过大官，是省"革委会"成员之类，至于具体是什么官职，一般人也搞不清楚。

我们见到过两处比较正式的表述。一处是江山县人民法院刑事审判书中的表述，另一处是勤俭村陈列馆展板上的表述。

江法（77）刑字第64号判决书说，姜汝旺"捕前系中共勤俭大队党支部书记、江山县委委员、浙江省委候补委员"。

展板上说，姜汝旺"1957年当选为新塘边乡党委委员，1958年调任三十二都公社副书记。1960年，根据工作需要，回勤俭大队担任支部书记。……1970年当选为江山县县委委员，1973年被任命为浙江省革命委员会政工组副组长，1974年又被任命为金华地区副书记"。

判决书是官方文件，它认定的"江山县委委员"、"浙江省委候补委员"应该没有任何问题，但是它并没有提到，姜汝旺曾经担任过"浙江省'革命委员会'政工组副组长"，"金华地区副书记"。

研究一下展板上的措辞至关重要。它说的是"被任命为"。被任命了，到任没到任，是另一个问题。

我们共产党就是有这么一个规矩一样的，谁要是什么出了名了，就非要叫你当干部不行，要叫你当官的。所以，省里就说，这个人要用，说我啦。县里报，我么当县委副书记，地区就说，不行，姜汝旺不是你们江山县报的，我地区报的。地区报，报到省里，谭启龙当时在我们浙江，对地委说，姜汝旺你不要考虑，我们省委考虑的。这一下子，啪！整个省级机关分四个大组，我分了政工组副组长。政工组是管上层建筑这一摊子，很大的啦。当时省级机关一共四千多干部，政工组占了两千多人，一半多了，那三个组还不到政工组人多。副组长，好几个副组长，我是党组成员副组长。

这我害怕死了，我一下子到省里，挑不动这个担子啊。我那时，农民这点好，实事求是，就跑去找省委书记了，让省委书记训了一顿。我说谭书记，你省委常委讨论这个事情，给我的任务太重了，我挑不动这个担子的，能不能改变一下？谭启龙马上瞪眼，说："姜汝旺，你这样子的啊！从来没有过这样的人！向省委讨价还价！"在我们这里工作的，有好多干部，就告诉我，姜汝旺你不能去省里，你一个农民，一个小学文化，你到省里去你做不了的，不要说下面这些部长啦，组织部，宣传部，文化厅啦这些，工会啦，农委啦，妇联啦，统起来，他一般的干事都是老资格，都是大学、高中毕业的文化程度，工作还是解放以后就搞起来的，你怎么行，去领导他们？不行的。那么我做什么呢？不去。拖，结果我就一直没有去，拖，拖，拖到没办法。

陈永贵来浙江了，陈永贵啊，陈永贵来浙江，谭启龙把我们这些人介绍给陈永贵。陈永贵同我握手以后问了一句话，他说，姜汝旺你现在在哪里工作？那么谭启龙呢，也没同我谈过话，当省委书记他也会撒谎的。陈永贵一问的话呢，谭启龙说，哎，他在金华地委。我从来都没听说我去金华地委，他马上官口一答说我在金华地委。陈永贵那时是副总理啊，政治局委员。所以，这事情怎么说得清呢，就说不清楚。这是一个原因。第二个原因呢，那时期有个缺点，像陈永贵当副总理，也不给他定工资，这样子的。那时叫我到省里当政工组副组长，党组成员，也没有给你定工资。你要吃饭的，你向谁去要饭呢？如果是有的吃饭的话，那我还马马虎虎，去就去一下。你去了吃饭向谁要呢？跟虚名一样的。所以后来我没有去。

姜汝旺的上述回忆表明，他虽然曾经被任命为省政工组副组长，但是并没有到任。一是因为他感觉到自己能力不行，做不了这个工作；二是因为这个官职也是个虚名，与工资不挂钩，去了以后生活也是个问题。竹潜民记得任命姜汝旺为省政工组副组长的文件是传达过的，但第二年夏天就不算数了。他说，姜汝旺大概还到省里待过几个星期，就跑回来了，抱怨说无事可做。1975年7月，中央发出解决浙江问题的16号文件，宣布浙江省1974年任命的干部全都属于"突击提干"，一律无效，所以，即便是被任命过，也被"免职"了。至于"金华地区副书记"职务，只是领导随口一说，并没有"任命"。夏好礼是县里的政工组长，如果有谁被任命为地委副书记，他是应该知道的，但他并没有见过这方面的文件。

由此，勤俭村陈列馆展板上关于姜汝旺职务的表述至少有两处不准确：一是说姜汝旺"1973年被任命为浙江省革命委员会政工组副组长"，时间搞错了，应该是1974年夏天，即浙江省所谓的"突击入党、突击提干"的"双突"期间。二是说他被任命为金华地区副书记，这是子虚乌有之事。

姜汝旺值得一提的一个身份是"省委候补委员"。1971年1月20日至28日，浙江省第五次党代表大会召开。这次会议共产生67位委员，22位候补委员。姜汝旺是22位候补委员之一。无论是"委员"还是"候补委员"，都算不上"官职"。

说到底，姜汝旺的实际职务还是"勤俭大队党支部书记"，别的都是虚衔，他的身份始终是一个农民。

（二）戴香妹成为全国人大代表

戴香妹，一个几乎不识字的农村妇女，靠"学哲学"能成为第四、五届全国人大代表，也是那个时代发生的特别有趣的事。

> 人大代表，我自己也是不知道的。姜汝旺到江山开会回来，他讲你要见毛主席了。我说我见你，你当毛主席。都不知道的。他说你要见毛主席了，到北京去了，我讲我见你，你当毛主席。我不知道的，自己都不知道的。开玩笑的。我都不知道的。

——1971年下半年的某一天，当姜汝旺告诉戴香妹她已经成为人大代表，要去北京见毛主席时，戴香妹以为这是开玩笑，完全不相信。当姜汝旺费了九牛二虎之力，让戴香妹相信这是一个真实的消息时，她竟一时不知所措起来。没有文化，她感到有些自卑。但是，对于见到毛主席的渴望，帮助她战胜了自卑。我没有文化，没有文化的人多了，为什么他们能见毛主席，我不能见毛主席？没有文化也要去见毛主席！在那个时代，能够见到毛主席是多么幸福的事情呀。

　　究竟是谁给了戴香妹机会呢？

　　夏好礼说："事情是这样的。人大代表的分配比较全面、科学，要考虑党内外的比例，各民主党派的比例，男女比例。当时我去金华地委协商四届人大代表问题，地区分给江山一名女的，也要中共党员，还要基层先进单位，这就自然想到勤俭大队支部副书记戴香妹。经会议协商平衡而定，报省批准后才向下公布，是这个程序。"

　　然而，四届人大却迟迟没有召开。后来，戴香妹得知，四届人大筹备期间，发生了林彪叛逃事件。

　　1975年元旦过后不久，戴香妹忽然接到通知，说要召开第四届全国人民代表大会了。她急急忙忙赶往杭州，在那里与其他代表会合后，乘坐飞机奔赴北京。

　　到了北京以后，戴香妹发现，这是一个"秘密"会议。来接他们的大客车，窗户上拉着窗帘；他们住的宾馆，窗户上也拉着窗帘；报纸上、收音机里没有任何关于四届人大召开的消息，就连到人民大会堂开会，走的都是秘密通道。戴香妹后来把这一切归罪于"四人帮"的干扰。

　　关于秘密通道，戴香妹语焉不详。倒是参加这次人代会的另一个代表，来自香港的吴康民，对此有详细的描述。在《走秘密通道的第四届全国人民代表大会会议》这篇文章中，他回忆说："第一天去人民大会堂开会，为了保密起见，通知要走秘密通道。晚饭后，点好人数，乘坐大巴士出发。先去一家大宾馆，然后由该宾馆的地窖走入地下通道。那条地下通道有五六公尺阔，大概可以行驶小汽车。但据说首长们的汽车，还有另外一条地下通道可达。通道只有微弱的灯光，总之随着人流走，并拐了几个弯子。走了40分钟左右，便到达大会堂。"

　　1月13日晚，万人大礼堂灯火辉煌，四届人大开幕式就在这里举行。

四　政治待遇　　　　　　　　　　　　　　　61

代表们落座以后,党和国家领导人开始入场。戴香妹一边使劲鼓掌,一边急切地用眼睛搜寻着伟大领袖毛主席的身影。一个,不是,又一个,也不是,直到领导人全部入场完毕,戴香妹还是不甘心地盯着主席台右侧的入口,希望毛主席突然出现在那里。然而,最后,她失望了。别的代表议论说,毛主席好像是病了,戴香妹听了心里不由得一阵难过。过了一会,周恩来开始做《政府工作报告》。戴香妹发现,周总理好像也病了。报告不长,但他还是不能全文宣读,只念了前面一段和末尾一段。旁边站着一个工作人员,随时准备上来搀扶。戴香妹最初的激动这会儿全被担心占据了。

图 4-1　戴香妹最为看重的收藏品

在接下来的几天里,是各省市代表团的会议。按说,这些会议应该讨论政府工作报告、新宪法草案和各项人选名单,但是基本上没有代表团这样做。大家一致认为,党中央已经决定的事情,我们赞成就是,根本不用讨论。

那么，在这些分组会议上，代表们都干些什么呢？吴康民回忆："即使是有限的几次代表团的会议，实际上也变成了'表忠会'。发言的人，都是谈毛主席和共产党对自己的关怀，说把一个普通工人或农民，或者是一个不懂事的'娃娃'，培养成全国人大代表，这个恩情说不完。记得有一位中医院的赤脚医生，说得十分激动……于是，嘶哑的声音，激昂的口号，此起彼落。"

有一次分组会上，戴香妹也壮着胆子站起来说了几句，可是，她觉得效果不好。一个是语言方面的原因，别人听不太懂，另一个是表达方面的原因，有些结结巴巴。出师不利，她也就赶紧结束了。

会议于1月17日闭幕。当晚，走在灯火通明的长安街上，戴香妹的心情才好受一些。在接下来的几天里，她参观了天安门、颐和园等景点，在王府井百货大楼买了一点糖果。她记得，为了接待人大代表，王府井百货大楼暂停对外营业。这个时候，她才真正体会到了当人大代表的优越感。

1977年，戴香妹又被推选为第五届全国人大代表。这时她已经取代姜汝旺成为勤俭村党支部书记，而勤俭村的风光已经不再，学哲学用哲学活动受到质疑甚至批判。戴香妹每次都是顶着巨大的心理压力来到北京，她不愿与人交流，只是用心听，用心观察，思考着勤俭村的未来。

五　交流盛况

20世纪六七十年代流行一个说法，叫"比学赶帮超"，说的是后进单位和先进单位的关系。比，就是后进单位同先进单位比，找出差距；学，是说相互学习，后进单位要虚心学习先进单位的经验，先进单位也要注意学习后进单位的某些长处；赶，就是消灭差距，后进单位达到先进单位的水平；帮，是说相互帮助，重点是"先进帮后进，后进变先进"；超，就是后进单位超过先进单位的水平。勤俭村成为省里和全国典型以后，各地纷纷派人前来"取经求宝"，而勤俭村也热情地忙着到处"传经送宝"，这一景象成了"比学赶帮超"的最好诠释。

（一）小山村车水马龙

勤俭大队是1969年11月成为省活学活用毛泽东思想先进单位的。从那时候起，就陆续有一些单位到这里来访问和办班，主要是省内的。《种田人就是能学好用好哲学》这篇文章发表以后，还算平静的小山村一下子热闹起来。热闹到什么程度？江山本地学者胡韶良在《天下无双的"哲学家"》中这样描述：

> 取经、参观的队伍不远万里，纷至沓来。向来冷冷清清的勤俭，忽然间车水马龙，人声鼎沸。勤俭招待所，接待站，学哲学成果展览馆，在敲锣打鼓、张灯结彩的氛围中纷纷开张。几十年面朝黄土背朝天的"红脚梗"姜汝旺一举成了大红大紫的"农民哲学家"。不要说同他握下手，就是见上一面那都是"高层人物"或是"幸运儿"的事。新闻记者趋之若鹜，最多的一天，光给他拍照、摄像的记者就有

29 批，逼得姜汝旺不得不"具体情况具体对待"，先接待北京来的记者采访，然后按级别先"挂号"后排队轮流进行。那光景，姜汝旺啥都不缺，唯独缺了"分身术"。

图 5-1　姜汝旺等人与来访者座谈　　图 5-2　戴香妹与来访者座谈

1970 年底到 1976 年底这段时间，到勤俭村参观学习的人员总量究竟有多少？有一种比较流行的说法是，超过 40 万人次。

但是，夏好礼、朱德田都觉得，人数没有那么多。夏好礼说，接待站是利用旧宗祠改造的，充其量不过 300 张左右的双层床，一年 365 天，满打满算只能接待 10.9 万人，勤俭大队最红火也就 1970 年下半年至 1971 年上半年那一年左右时间，1971 年"9·13"林彪坠机身亡后，浙江省委的领导陈励耘、南萍先后倒台，勤俭这个典型也就没有原来那么红火了。朱德田说，接待站工作人员最多时约 20 多人，几位当时在接待站工作过的同志都认为"10 多万人"这个数字比较可靠。在我们看来，有 10 多万人到一个小山村参观，已经是一个奇迹了。

1970 年 9 月上旬，省"革委会"在这里召开全省活学活用毛主席哲学思想的现场会议，这是勤俭大队迎来的第一场高规格的交流活动。带队的是省"革委会"副主任谢正浩，来了 200 多人。《浙江日报》9 月 15 日的报道称："来到了勤俭大队，勤俭大队党支部书记姜汝旺同志向大家作了深刻、全面的活学活用毛主席哲学思想的讲用。到会代表亲眼看到，这个大队的广大贫下中农和干部都能运用毛主席的哲学思想揭露矛盾，分析矛盾，解决矛盾。在勤俭大队的贫下中农眼里，辩证法就是'辩论法'、'分析法'、'发展法'，每个人的身上都有唯物论、辩证法的东西，人的一呼一吸就是辩证法，又睡觉、又起床就是辩证法。"

"大寨大队和华西大队也来访问过"，姜汝旺自豪地说。这两个大队在当时都是全国农村的先进典型，生产搞得好，都实行了大队核算。也许是大寨名气太大了，姜汝旺没敢支什么招，但是对华西大队的书记吴仁宝，他还是支了一招：搞多种经营。"我们办工厂，办设备企业，比华西吴仁宝还早。吴仁宝来参观时他还没有搞。回去的话通过我们启发，他把8匹柴油机安在木头船上，在长江拉石灰拉沙拉泥巴之类。"姜汝旺启发了吴仁宝，不知道吴仁宝对此怎么看？

不少高校也来过这里交流。姜汝旺说，浙江美术学院的两个班1969年冬天就来了，待了两个多月，还画了一幅毛主席像赠送给勤俭大队，班上有个学生叫梁平波，后来当上了浙江省委副书记。"梁平波那时候是学生，他来蹲了四个多月。他来调查，准备写调查报告，准备上《红旗》杂志。那时候上《红旗》杂志的话，是不得了的事情。调查后，结果题目叫作《谁说老虎不能上树？》，当时他题目底下是注明的。为什么呢？因为你农民学不了哲学，好像老虎上树一样的。猫都可以上树，老虎上不了树，就是说你农民学不了哲学。所以他的标题是《谁说老虎不能上树？》，是这样子的。这个调查报告写了好几万字，他

图 5-3 浙江美术学院赠送的礼物

图 5-4 山东大学政治系赠送的礼物

很高兴,送到《红旗》杂志去,结果在《红旗》杂志没有发表。"然而,这件事情并未得到文字材料的佐证。姜汝旺还说,杭州大学的两个班,在这里也待了两个多月的时间,带队的是薛克诚和卢良梅,他们都是搞哲学的。此外,还有很多大学也来交流过,像郑州大学、武汉大学、南京大学、山东大学等等,时间有长有短。

浙赣线上的毛家仓火车站见证了勤俭村车水马龙的热闹景象。这个离勤俭村最近的火车站,在70年代初期常常是人声鼎沸,操着各地方言的"粉丝"在这里摩肩接踵。火车站为四等小站,按说没有资格停快车,但是,遇有重要人物来访,或在某些特殊情况下,经过临时调度,也可以临时停靠快车,时间通常为一两分钟。

图 5-5　各地来访者赠送的礼物

(二) 与东海舰队结下特殊友谊

到勤俭大队参观学习或者邀请勤俭大队讲用的部队单位很多,但是有一支部队,与勤俭村结下了特殊的友谊,它就是东海舰队。

1971年2月13日,农历正月十八,《光明日报》刊登了一篇报道——《学习勤俭大队的好经验》,内容如下:

新年春节期间，浙江省江山县勤俭大队在开展拥军优属活动的时候，派出坚持学习毛主席哲学著作的傅金妹，带领贫下中农代表到东海前哨看望日夜守卫海防的人民子弟兵。

指战员们听说勤俭大队贫下中农代表来慰问，特别高兴。傅金妹一到部队，指战员们就请她介绍勤俭大队学哲学的经验。他们说，老师上门来了，这是我们向贫下中农学习的好机会。

傅金妹起初很为难。她想，我们大队学哲学是在一九六四年解放军帮助我们学习《为人民服务》和《纪念白求恩》的基础上开始的，我们每前进一步都是同解放军的帮助分不开的，真正的老师还是解放军。但是，她又想，既然解放军同志要自己介绍经验，那就汇报一下大队的学习情况，请老师们帮助吧。

听完傅金妹的报告，指战员们连夜进行讨论，以勤俭大队为榜样，对照检查，总结经验，找出差距，一致表示，要虚心向勤俭大队学习，进一步为革命学好哲学，用好哲学。副教导员郭佃福，一九七〇年初曾和几个同志到勤俭大队取过经，听过姜汝旺、戴香妹、傅金妹等人的学习报告。至今回忆起来仍然感到十分亲切。这次，郭佃福因事外出，没有听到傅金妹的报告，回来后立即赶到傅金妹的住处，请她为自己补课。他向傅金妹汇报了一年来，用勤俭大队学哲学经验指导部队学习所取得的战绩和当前还存在的一些问题，诚恳地征求傅金妹的意见。傅金妹也向他谈了党的九届二中全会以来，勤俭大队贫下中农遵照毛主席关于"认真看书学习，弄通马克思主义"的教导，认真读马列的书，认真读毛主席的书，狠批刘少奇一类骗子的反革命修正主义路线的情况，以及当前学习中的问题，希望郭佃福多提意见。

指战员们和勤俭大队的贫下中农互相学习，共同提高。他们表示，一定要更好地团结战斗，去争取更大的胜利。

七天之后，1971年2月20日，农历正月廿五，《人民日报》刊发了长篇通讯《大立"群众是真正的英雄"的观念》，副标题为"东海舰队团以上干部学习班到江山县虚心向群众学习，收获很大"。其中说：

海军东海舰队团以上干部毛泽东思想学习班，最近到浙江省江山县勤俭大队和江山水泥厂,拜工人和贫下中农为师,虚心向人民群众学习,大立群众是真正的英雄的观念,较好地解决了如何正确对待群众、正确对待自己的问题,提高了执行毛主席革命路线的自觉性。

通过参观、访问,同工农群众同学习,同劳动,请工人与贫下中农传经验,谈体会,学习班同志深深感到,一切真知都来源于群众的革命实践,用毛泽东思想武装起来的革命群众最有知识,最聪明。江山县的广大工农群众活学活用毛主席哲学著作,人变聪明心更红。勤俭大队贫下中农凭着一颗红心两只手,把一片黄土岗改造成旱涝保收的良田,粮食亩产从三百多斤提高到一千多斤,使缺粮队变成了余粮队……

江山县人民群众活学活用毛主席哲学思想的先进事迹,使学习班的同志们深受教育。他们反复学习了毛主席关于"人民,只有人民,才是创造世界历史的动力"的教导,联系我军两条路线斗争史和本人成长史,进一步体会到:任何工作,离开了群众就将一事无成。越是工作顺利取得成绩的时候,越是要谦虚谨慎,如实地把成绩归功于毛主席的英明领导,归功于广大革命群众。

勤俭大队与东海舰队你来我往,交往频繁,绝非偶然。

前文曾经提到,1970年9月,浙江省"革委会"副主任谢正浩带队到江山开现场会,其实,这个谢主任的真正身份是一名军人,少将,职务是东海舰队参谋长。因为"三支两军"(支左、支工、支农,军管、军训),他才到省里任职。

据姜汝旺介绍,1970年冬,海军负责人李作鹏当面交待东海舰队司令员兼政委刘浩天、副政委宋宪章说,你们东海舰队在浙江,要好好向勤俭大队学习。东海舰队到江山办学习班,正是落实这个指示的具体举措。学习班办了两

图 5-6 东海舰队赠送的礼物

期，第一期是刘浩天带队，第二期是宋宪章带队，团以上干部全来了。东海舰队在江山办班有有利条件，那就是有地方住。贺村有营房，十二军有个师原来驻在那里，后来部队走了，房子空了，东海舰队就在那里办了一个训练技术兵的教导团，这个部队还可以帮着联络勤俭大队。

第一期学习班举办期间，正值种茶季节。刘浩天中将带领全体学员，在勤俭大队山场种茶20余亩。后来，勤俭人以"将军茶"命名这片茶园出产的茶叶。

姜汝旺说，他曾经三次到东海舰队走访慰问与交流经验。最后一次是1975年，邀请他的正是谢正浩。那个时候，谢正浩已经升任东海舰队副司令员，同时兼任浙江省委副书记。

图 5-7 喜采"将军茶"

（三）广交会上的哲学展位

广交会（中国出口商品交易会，后更名"中国进出口商品交易会"，因举办地在广州，故称"广交会"），本来是交易商品的地方。可是，"文化大革命"期间的广交会，却多了一些特殊的展馆和摊位，专门摆放政治宣传品。

1971年春季广交会为各国客人准备的双语宣传品中，有一份特别引人注目，它就是《种田人就是能学好用好哲学——浙江省江山县勤俭大队党支部书记姜汝旺同志活学活用毛泽东哲学思想的事迹 Peasants Can Certainly Study and Apply Philosophy Well: The Deeds of Comrade Chiang Ju-wang Secretary of the Party Branch of the Chinchien Production Brigade of Chiangshan County, Chekiang Province in the Living Study and Application of

Chairman Mao's Philosophic Thinking》。大红的封面，烫金的标题，印刷相当精美。

图 5-8 广交会双语宣传品《种田人就是能学好用好哲学》封面

1971 年 4 月 15 日开幕的春季广交会登上了次日香港报纸《大公报》头条：

> 今天，交易会大楼披上了节日的盛装，广场上汽球迎风升起，飘扬着"全世界人民团结起来，打败美国侵略者及其一切走狗！""团结起来，争取更大的胜利！"等巨幅标语。上午九时正，各国贸易界人士、海外华侨、港澳同胞汇集在交易会门前，雄壮的"歌唱社会主义祖国"乐曲高奏，鞭炮齐鸣，交易会宣告开幕，来宾们鱼贯进场，受到交易会工作人员的热烈欢迎，掌声激荡，洋溢一派友好的气氛。来宾们进场后，参观了各个展馆，并洽谈业务。

这则名为《交易会昨隆重开幕》的消息特别提到了广交会政治宣传的情况：

五　交流盛况

今届交易会以大量文字和图片，反映了当前世界上出现的反对美帝斗争的新高潮。其中显著地介绍了印度支那三国人民抗美救国战争的辉煌胜利，特别是具有战略意义的九号公路大捷。此外还展出了世界各国人民纷纷起来反对美帝国主义侵略的英勇斗争图片。国际形势的发展，证实了毛主席"新的世界大战的危险依然存在，各国人民必须有所准备。但是，当前世界的主要倾向是革命"的科学论断。不少亚非拉朋友仔细地观看了这部分展出。

在毛主席著作馆里，还陈列着马、恩、列、斯的著作和毛主席的著作。毛主席著作馆中展出的中国工人阶级的英雄形象王进喜、勤俭大队党支部书记姜汝旺、解放军"模范饲养员"叶洪海等六个先进集体和个人的典型事迹，反映了我国各族人民在党的"九大"以来，认真读马、列的书、认真学习毛主席著作的群众运动蓬勃发展，在各条战线上取得了巨大的成果。在毛主席著作馆中还展出了纪念巴黎公社一百周年的图片和数据。

根据这里的说法，展出姜汝旺等人先进事迹的场馆是"毛主席著作馆"。

朱德田自始至终都在这一届广交会上。他的回忆是这样的：

勤俭大队学哲学事迹上广交会，可分为两个阶段：一是筹备阶段，时间为1971年3月初至4月上旬；二是展出阶段，从4月15日至5月15日广交会结束。我曾于3月初赴杭州接受任务，因当时样样工作都要突出政治，广交会也要搞一个展览馆宣传毛泽东思想。当时省里的同志讲，因为大寨、铁人王进喜等学习毛主席著作的典型，1970年的广交会上已经展出过，今年要找一些新的典型展示，所以确定选勤俭大队参展。

我大约于3月7日赴广州，同去的约有七、八人。省里由农业厅一名干部许立新同志（他原名许耀祖，"文化大革命"期间认为这一名字封建，故改为"立新"，"文化大革命"后又恢复原名）带队，江山由一位李周柱同志带队，还有两名女讲解员及搞美工、书法的同志及我等。我们到广州后，先搞了一个展览的初步方案，但经过广交会负责这方面展览的同志审查后，认为材料还不够丰富，照片也不够理想，于是打电话回江山，后由部队的一名摄影记者陈时秋，赶到勤俭村补拍了不少照片，并坐飞机送到广州，还从江山寄去了一些实物，其中最显眼的是当时勤俭大队小煤矿挖出的一块几十公斤重的无烟煤，也用火车托运到广州，在展览馆中展出。经过几次修改后，展出的图片和说明最后定了下来。我们同去广州的同志，有几位布置好展位就回来了，而我和两位讲解员，则到广交会结束，5月16日才启程回江山。

朱德田说，到勤俭大队展位参观的名人不少，他印象最深刻的是乔冠华和黎笋。乔冠华是当时的外交部副部长，黎笋是当时的越南劳动党总书记。

根据这个线索，我们查阅了有关资料。

新华社1971年5月22日的消息称："第二批三十二个国家的驻中国大使馆的人员，其中包括十六个国家的大使和临时代办，应我国外交部的邀请，于五月八日至二十日到湖北、广东、河南进行了参观访问。他们参观了工厂、人民公社、医院和河南省林县的红旗渠，并在广州参观了毛主席当年主办的'农民运动讲习所'旧址和一九七一年春季中国出口商品交易会。他们在参观访问过程中，受到了有关省、市"革委会"负责人和革命群众的热情友好的接待。外交部副部长乔冠华和外交部有关方面负责人陪同参观。"由此可知，乔冠华的参观时间约为5月中旬，那时广交会快结束了。第一批外国驻华使馆人员参观广交会的时间为4月15日下午，也就是开幕的当天下午，是外交部代部长姬鹏飞陪同的。第一批含25个国家的驻中国大使馆和代办处的人员，其中包括14个国家的大使和代办。

黎笋参观广交会的时间是5月15日，也就是闭幕的那天。新华社当天的报道称："今天上午，黎笋同志和其他越南同志由邱会作、耿飚、刘兴元、陈郁、焦林义等同志陪同，参观了一九七一年春季中国出口商品交易会，受到交易会负责人和工作人员的热烈欢迎。"

除了黎笋以外，这届交易会还迎来了其他一些重量级的外国政要，如老挝爱国战线党中央委员会副主席凯山·丰威汉，美国参议院领袖曼斯菲尔德和斯科特，尼泊尔沙拉达公主和沙阿驸马，伊朗王国阿什拉芙公主和法蒂玛公主等等。

也许是姜汝旺的事迹让某些外宾产生了参观勤俭村的兴趣，也许是由于别的什么原因，反正这届广交会结束不久，勤俭村就接到了要求对外开放的通知。而且，还传来一个让人既兴奋又不安的消息：西哈努克亲王要来勤俭村！

（四）传说西哈努克亲王要来

"这个广交会回来以后，周总理对我们浙江外事办的人讲了一句话，他说，你们浙江勤俭大队为什么不开放啊？他问这个为什么就厉害得很了，所以浙江外事办的人就等不及了，马上跑到我们大队要准备开放。准备开放他就请示中央，办公室回他话，说姜汝旺知道的，西哈努克要去姜汝旺那里，你们赶快回去做准备，西哈努克亲王要下去。"至于姜汝旺是如何得知西哈努克要来的消息，他自己也语焉不详。

诺罗敦·西哈努克亲王，在"文化大革命"时代可谓家喻户晓。这位柬埔寨的前国家元首，1970年3月在出国访问期间，遭到罢黜，被迫流亡中国。中国政府对他非常友好，不仅承认他是柬埔寨唯一合法的领导人，而且还给他安排了很多参观活动。这些活动拍成《新闻简报》，到处放映。

西哈努克要来，怎么办？勤俭村的条件太差了，连个像样的外宾接待室也没有。姜汝旺和县里的领导们心里直打鼓。

金华地委经过研究，决定马上拨款，建一个外宾接待室。说干就干，县里的一个建筑公司承担了设计和施工任务，10天的时间盖起来一座房子。这个房子带走廊，当时很是新潮和时髦，现在看起来也不落后。

我们参观的时候，看到房子外面的院墙上挂着一块介绍接待室情况的铜牌，上面写明它的建造时间是"1971年10月"。

房子建好了，也都布置完毕了，又突然接到通知，说西哈努克亲王不来了。

听到这个消息，姜汝旺心里的一块石头"啪"地落地了。他没有感到遗憾和失望，而是感到高兴和放松。"他的人太多了，"姜汝旺说，"80

多个，他什么姑父了，侄儿了，一大家眷，80多个人，接待压力太大了，保卫工作很困难，所以我们也担心，我们那时也希望他尽量不要来。"

是浙江外事部门向西哈努克委婉透露了江山县和勤俭大队不方便接待的情况，建议西哈努克取消行程，还是西哈努克考虑到接待上的困难，主动取消了行程？我们不得而知。总之，接待困难，是西哈努克没有来的可能原因之一。

交通不便，或许是另一个原因。"交通问题当时是个大问题。想来想去，省里领导说，好，你们有个小火车站，先叫上海到广州这一趟快车在你们那个站停。这是从来没有过的，我们这种小站停快车，54次车。"姜汝旺认为，交通问题实际上是可以解决的。

还有一种说法，认为西哈努克之所以没来，是由于"天气干旱"的原因。徐忠友在《"中国哲学村"三姐妹》一文中推测："西哈努克亲王，曾经想和夫人莫尼克公主来勤俭大队访问，只是后来由于江山天旱缺水等原因，西哈努克亲王和莫尼克公主最终没去成。"

不管是由于"接待困难"，还是"交通不便"，还是"天气干旱"，还是别的什么原因，总之，西哈努克亲王是没有来。当然，也有人怀疑，根本就没有西哈努克要来这回事。

姜汝旺心里一直盼望着另外一个人能来，埃德加·斯诺。

1970年10月他们在北京见面的时候，斯诺曾经表达过到勤俭村参观的愿望，姜汝旺当场表示了欢迎。"他说先去东北，东北回来的时候再……"提到斯诺，姜汝旺心里一阵酸楚，"结果东北回来呢，不行了，发现了癌症了。他说来不及了，就同他夫人回瑞士去了。"

六　由盛而衰的几个节点

从1971年底到1977年初这5年多时间里，勤俭大队尽管总体上还维持着其影响力，但是光环已经在减退。无论是作品的发表数量，还是媒体的宣传力度，都不如1970年下半年到1971年上半年这段时间。这里面有最高决策层的原因，有江山政治小环境的原因，也有姜汝旺自身缺陷的原因。"文化大革命"以后勤俭村的衰落是不可避免的，因为它宣传的"斗争哲学"，"无产阶级专政下继续革命的理论"，已经不再符合时代的需要，但在"文化大革命"后期，这些理论仍然"红火"的时候，勤俭村为什么会开始走"下坡路"呢？从1969年至1976年长期在勤俭大队写新闻报道、后调到宁波工程学院工作的竹潜民教授回顾和反省了这段历史，对我们做了如下的介绍和分析。

（一）被张春桥批评

1971年3月，金华地区报道组接到《人民日报》的约稿，要求写一篇批判先验论的稿子。唯心论的先验论是毛泽东九届二中全会上给陈伯达定的错误，当时陈伯达已经垮台，但还没有公开点名批判，凡报刊上批判先验论的文章，将批判的靶子一律集中到"刘少奇等人身上"。为了《人民日报》的稿约，金华地区报道组的王嘉良到勤俭大队采访了姜汝旺，请姜谈谈对批判先验论的看法。然后由王嘉良代笔，写成了《先验论是对唯物主义认识论的反动》一文，署名姜汝旺，4月5日先在《浙江日报》发表。

尽管当时普通干部和群众知道陈伯达已经垮台，知道陈伯达的罪名是唯心论的先验论，但是庐山会议的具体情况并不知道，也没有读过毛泽东在九届二中全会上发表的《我的一点意见》。陈伯达是因为坚持"毛主席是伟大的天才"而犯错误的，这更是为普通民众不知道的。所以王嘉良代笔写这篇文章的时候，仍然引了毛泽东"马克思、恩格斯、列宁、斯大林之所以能够作出他们的理论，除了他们的天才条件以外……"这段话，文中还有"我们伟大领袖毛主席是伟大的天才"之类的措辞。哪知道毛泽东在《我的一点意见》中已经说过"关于我的话，肯定帮不了他多少忙"这样的话，在这种情况下，再说毛主席是"伟大的天才"就是不恰当的了。

这篇文章很快被张春桥看到了，在随后的一次会议上，张春桥讲了一段关于姜汝旺的话，大致意思是这样的：姜汝旺这篇文章名为批判天才论，实为宣传天才论，是打着红旗反红旗。张春桥断言：这篇文章肯定不是一个农民写的，是知识分子"强奸民意"。参加这次会议的中共浙江省委第一书记兼浙江省"革委会"主任南萍听了这段话，马上通知中共金华地委书记兼金华地区"革委会"主任李纯，要求查清这件事。于是，专门有人到王嘉良处查问这篇文章的写作过程，王嘉良还拿出了当时的采访笔记，看当时姜汝旺的原话是怎么说的。经调查后，此事虽然没有深究，但浙江的官场和舆论界大多知道这件事，王嘉良也被周围的一些熟人嘲笑为"强奸民意犯"。5月28日，《人民日报》再次发表这篇文章的时候，把那些宣传毛主席为天才的词句都删掉了。这件所谓"打着红旗反红旗"的事情虽然将责任归咎于执笔者身上去了，但毕竟成为姜汝旺和勤俭大队的一个阴影。

（二）姜汝旺仕途受阻

虽然没有证据证明张春桥的批评对姜汝旺是不是带来影响，但让人隐隐约约觉得这件事对姜汝旺是很不利的。最明显的姜汝旺的仕途始终不顺。按照"文化大革命"期间的常理，像姜汝旺这样大红大紫的工农兵代表人物早就混上一官半职了，例如浙江省当时类似姜汝旺这样的人物，一般都升任本县的县委副书记，个别的还有县委书记、地委副书记的。可是他除了大队支部书记以外，始终没有一个实质性的职务，所谓"金华地委副书记"、"江山县委副书记"，均盛传一时，却从来没有落实过；

1974年在"突击提干"当中被提拔为省政工组副组长,但很快也就不算数了。在荣誉职务方面也是这样。他的知名度远远高于本县、本村的吴培生、戴香妹,但在荣誉职务上他却不如吴和戴。1971年省党代会,吴培生为省委正式委员,而姜为省委候补委员;推荐的全国人大代表,是戴香妹,而不是他;1973年吴培生成了"十大"代表,很快又担任了共青团浙江省委书记的实职,而姜汝旺却什么也没有。当时有人说,姜汝旺的父亲曾在浙赣铁路的火车站当过巡警,影响了他的仕途,但让人总觉得不至于如此,肯定还有另外的原因。

(三) 曹轶欧淡出第一线

1971年起,康生称病不参加中央的日常工作,曹轶欧具体操办的事情也减少。《哲学的解放》发表以后,曹轶欧没有再过问勤俭大队的事情。武葆华也不具体管了。除了中央报刊有记者来勤俭外,中央机关担任领导职务的人后来似乎没有来过。据竹潜民记忆,1974年5月夏好礼到北京,要求见武葆华,武葆华只是礼节性地看望了一下夏,接触时间很短。夏好礼提出想见曹轶欧,武葆华说:"曹大姐身体不好,就不要打扰她了。"要想见邓颖超,那就更困难了。1975年夏天姜汝旺到北京,也没有见到武葆华。

勤俭学哲学,包括江山工农兵学哲学,缺乏曹轶欧这样的人支持,省、市各级领导也就不可能像1970—1971年初那么重视。从1971年上半年的批陈整风到1971年下半年开始的"批林",勤俭大队虽然还在发表一些文章,但影响已经下降。1974年"批林批孔"和1976年"反击右倾翻案风"中,又红火了一下,但势头也远远不如1970年下半年到1971年上半年。1974年后,农村最热门的典型,除了大寨以外,是江青亲自抓的天津宝坻县的小靳庄,勤俭当时的地位和影响无法与小靳庄比。

(四) 与江山县委主要领导关系始终不好

1970年8月勤俭最红的时候,江山县正在筹备召开党代会,新任县委书记张长明刚从外地调来,对江山的情况还不是很了解,他的主要精力在筹备党代会。勤俭大队众多的活动,包括省"革委会"召开的学哲学现场会,他没有参加,只派了县委常委、政工组长夏好礼来管这件事情。当时姜汝旺就对张长明有意见,认为县委书记不支持他。张长明虽然不会公开地反对勤俭学哲学,但对勤俭和姜汝旺不很热情,那是事实,于是两人产生了隔阂。尽管张长明也到勤俭大队来蹲点,参加劳动,但两个人关系始终不好。以后姜汝旺仕途受阻,姜汝旺就认为可能是张长明在中间阻扰。在张长明的影响下,江山县领导层里有不少对姜汝旺和勤俭学哲学有看法的人。1975年以后姜汝旺经常说"走资派扼杀工农兵学哲学",尽管没有点名张长明,但实际上指的就是当时的江山县委书记。

这样一种状况,一直维持到1976年粉碎"四人帮"以后,张长明成了正确路线的代表,而姜汝旺成了阶下囚。

(五) 1975年后发生严重偏差

到1975年年初为止,姜汝旺和勤俭学哲学尽管有一些不妥之处,但没有直接得罪人,文中虽然也常常提到走资派、阶级敌人,但也是笼统说说,或者就是指中央已经被点名批判的刘少奇、杨献珍等。姜汝旺尽管对张长明有所不满,但表面还是尊重的。如果能维持这个状况,那么粉碎"四人帮"以后,姜汝旺尽管不可能再大红大紫,但还不至于被打成反革命、判刑5年。

从1975年上半年起情况发生了变化。当年年初,毛泽东发表了关于理论问题的重要指示:中国属于社会主义国家,所有制改变了,但"现在还实行八级工资制,按劳分配,货币交换,这些跟旧社会没有多少差别"。姚文元、张春桥继而发表长文,对毛泽东的指示做诠释,文中提出了消灭三大差别、限制资产阶级法权的问题。姜汝旺站在农民的立场上,对这些理论很感兴趣,认为农民之所以还穷,地位不高,就是因为三大差别、资产阶级法权所造成的。1975年年底到1976年"批邓、反击右倾翻案风"之际,毛泽东说,资产阶级"就在共产党内,党内走资本主义道路的当权派,走资派还在走","做了大官了,要保护大官们的利益。他们有了好房子,有汽车,薪水高,又有服务员,比资本家还厉害"。这些话很对姜汝旺的胃口。他那些年经常到北京、省城等大城市去,见闻多了,上述现象也看得多了,心里有不平。从 1975 年下半年开始,姜汝旺的火气越来越大,觉得是"走资派"压制了他。在这样一个大气候下,当时搞新闻报道的人,包括竹潜民自己,也为姜汝旺代笔写了一些有错误内容的文章。

从 1975 年学习毛泽东理论问题的指示到 1976 年"批邓"期间,姜汝旺经常受到一些单位的邀请去做报告,谈学习体会,他就反复宣传他的观点,强调"走资派还在走",随意地批评各级领导,似乎是在代表下层百姓说话,实则得罪了不少人。他身边的朋友曾提醒他说话要注意分寸,他却听不进去。当时迫于总的形势,没有人敢对他公开非议,很多人表面上还为他鼓掌。

1976 年 10 月粉碎"四人帮"以后,姜汝旺自然就成了"'四人帮'的吹鼓手",将"蓄意诬陷和诽谤省、地、县各级领导干部"、"为'四人帮'篡党夺权大造反革命舆论"之类的罪名加到他头上,就一点也不奇怪了。

竹潜民教授认为,在"文化大革命"后期特定历史时期错综复杂的局势下,姜汝旺和勤俭"由盛而衰"的过程和原因也呈现出复杂的状况。只有尽力梳理历史,将其中的前因后果说清楚,才能还原历史的真实,使后人了解真相,并从中吸取教训。

中篇　种田人与哲学的亲密接触

在本篇中，我们将一起穿越历史，回到六七十年代勤俭村的田间、地头、会场、夜校，看看那里的种田人与哲学发生了怎样的亲密接触，聊聊他们与哲学之间的那些事……

七　基本文献

我们"还原"历史的依据是那些原始文献，主要有两类。一类是勤俭人自己的作品，另一类是当时媒体的宣传报道。

随着"文化大革命"被全盘否定，那个时代许多原始文献都遭受到了"灭顶之灾"，被送进了废品收购站，接着被送进了造纸厂，化成了纸浆。值得庆幸的是，我们还是通过图书馆和互联网，找到了若干原始文献，它们因发表的层次较高而"幸免于难"。另外，在勤俭村的陈列馆和江山市档案馆，我们也有不少收获。

我们最终挑选出79篇文献作为我们研究的基础，称之为"基本文献"。其中第一类文献57篇，第二类文献22篇。

（一）勤俭作品

勤俭人从1964年开始学哲学。1964到1976这十几年的时间里，他们到底写了多少文章？正式发表的又有多少？勤俭大队写作组在《用毛主席哲学思想建设贫下中农写作队伍》（1976）一文中有个说法，"十多年来，我们统计了一下，共写了二千多篇文章，仅各级报刊、电台和广播站采用的就有五百多篇"；"中央、省、地区三级刊用的文章达到二百多篇"。这些数字令人吃惊，真是"大有文章"！

最后提到的这"二百多篇"至关重要。其中，"中央级"和"省级"刊用的文章尤为重要，它们代表着勤俭村的"学术水平"和"政治水平"。

"基本文献"中的勤俭作品均为这两级刊用，其具体信息如下：

在《人民日报》、《光明日报》和《红旗》杂志上发表的文章有：

1. 戴香妹：《必须自觉当好革命对象》，《人民日报》1969年11月18日。
2. 姜洪宗：《为什么灾年有余？》，《人民日报》1969年11月18日。
3. 姜建文：《"不叫的狗最会咬人"》，《人民日报》1969年11月20日。
4. 姜法六：《大石头离开小石头砌不成墙》，《人民日报》1969年11月20日。
5. 戴香妹：《养成分析的习惯》，《红旗》1970年第4期。
6. 姜乾位：《只有破得深 才能立得牢》，《红旗》1970年第4期。
7. 勤俭大队党支部：《种田人就是能学好用好哲学》，《人民日报》1970年8月16日。
8. 姜汝旺：《让毛主席的哲学思想在干部和群众中扎根》，《人民日报》1970年10月30日。
9. 勤俭大队、江山水泥厂：《努力学习，扫除思想障碍，提高执行毛主席革命路线的自觉性》，《人民日报》1971年1月6日。
10. 勤俭大队党支部：《用毛主席哲学思想总结教育革命经验》，《人民日报》1971年1月12日。
11. 姜汝旺：《弱能胜强 小能胜大》，《人民日报》1971年1月17日。
12. 姜汝旺：《先验论是对唯物主义认识论的反动》，《人民日报》1971年5月28日。
13. 勤俭大队党支部：《让"自在之物"转化成"为我之物"》，《人民日报》1972年8月8日。
14. 傅金妹：《坚持斗争哲学 反对"中庸之道"》，《人民日报》1974年3月9日。
15. 勤俭大队党支部：《反动哲学与反革命复辟》，《光明日报》1974年6月11日。
16. 勤俭大队评论组：《贫下中农爱看〈半篮花生〉》，《光明日报》1974年6月23日。
17. 勤俭大队党支部：《"制天命而用之"——读荀况的〈天论〉篇》，《人民日报》1974年7月26日。

18. 姜建富：《学习〈哥达纲领批判〉的一点体会》，《人民日报》1974年8月28日。

19. 勤俭大队党支部：《种田人也要管上层建筑》，《人民日报》1974年10月11日。

20. 傅金妹：《坚持走社会主义道路——学习《哥达纲领批判》的体会，《人民日报》1974年11月29日。

21. 姜汝旺：《拆穿折中主义的把戏》，《人民日报》1976年3月5日。

在《浙江日报》和其他书刊上发表的文章有：

1. 勤俭大队革命领导小组：《"红脚梗"学哲学 人变聪明心更红——我们大队是怎样开展学哲学的群众运动的》，见《"红脚梗"学哲学 人变聪明心更红——江山县勤俭大队是怎样开展学哲学的群众运动的》，浙江人民出版社1969年版。

2. 姜建文：《"老实"的背后》，见《"红脚梗"学哲学 人变聪明心更红——江山县勤俭大队是怎样开展学哲学的群众运动的》，浙江人民出版社1969年版。

3. 姜宗福：《庄稼一枝花 全靠人当家》，见《"红脚梗"学哲学 人变聪明心更红——江山县勤俭大队是怎样开展学哲学的群众运动的》，浙江人民出版社1969年版。

4. 姜成良：《决不能一把锄头两股劲》，见《"红脚梗"学哲学 人变聪明心更红——江山县勤俭大队是怎样开展学哲学的群众运动的》，浙江人民出版社1969年版。

5. 姜法六：《坚持一个"斗"字》，《浙江日报》1970年10月16日。

6. 刘合友：《突出一个"揭"字》，《浙江日报》1970年10月16日。

7. 毛阿妹：《抓住一个"线"字》，《浙江日报》1970年10月16日。

8. 姜洪贵：《运用一个"分"字》，《浙江日报》1970年10月16日。

9. 姜祥福：《"合二而一论"是宣扬阶级投降主义的反动谬论》，《浙江日报》1970年11月11日

10. 姜宗福：《对待同志要分清大节和小节》，见《种田人就是能学好用好哲学——浙江省江山县勤俭大队活学活用毛主席哲学思想的经验》，浙江人民出版社1970年版。

11. 姜汝旺：《毛主席的哲学思想指挥我战斗》，《浙江日报》1970 年 9 月 16 日（1970 年 9 月 27 日《光明日报》转载时更名为《用毛主席的哲学思想指挥战斗》，《用毛主席哲学思想改造世界观》是该文的一部分）。

12. 姜汝旺：《用毛主席的哲学思想指导农业学大寨》，《浙江日报》1970 年 10 月 13 日。

13. 姜汝旺：《学习辩证法是为了更好的革命》，《浙江日报》1970 年 10 月 29 日。

14. 姜汝旺：《白田逢雨　点滴入土》，见《种田人就是能学好用好哲学——浙江省江山县勤俭大队活学活用毛主席哲学思想的经验》，浙江人民出版社 1970 年版。

15. 姜汝旺：《要学景阳冈上的武松》，见《种田人就是能学好用好哲学——浙江省江山县勤俭大队活学活用毛主席哲学思想的经验》，浙江人民出版社 1970 年版。

16. 姜汝旺：《世界人民的力量是不可战胜的》，见《哲学的解放——浙江省江山县活学活用毛主席哲学思想文选》，上海人民出版社 1970 年版。

17. 傅金妹：《有矛盾就要斗争　有斗争才有胜利》，见《种田人就是能学好用好哲学——浙江省江山县勤俭大队活学活用毛主席哲学思想的经验》，浙江人民出版社 1970 年版。

18. 勤俭大队写作组：《革命在前进，生产无止境》，见《哲学的解放——浙江省江山县活学活用毛主席哲学思想文选》，上海人民出版社 1970 年版。

19. 姜刚森：《失败是成功之母》，见《种田人就是能学好用好哲学——浙江省江山县勤俭大队活学活用毛主席哲学思想的经验》，浙江人民出版社 1970 年版。

20. 姜洪树：《揭露矛盾　解决矛盾》，见《种田人就是能学好用好哲学——浙江省江山县勤俭大队活学活用毛主席哲学思想的经验》，浙江人民出版社 1970 年版。

21. 姜根土：《是"拿枪不见鸟"，还是"有鸟没拿枪"？》，见《种田人就是能学好用好哲学——浙江省江山县勤俭大队活学活用毛主席哲学思想的经验》,浙江人民出版社 1970 年版。

22. 姜祥福:《"合二而一"就是搞资本主义复辟》,见《哲学的解放——浙江省江山县活学活用毛主席哲学思想文选》,上海人民出版社 1970 年版。

23. 姜根土:《一分为二是革命的法宝》,见《学好用好毛主席的光辉哲学思想——浙江省江山县勤俭大队、江山水泥厂活学活用毛泽东哲学思想经验》,天津人民出版社 1970 年版。

24. 李子刚:《杨献珍反对精神变物质的谬论,必须痛加批判》,见《学好用好毛主席的光辉哲学思想——浙江省江山县勤俭大队、江山水泥厂活学活用毛泽东哲学思想经验》,天津人民出版社 1970 年版。

25. 姜均成:《是"离不得"还是必须离?》,见《学好用好毛主席的光辉哲学思想——浙江省江山县勤俭大队、江山水泥厂活学活用毛泽东哲学思想经验》,天津人民出版社 1970 年版。

26. 李子刚:《反对精神变物质就是反对毛泽东思想》,见《彻底批判刘少奇、杨献珍的反动哲学》(第一集),浙江人民出版社 1971 年版。

27. 姜均成:《姓姜的不都是一家人》,见《满腔仇恨化烈火》,浙江人民出版社 1972 年版。

28. 傅金妹:《大好形势是斗出来的》,《浙江日报》1973 年 4 月 5 日。

29. 李子刚、姜位高:《从本质上进行分析》,《浙江日报》1973 年 4 月 5 日。

30. 傅金妹:《深入批判林彪"克己复礼"的反动纲领——学习〈哥达纲领批判〉的体会》,《理论与实践》1974 年第 1 期。

31. 姜根土:《新事物一定要战胜旧事物》,《浙江日报》1974 年 3 月 5 日。

32. 姜子太:《"学了哲学,头上生角"——批判林彪、孔老二鼓吹的"中庸之道"》,《浙江日报》1974 年 4 月 6 日。

33. 勤俭大队党支部:《学会运用辩证唯物主义的比较方法》,见《工农兵学习和运用对立统一规律》,人民出版社 1975 年版。

34. 勤俭大队党支部:《用无产阶级专政理论指导学大寨》,见《高举大寨红旗阔步前进》,浙江人民出版社 1975 年版。

35. 戴香妹：《坚持改造小生产》，《浙江日报》1975年3月25日。

36. 勤俭大队写作组：《用毛主席哲学思想建设贫下中农写作队伍》，见《贫下中农学习与批判文章选编》（四），农业出版社1976年版。

署名超过两篇的有：姜汝旺（10篇），勤俭大队党支部（8篇），傅金妹（5篇，有2篇内容基本相同），戴香妹（3篇），姜根土（3篇），李子刚（3篇，前2篇内容基本相同），勤俭大队写作组（2篇），姜建文（2篇，内容基本相同），姜法六（2篇），姜宗福（2篇），姜祥福（2篇，内容基本相同），姜均成（2篇）。

（二）相关宣传报道

关于勤俭村学哲学用哲学先进事迹的宣传报道非常之多，其数量目前尚未有确切的统计，恐怕也难以统计。

"基本文献"中的此类文章均见于"中央级"和"省级"媒体，它们反映出勤俭村的"学术影响力"和"政治影响力"。其具体信息如下：

1. 《思想建设的一个重要问题》，《人民日报》1970年8月16日。

2. 浙江省革命委员会：《浙江省革命委员会关于向江山县勤俭大队学习，进一步掀起活学活用毛主席哲学思想群众运动新高潮的通知》，《浙江日报》1970年8月28日。

3. 新华社：《领导干部要带头活学活用毛泽东思想——金华地区领导干部学习勤俭大队和江山水泥厂学哲学用哲学先进经验的体会》，《人民日报》1970年10月10日。

4. 中共江山县委、《浙江日报》联合调查组：《虚心使人进步　骄傲使人落后——浙江江山县勤俭大队用辩证唯物论的观点正确对待成绩和荣誉》，《人民日报》1970年10月23日。

5. 中共江山县委员会、江山县革命委员会：《一点带十点　十点带全县——我们是怎样学习推广勤俭大队学哲学经验的》，见《一定要把毛主席的哲学思想真正学到手》，浙江人民出版社1970年版。

6. 中共江山县委报道组、《浙江日报》通讯员：《哲学的解放——勤俭大队学哲学用哲学的故事》，《浙江日报》1971年3月13日至17日原载，《人民日报》1971年3月25日至29日转载。

7.《浙江日报》通讯员、记者：《反复学 反复用 很下苦功学哲学》，见《工农兵就是能学好用好哲学——评勤俭大队学哲学的经验》，浙江人民出版社1971年版。

8. 新华社通讯员、新华社记者：《江山农村学哲学见闻》，《人民日报》1971年12月28日。

9.《学习勤俭大队的好经验》，《光明日报》1972年2月13日。

10. 新华社：《勤俭大队的干部、社员在批林批孔中认真看书学习 用马克思主义哲学观点深批"克己复礼"》，《人民日报》1974年3月30日。

11. 新华社记者：《能文能武的种田人——成长壮大中的勤俭大队贫下中农理论队伍》，《人民日报》1974年9月6日。

12. 勤俭大队贫下中农理论学习小组：《要多看点马列主义的书 掌握革命的思想武器——记江山县勤俭大队五七农民政治学校的一堂理论学习课》，见《学习毛主席关于理论问题的重要指示——浙江省上旺、勤俭大队等单位理论学习课选编》，人民出版社1975年版。

13. 本报通讯员：《坚持理论学习的一个好例——浙江省江山县勤俭大队的调查》，《人民日报》1975年11月1日。

14. 本报通讯员：《学习用对立统一规律观察社会主义社会——浙江省江山县勤俭大队学哲学中心小组座谈纪要》，《人民日报》1975年11月20日。

15. 本报工农兵通讯员、本报记者：《哲学解放到山洼 尖锐武器群众拿——记勤俭大队的战斗风貌》，《人民日报》1976年6月4日。

16. 新华社：《斗争，是共产党人的哲学——勤俭大队共产党员和贫下中农热烈学习讨论"七一"社论》，《人民日报》1976年7月5日。

17. 新华社：《一个复辟倒退的反动纲领 勤俭大队干部、社员用马克思主义哲学观点狠批〈论总纲〉》，《人民日报》1976年9月6日。

18. 中共浙江省江山县委办公室：《勤俭大队是怎样用革命理论指导农业学大寨运动的》，见《贫下中农学习与批判文章选编》（四），农业出版社1976年版。

19.《灾后又丰收的道理》，《人民画报》1971年第2期。

20.《种田人就是能学好用好哲学——浙江省江山县勤俭大队党支部

书记姜汝旺同志活学活用毛泽东哲学思想的事迹 Peasants Can Certainly Study and Apply Philosophy Well: The Deeds of Comrade Chiang Ju – wang Secretary of the Party Branch of the Chinchien Production Brigade of Chiangshan County, Chekiang Province in the Living Study and Application of Chairman Mao's Philosophic Thinking》，中国出口商品交易会宣传材料，1971 年春。

21. "Peasants Learn Philosophy"，见 *China Reconstructs*（《中国建设》）1971 年第 7 期。

22. Hjue Nong, "Studo de Filozofio en Kingian – brigade"，见 *El Popola Cinio*（《中国报道》）1975 年第 2 期。

八 毛主席的书我最爱读

按照哲学学科目前分类标准，哲学这个一级学科下面包含了八个二级学科。它们分别是：马克思主义哲学、中国哲学、外国哲学、逻辑学、美学、伦理学、科学技术哲学、宗教学。它们都是哲学。

勤俭人说的"哲学"主要是指前两者，默认情况下指马克思主义哲学，特别是其中的毛泽东哲学。通过对"基本文献"主要引文内容和来源的梳理，可以证明这个结论。虽然有的来源并不被认为是典型的"哲学著作"，但这里我们并不刻意强调这一点。

（一）"基本文献"引用马克思主义哲学著作情况

被引用著作按写作或发表时间的升序排列，后附引文：

1. 马克思恩格斯著作
（1）《共产党宣言》（马克思、恩格斯合著，1848年2月）
"共产党人可以用一句话把自己的理论概括起来：消灭私有制。"
（2）《哥达纲领批判》（马克思，1875年4—5月）
"劳动不是一切财富的源泉。"
"一个除自己的劳动力外没有任何其他财产的人，在任何社会的和文化的状态中，都不得不为占有劳动的物质条件的他人做奴隶。他只有得到他人的允许才能劳动，因而只有得到他人的允许才能生存。"
"这些弊病，在共产主义社会第一阶段，在它经过长久的阵痛刚刚从资本主义社会里产生出来的形态中，是不可避免的。"
（3）《资本论》第3卷（马克思著，恩格斯整理，1894年）

"如果现象形态和事物的本质会直接合而为一，一切科学就都成为多余的了。"

"基本文献"提到但未引用的马克思恩格斯著作有：马克思的《法兰西内战》（1871年4—5月）。

2. 列宁著作

（1）《怎么办？》（1901年秋—1902年2月）

"没有革命的理论，就不会有革命的运动。"

（2）《唯物主义和经验批判主义》（1909年5月）

"唯物主义者肯定自在之物是存在的，是可以认识的。而不可知论者连关于自在之物的思想都不容许，宣称我们根本不能确实知道自在之物。"

"每个人都千万次地看到过'自在之物'向现象、'为我之物'的简单明白的转化。这种转化也就是认识。"

（3）《苏维埃政权当前的任务》（1918年3—4月）

"要造成使资产阶级既不能存在，也不能再产生的条件。"

（4）《无产阶级专政时代的经济和政治》（1919年10月30日）

"农民经济仍然是小商品生产。这是一个非常广阔和极其深厚的资本主义基础。在这个基础上，资本主义得以保留和复活起来。"

（5）《共产主义运动中的"左派"幼稚病》（1920年4—5月）

"小生产是经常地、每日每时地、自发地和大批地产生着资本主义和资产阶级。"

（6）《再论工会、目前局势及托洛茨基同志和布哈林同志的错误》（1921年1月25日）

"他用折衷主义偷换了政治和经济之间的辩证的关系（马克思主义所教导我们的）。'又是这个，又是那个'，'一方面，另一方面'——这就是布哈林在理论上的立场。"

（7）《俄共（布）第十次代表大会》（1921年3月8—16日）

"改造小农，改造他们的整个心理和习惯，是需要经过几代的事情。"

"只有在农业中大规模地使用拖拉机和机器，只有大规模地实行电气化，才能解决这个关于小农的问题，才能使他们可以说是全部心理健全起来。"

"基本文献"提到但未引用的列宁著作有:《国家与革命》(1917年8—9月)、《帝国主义是资本主义的最高阶段》(1917年9月)、《伟大的创举》(1919年6月28日)。

3. 毛泽东著作

(1)《星星之火可以燎原》(1930年1月5日)

"我们看事情必须要看它的实质,而把它的现象只看作入门的向导,一进了门就要抓住它的实质,这才是可靠的科学的分析方法。"

(2)《反对本本主义》(1930年5月)

"调查就象'十月怀胎',解决问题就象'一朝分娩'。调查就是解决问题。"

(3)《论反对日本帝国主义的策略》(1935年12月27日)

"马克思主义者看问题,不但要看到部分,而且要看到全体。"

(4)《反对日本进攻的方针、办法和前途》(1937年7月23日)

"事情有大道理,有小道理,一切小道理都归大道理管着。"

(5)《实践论》(1937年7月)

"人们经过失败之后,也就从失败取得教训,改正自己的思想使之适合于外界的规律性,人们就能变失败为胜利,所谓'失败者成功之母','吃一堑长一智',就是这个道理。"

"马克思主义的哲学辩证唯物论有两个最显著的特点:一个是它的阶级性,公然申明辩证唯物论是为无产阶级服务的;再一个是它的实践性,强调理论对于实践的依赖关系,理论的基础是实践,又转过来为实践服务。"

"一切真知都是从直接经验发源的。"

"去粗取精、去伪存真、由此及彼、由表及里。"

"认识从实践始,经过实践得到了理论的认识,还须再回到实践去。"

"一般地说来,不论在变革自然或变革社会的实践中,人们原定的思想、理论、计划、方案、毫无改变地实现出来的事,是很少的。"

"无产阶级和革命人民改造世界的斗争,包括实现下述的任务:改造客观世界,也改造自己的主观世界——改造自己的认识能力,改造主观世界同客观世界的关系。"

（6）《矛盾论》（1937年8月）

"所谓形而上学的或庸俗进化论的宇宙观，就是用孤立的、静止的和片面的观点去看世界。这种宇宙观把世界一切事物，一切事物的形态和种类，都看成是永远彼此孤立和永远不变化的。"

"外因是变化的条件，内因是变化的根据，外因通过内因而起作用。"

"一切事物中包含的矛盾方面的相互依赖和相互斗争，决定一切事物的生命，推动一切事物的发展。没有什么事物是不包含矛盾的，没有矛盾就没有世界。"

"矛盾是普遍的、绝对的，存在于事物发展的一切过程中，又贯串于一切过程的始终。"

"离开具体的分析，就不能认识任何矛盾的特性。我们必须时刻记得列宁的话：对于具体的事物作具体的分析。"

"任何过程如果有多数矛盾存在的话，其中必定有一种是主要的，起着领导的、决定的作用。"

"研究任何过程，如果是存在着两个以上矛盾的复杂过程的话，就要用全力找出它的主要矛盾。捉住了这个主要矛盾，一切问题就迎刃而解了。"

"矛盾着的两方面中，必有一方面是主要的，他方面是次要的。其主要的方面，即所谓矛盾起主导作用的方面。事物的性质，主要地是由取得支配地位的矛盾的主要方面所规定的。"

"新陈代谢是宇宙间普遍的永远不可抵抗的规律。"

"革命斗争中的某些时候，困难条件超过顺利条件，在这种时候，困难是矛盾的主要方面，顺利是其次要方面。然而由于革命党人的努力，能够逐步地克服困难，开展顺利的新局面，困难的局面让位于顺利的局面。"

"事物发展过程中的每一种矛盾的两个方面，各以和它对立着的方面为自己存在的前提，双方共处于一个统一体中。"

"一切对立的成分都是这样，因一定的条件，一面互相对立，一面又互相联结、互相贯通、互相渗透、互相依赖。"

"事物内部矛盾着的两方面，因为一定的条件而各向着和自己相反的方面转化了去，向着它的对立方面所处的地位转化了去。"

"共产党人的任务就在于揭露反动派和形而上学的错误思想，宣传事物的本来的辩证法，促成事物的转化，达到革命的目的。"

"对立的统一是有条件的、暂时的、相对的，而对立的互相排除的斗争则是绝对的。"

"矛盾的斗争贯串于过程的始终，并使一过程向着他过程转化，矛盾的斗争无所不在，所以说矛盾的斗争性是无条件的、绝对的。"

"矛盾存在于一切客观事物和主观思维的过程中，矛盾贯串于一切过程的始终。"

（7）《反对自由主义》（1937年9月7日）

"我们主张积极的思想斗争，因为它是达到党内和革命团体内的团结使之利于战斗的武器。"

（8）《论持久战》（1938年5月）

"武器是战争的重要的因素，但不是决定的因素，决定的因素是人不是物。"

（9）《中国共产党在民族战争中的地位》（1938年10月）

"不但要看干部的一时一事，而且要看干部的全部历史和全部工作，这是识别干部的主要方法。"

（10）《中国革命和中国共产党》（1939年12月）

"地主阶级对于农民的残酷的经济剥削和政治压迫，迫使农民多次地举行起义，以反抗地主阶级的统治。……只有这种农民的阶级斗争、农民的起义和农民的战争，才是历史发展的真正动力。"

（11）《整顿党的作风》（1942年2月1日）

"马克思列宁主义……是领导无产阶级革命事业走向胜利的科学。"

（12）《学习和时局》（1944年4月12日）

"对于任何问题应取分析态度，不要否定一切。"

"学会分析事物的方法，养成分析的习惯。"

（13）《为人民服务》（1944年9月8日）

"我们的同志在困难的时候，要看到成绩，要看到光明，要提高我们的勇气。"

（14）《论联合政府》（1945年4月24日）

"反映了全世界无产阶级实践斗争的马克思列宁主义的普遍真理,在它同中国无产阶级和广大人民群众的革命斗争的具体实践相结合的时候,就成为中国人民百战百胜的武器。"

(15)《关于目前党的政策中的几个重要问题》(1948年1月8日)

"在群众尚未认真发动和尚未展开斗争的地方,必须反对右倾;在群众已经认真发动和已经展开斗争的地方,必须防止'左'倾。"

(16)《党委会的工作方法》(1949年3月13日)

"任何质量都表现为一定的数量,没有数量也就没有质量。"

"在革命的队伍中,要划清正确和错误、成绩和缺点的界限,还要弄清它们中间什么是主要的,什么是次要的。"

(17)《论人民民主专政》(1949年6月)

"我们要学景阳冈上的武松。在武松看来,景阳冈上的老虎,刺激它也是那样,不刺激它也是那样,总之是要吃人的。或者把老虎打死,或者被老虎吃掉,二者必居其一。"

(18)《唯心历史观的破产》(1949年9月16日)

"在共产党领导下,只要有了人,什么人间奇迹也可以造出来。"

(19)《关于胡风反革命集团的材料》序言(1955年6月15日)

"以伪装出现的反革命分子,他们给人以假象,而将真象荫蔽着。但是他们既要反革命,就不可能将其真象荫蔽得十分彻底。"

(20)《关于农业合作化问题》(1955年7月31日)

"这些同志看问题的方法不对。他们不去看问题的本质方面,主流方面,而是强调那些非本质方面、非主流方面的东西。"

(21)《必须对资本主义倾向作坚决的斗争》一文按语(1955年9月、12月)

"稍微放松了对于农民的政治工作,资本主义倾向就会泛滥起来。"

(22)《发动妇女投入生产,解决了劳动力不足的困难》一文按语(1955年9月、12月)

"将来会出现从来没有被人们设想过的种种事业,几倍、十几倍以至几十倍于现在的农作物的高产量。"

(23)《关于正确处理人民内部矛盾的问题》(1957年2月27日)

"对立统一规律是宇宙的根本规律。这个规律,不论在自然界、人类社会和人们的思想中,都是普遍存在的。矛盾着的对立面又统一,又斗争,由此推动事物的运动和变化。"

"在社会主义社会中,基本的矛盾仍然是生产关系和生产力之间的矛盾,上层建筑和经济基础之间的矛盾。"

"社会主义生产关系已经建立起来,它是和生产力的发展相适应的;但是,它又还很不完善,这些不完善的方面和生产力的发展又是相矛盾的。"

"矛盾不断出现,又不断解决,就是事物发展的辩证规律。"

"在社会主义事业中,要想不经过艰难曲折,不付出极大努力,总是一帆风顺,容易得到成功,这种想法,只是幻想。"

"在分配问题上,我们必须兼顾国家利益、集体利益和个人利益。对于国家的税收、合作社的积累、农民的个人收入这三方面的关系,必须处理适当,经常注意调节其中的矛盾。国家要积累,合作社也要积累,但是都不能过多。我们要尽可能使农民能够在正常年景下,从增加生产中逐年增加个人收入。"

"调动一切积极因素,团结一切可能团结的人。"

"我们必须学会全面地看问题,不但要看到事物的正面,也要看到它的反面。在一定的条件下,坏的东西可以引出好的结果,好的东西也可以引出坏的结果。"

"矛盾着的对立的双方互相斗争的结果,无不在一定条件下互相转化。在这里,条件是重要的。"

(24)《在中国共产党全国宣传工作会议上的讲话》(1957年3月12日)

"学习马克思主义,不但要从书本上学,主要地还要通过阶级斗争、工作实践和接近工农群众,才能真正学到。"

"不论是用肯定一切的观点或者否定一切的观点来看我们的工作,都是错误的。"

"分析的方法就是辩证的方法。"

"人们历来不是讲真善美吗?真善美的反面是假恶丑。没有假恶丑就没有真善美。真理是同谬误对立的。"

"有比较才能鉴别。有鉴别,有斗争,才能发展。"

（25）《机关枪和迫击炮的来历及其他》（1959年8月16日）

"共产党的哲学就是斗争哲学。"

（26）在北戴河中央工作会议和党的八届十中全会上的发言（1962年8月、9月）

"社会主义社会是一个相当长的历史阶段。在社会主义这个历史阶段中，还存在着阶级、阶级矛盾和阶级斗争，存在着社会主义同资本主义两条道路的斗争，存在着资本主义复辟的危险性。"

（27）《人的正确思想是从哪里来的》（1963年5月）

"人的正确思想只能从社会实践中来，只能从社会的生产斗争、阶级斗争和科学实验这三项实践中来。"

"人们的社会存在，决定人们的思想。而代表先进阶级的正确思想，一旦被群众掌握，就会变成改造社会、改造世界的物质力量。"

"一个正确的认识，往往需要经过由物质到精神，由精神到物质，即由实践到认识，由认识到实践这样多次的反复，才能够完成。"

"物质可以变成精神，精神可以变成物质。"

（28）《政府工作报告》加写文字（1964年）

"在生产斗争和科学实验范围内，人类总是不断发展的，自然界也总是不断发展的，永远不会停止在一个水平上。"

"停止的论点，悲观的论点，无所作为和骄傲自满的论点，都是错误的。"

（29）中国共产党中央委员会《通知》（1966年5月16日）

"不破不立。破，就是批判，就是革命。"

（30）《解放军报》"毛主席语录"（1967年6月25日）

"要用阶级和阶级斗争的观点，用阶级分析的方法去看待一切、分析一切。"

（31）《全世界人民团结起来，打败美国侵略者及其一切走狗!》（1970年5月20日）

"无数事实证明，得道多助，失道寡助。弱国能够打败强国，小国能够打败大国。小国人民只要敢于起来斗争，敢于拿起武器，掌握自己国家的命运，就一定能够战胜大国的侵略。这是一条历史的规律。"

（32）《中共中央文件》（1976年第4号）

"一百年后还要不要革命？一千年后要不要革命？总还是要革命的。"

"基本文献"提到但未引用的毛泽东著作包括：《青年运动的方向》（1939年5月4日）、《纪念白求恩》（1939年12月21日）、《反对党八股》（1942年2月28日）、《在延安文艺座谈会上的讲话》（1942年5月）、《愚公移山》（1945年6月11日）、《对晋绥日报编辑人员的谈话》（1948年4月2日）。

（二）"基本文献"引用中国哲学著作情况

被引用著作同样按写作或发表时间的升序排列，后附引文：

1. 儒家著作

(1)《论语》（孔子弟子及再传弟子编撰，战国初期）

"获罪于天，无所祷也。"（孔子）

"克己复礼。"（孔子）

"死生有命，富贵在天。"（子夏）

"唯上智与下愚不移。"（孔子）

"兴灭国，继绝世，举逸民。"（舜）

(2)《举贤良对策》（董仲舒，公元前134年）

"天不变，道亦不变。"

2. 法家著作

《天论》（荀子，战国末期）

"天行有常，不为尧存，不为桀亡。"

"强本而节用，则天不能贫；养备而动时，则天不能病；循道而不贰，则天不能祸。"

"倍（背）道而妄行，则天不能使之吉。故水旱未至而饥，寒暑未薄而疾，妖怪未至而凶。"

"基本文献"提到但未引用的"法家"著作有：范缜的《神灭论》（作于南朝萧齐永明年中，483—493年）。

在所有被引用的45种著作中，马克思主义哲学著作计42种，占

93%；中国哲学著作计 3 种，约占 7%。在马克思主义哲学著作中，马列著作计 10 种，约占 24%；毛泽东著作计 32 种，占 76%。在中国哲学著作中，儒家著作计 2 种，约占 67%，"法家"著作计 1 种，占 33%。虽然儒家著作在数量上高于"法家"著作，但它们是供批判用的，并不是学用的对象。

如果以引用条数及次数为计量单位，这些比例不会发生根本变化。马克思主义哲学著作的引用量会略有下降，约占总引用量的 90%，减少 3 个百分点；而中国哲学著作的引用量会略有上升，约占 10%，增加 3 个百分点（考虑到"批林批孔"运动的因素，这种变化并不奇怪）。而在马克思主义著作的引用量中，毛泽东著作的引用量会有明显提高，这不仅仅是因为条数的比例占绝对优势，而且也归因于那些不厌其烦的引用带来的次数的优势。一个粗略的统计结果是，毛泽东著作的引用量约占马克思主义著作引用量的 85%，比以著作种数为计量单位的引用比例提高了 9 个百分点。以引用条数和次数看，毛泽东的"五篇哲学著作"，即《矛盾论》、《关于正确处理人民内部矛盾的问题》、《实践论》、《在中国共产党全国宣传工作会议上的讲话》、《人的正确思想是从哪里来的》高居引用排行榜的前 5 位，而排在榜首的是当之无愧的《矛盾论》。马克思的《哥达纲领批判》和列宁的《唯物主义和经验批判主义》在排行榜上也处于较前的位置，是因为前者讨论了社会主义的分配方式问题，而后者讨论了认识过程中的"自在之物"问题。

"毛主席的书我最爱读，千遍那个万遍呦下功夫，深刻的道理我细心领会，只觉得心里头热乎乎……"正像这首歌里唱的那样，勤俭人把毛泽东哲学著作当作了"圣经"。姜汝旺说，"毛主席的哲学思想是最大的大道理"。

综合来看，勤俭人所谓的"哲学"，既包括唯物主义，也包括唯心主义。他们学用的是唯物主义，而批判唯心主义。在唯物主义里面，又有辩证唯物主义和形而上学唯物主义。他们学用的是辩证唯物主义，而批判形而上学唯物主义。"学哲学用哲学"中的"哲学"即"辩证唯物主义"（作为方法），也就是"唯物辩证法"。

勤俭人学用的还包括一点点的"科学社会主义"。从学科类别上说，科学社会主义和马克思主义哲学分属于不同学科。然而，两者有时候又确实需要联系起来讲。马克思的唯物史观，主要阐述共产主义目标为什么是科学的、符合规律的，以及它如何实现的问题，这里面当然要涉及共产主义社会的所有制形式和分配形式。

九　老虎就是能上树

勤俭人最初学哲学的时候，遇到了重重阻力。

有讽刺挖苦。那些"阶级敌人"说："哼，红脚杆学哲学，真是猫教老虎上树，天下奇闻！这些老虎还是些瞎子老虎呢！"一些"有点文化的人"说："你们学哲学，也不想想能不能学懂。买顶帽子还要想想自己的头大小吧！"有个"知识分子"还故意出难题："哦，你们还学哲学，你知道先有鸡还是先有蛋？"

有客观障碍。县里的新华书店摆着金光闪闪的《毛泽东选集》，可是要去买，书店却不卖，说是要县里开证明。托人到金华、杭州去买，也说是要县里开证明。

某些上级领导不支持。在省贫协代表会上，姜成良讲了他自己如何活学活用毛泽东哲学思想的情况，受到好评。大家认为应该把这篇讲话稿拿到报纸上发表。稿子送到当时"旧省委"宣传部的一个"走资派"那里，他看了以后，把头一摇说："我就不信一个不识字的农民能学得这样好！"一句话就把这篇稿子"枪毙"了。

青山遮不住，毕竟东流去。经过种种曲折之后，勤俭村终于迎来了哲学的春天，一场群众性的学哲学用哲学运动在这里轰轰烈烈地开展起来了。有外因，但更多的是内因，比如学用哲学取得了"立竿见影"的效果，在思想上破除了"哲学神秘论"，发现了一些好的学习方法，采取了一些适宜的学习形式，等等。

（一）《矛盾论》解决了矛盾

学习毛主席著作取得的第一个效果，就是解决了抗旱与养鱼的矛盾。

每个生产队都有水塘，不抗旱的时候，到也没啥大用处，有的生产队就把它们租给私人养鱼了。

1964年夏天，一个多月没下雨，绿油油的水稻，眼看着要晒煞了。这时候，矛盾爆发了。有个生产队长要车水灌稻田，养鱼的社员说，"你要抗旱，我的鱼苗不是要完蛋了吗？"

生产队长说："还是大家商量商量，要不要车水抗旱？"

大家讲："怎么能不抗旱呢？还能'衣裳放在那里空着，人在这里冻着'？看着半塘水，让稻子晒死，使集体生产受损失，哪有这样的理？"

养鱼的社员一看真的要车水，气冲冲地跟生产队长说："当初让社员养鱼，是你同意的，现在又要车水。生产队的做法是矛盾的！"

队长也有气，顶了一句："你自己是矛盾的！"

两个人，矛盾来，矛盾去，吵吵嚷嚷找到姜汝旺，要党支部解决问题。

这样的矛盾，好几个生产队都出现过。大队干部认为集体的水塘让私人养鱼不对，可讲不出多少道理，矛盾终归解决不了。

静下心来，姜汝旺不由得想起了1959年解放军来勤俭大队帮助整风整社时的情形。临走时，他们千叮咛万嘱咐："你们有问题，要到毛主席著作中找答案。"他心里顿时亮堂起来，胸有成竹地对支部成员说："七矛盾，八矛盾，到底是啥矛盾？毛主席不是有一本《矛盾论》吗？一定能给我们解决矛盾！"

于是，勤俭大队党支部学起了《矛盾论》。

通过学习，支部一班人认识到：千矛盾，万矛盾，主要是"两个阶级、两条道路"的矛盾；水塘养鱼的问题是什么矛盾？是抗旱同养鱼的矛盾？是社员和干部的矛盾？说到底，还是两条道路的矛盾；抓住主要矛盾，就可以把原来想不通的许多问题想通了。

经过思想教育，这些想法获得了社员的理解。矛盾解决了，各生产队全力投入抗旱。

从此，大队部的办公桌上，多了一本《矛盾论》。每当遇到"矛盾"的时候，姜汝旺他们就拿起来翻一翻。时间长了，它的四个角都卷了起来。

图 9-1　支部成员学习《矛盾论》的情景

（二）大破"哲学神秘论"

要使哲学真正走向大众，还必须从思想上破除"哲学神秘论"。

党支部的做法是，组织大家反复学习毛主席在《实践论》中的教导："马克思主义的哲学辩证唯物论有两个最显著的特点：一个是它的阶级性，公然申明辩证唯物论是为无产阶级服务的；再一个是它的实践性，强调理论对于实践的依赖关系，理论的基础是实践，又转过来为实践服务。"

在学习过程中，大家逐渐认识到：

无产阶级的哲学是无产阶级革命斗争经验的科学总结，它来源于革命实践，又指导革命实践，讲的都是革命道理。哲学就是明白学，并没有什么神秘。无产阶级哲学的这两个显著特点表明，工农兵是哲学的主人，工农兵不能学哲学，就没有哲学。贫下中农有一颗无限忠于毛主席的红心，又天天战斗在"三大革命"斗争的第一线，有丰富的实践经验，最有资格学好用好无产阶级的哲学。

毛主席的哲学思想，是革命的哲学，斗争的哲学，是为无产阶级和劳动人民求解放服务的。它讲的句句都是革命的道理，字字都反映了劳动人

民的革命要求。贫下中农在旧社会深受阶级压迫，是在毛泽东思想指引下翻了身，因此对毛主席的哲学思想有无限深厚的阶级感情，越学越亲切，越学越想学。每当遇到许多矛盾迷惑不解的时候，每当遇到严重自然灾害想不出办法的时候，每当遇到革命生产取得胜利而有的人停顿下来的时候，是毛主席光辉的哲学思想拨开了迷雾，指明了方向，鼓舞贫下中农不断前进。

图 9-2 工农兵是哲学的主人

打破"哲学神秘论"之后，大家学习的劲头更足了。从学习《毛主席语录》逐渐过渡到学习毛主席的五篇哲学著作和《毛泽东选集》，越学越深，越学越爱学了。

（三）带着问题学

党支部组织学习之初，遇到了一个方法问题。

一开始，采取课堂上的方法，从头到尾，一段一段读下去。每到晚上，参加学习的党员们围在一起，听支部书记姜汝旺读《矛盾论》。姜汝旺上过几年学，在他们之中，算是文化水平最高的，但还是有很多字不认识。读的人上句不接下句，听的人也皱紧了眉头。什么是"哲学"？什么是"矛盾"？几个夜晚过去了，没人弄懂。

"请文化水平高的人给我们讲一讲，开开心窍吧！"有人提议。

于是，他们请来了三个高中生做老师。高中生识字多，读起来比姜汝旺流利多了，可是讲不出多少道理。

党员们提问："什么叫矛盾的主要方面？"

高中生回答："矛盾的主要方面嘛！……矛盾的主要方面，就是矛盾的主要方面！这有什么好解释的？"

看到这种情况，有人想打退堂鼓："学哲学这么困难，算了！我们种田人会种田就行了。"

老贫农姜成良决心很大。他说："过去我们学'老三篇'，很有成绩，为什么《矛盾论》就学不好呢？问题还是看我们怎么学。"

"对，"姜汝旺说，"过去学'老三篇'，一条经验就是带着问题学，现在学哲学也应该这样学。我们本来是遇到了问题才来学哲学的，可是拿起了书本，又把问题丢开了。还是要带着问题学，需要用什么就学什么，学一点用一点。"

带着什么问题学呢？大家摆出了两个问题：一个是"干部吃亏论"，另一个是"生产到顶论"。

合作化初期，大家干劲很大，开起会来，风雨无阻。现在，生活好了，雨鞋啦，毛线衣啦，都穿起来了，可是，却算起"吃亏账"来了。这究竟是什么原因？为什么生活好了反而计较多了，这个"亏"吃在哪里？这样一议论，大家感到，这个矛盾就是由于有了"私"心，就是"私"心作怪。

哪一方面是矛盾的主要方面呢？大家认识到，现在工人阶级和贫下中农当家作主了，占统治地位了，因此，这个矛盾的主要方面是在干部。关键在于领导嘛！懂得了矛盾的主要方面在自己，也就不叫"吃亏"了，工作的积极性也就有了。

大家又接着摆下一个问题——"生产到顶论"。

大家回忆过去，作了对比。以前，许多干部也怀疑勤俭大队这样的自然条件亩产能超800斤，结果现在实现了。这究竟是什么问题呢？是自己思想上的问题。生产是不会到顶的。说"生产到顶"，实际上是思想到顶。这样一分析，矛盾的主要方面又找到了。

解决了学习方法问题，学习的效率就高了，大家的兴趣也更大了，信心更足了。一个支部委员说：刚学哲学时，人家说我们是老虎上不了树，我们就是要上树，现在我们已经爬到树干上了，再加把劲就上去了！

（四）学习班、讲用会、辩论会

学哲学还有一个学习形式的问题。办学习班，开讲用会，开辩论会，写小评论，出黑板报、墙报，都是不错的形式，勤俭大队都采用过。这里主要介绍一下学习班、讲用会和辩论会三种形式。

1. 学习班

学习班通常在"五七"农民政治学校举办。

1966 年 5 月 7 日，毛泽东给林彪写了一封信，后来称为"五七指示"。在这封信中，毛泽东要求全国各行各业都要办成大学校，学政治、学军事、学文化，又能从事农副业生产，又能办一些中小工厂，生产自己需要的若干产品和与国家等价交换的产品，同时也要批判资产阶级。

图 9-3　勤俭大队学习班现场

根据这个指示，全国各地成立了很多"五七"学校。

勤俭大队的"五七"农民政治学校 1967 开办，1977 年停办。学校设立三个班——骨干班、青年班、妇女班；开设六门课——政治、农机、农技、文艺、军体、卫生，以政治课为主。政治课也就是哲学课。

学习时间大多安排在晚上，有时白天下雨不出工也学习。一个月学 15 个晚上，每次一般不超过两小时。三个班一般不同时学。女社员学习的时候，男社员不学习。男社员学习的时候，女社员不学习。这样可以保证既搞好家务劳动又有更多的人参加学习。三个班人数最多时达 400 多人。

上课的老师基本上是本村的，有大队干部、老贫农、知识青年、共青团及妇女组织的负责人等等，共 30 余人。这些人组成"学习中心组"，先学一步，再给学员辅导。

课堂上采用启发式和互动式的教学方式。"基本文献"（"勤俭作品" 12）记载了一堂政治课的情形：开始上课时，辅导员先背诵一段毛主席语录，然后指出这堂课学习的重点，"今天晚上，我们着重学习为什么

'要多看点马列主义的书'的问题"。这时，一个社员接过话头，指出看马列主义的书带来了生产和生活上什么样的可喜变化。辅导员表示同意，并继续结合毛主席语录，展开问题。随着讲解的深入，越来越多的社员插话，结合自身实际谈体会，并开展批判。如此循环不已。最后，党支部书记姜汝旺出来做总结，表决心，一堂理论课就在高潮中结束了。

2. 讲用会

讲用会，通俗地讲，就是结合自身实际讲如何活学活用毛泽东思想的会议，一般是积极分子主讲，向大家传授经验。这一类的会议在"文化大革命"时期非常流行。姜汝旺在北京时候的汇报会性质上就是讲用会。

这里我们引用一则材料，看看老贫农姜成良是如何讲用的。

图 9-4 勤俭大队讲用会现场

在旧社会，我六岁死了爹，跟着娘讨饭，做的是牛马活，吃的是猪狗食，受尽了剥削和虐待。是伟大领袖毛主席把我从火坑里救了出来。土改后，他老人家又号召我们"组织起来"，走共同富裕道路。毛主席的话我顶相信，从互助组到合作社到人民公社，我都很热心，干起活来全身是劲。

在三年暂时经济困难时期，我的私心慢慢重起来。干私活，捏锄头很有劲，干集体活，捏起锄头不起劲。担子拣轻的挑，农活拣轻的做。无产阶级文化大革命，我们贫下中农以毛泽东思想为武器，狠批了"三自一包"、"工分挂帅"，进行忆苦思甜，使我看到了自己翻身忘本，好了疮疤忘了痛，这样下去，铁打江山要变色，我成良也会走到老路上去，重吃二遍苦。越想越感到对不起毛主席。社会主义觉悟提高了，我心明眼亮，一身轻松，干起活来，一把锄头一股劲，使在社会主义上,越干越有劲,越干方向越明。

　　为什么一把锄头有两股劲?毛主席的辩证法思想告诉我们,任何事情都是"一分为二"。一个人的"劲"是有阶级性的,也要一分为二:有搞社会主义的劲,也有搞资本主义的劲;有为公、为集体的劲,也有为私、为个人的劲。这两股劲是有矛盾、有斗争的,不是你斗胜我,就是我斗胜你。这个斗争就是两个阶级、两条路线的斗争在自己头脑里的反映。……

　　大寨人是我们学习的榜样,他们心红眼亮,以"公"斗"私",我成良不斗"私","私"就斗"公"。"修"是祸,"私"是根,批修就要挖私根。批了修,斗了私,我又全身是社会主义的劲,干起集体活来力气大,捏起锄头格外轻。队里的社员也说我"成良好比老树发嫩芽,越活越年轻"。

这个讲用很有名。一把锄头两股劲,后来成为勤俭村最有代表性的哲理名言之一。另外它的"讲用结构"也比较典型,出现问题——学哲学——用哲学解决问题。

3. 辩论会

辩论会也是一种常见的学习形式。如果大家的观点出现分歧,就把它拿到辩论会上去辩论。通过辩论,弄清是非曲直。在这个过程中,大家都受到了教育,提高了认识。下面这个场景,强劳力和弱劳力之间的著名辩论,就发生在第五生产队的一次辩论会上。

首先,一个身强力壮的男社员先站起来说:"我看强劳力受弱劳力的连累。妇女身体差,技术又差,老是拖我们的后腿。如果全生产队个个都是强劳力,保证年年增产二、三成。"

生产队长帮腔:"对嘛,弱劳力总得听强劳力的指挥。没有强劳力耕田打稻,田里种得出东西?"

看到男劳力们很强势,一个妇女赌气地说:"算了,算了,你们是强劳力,做工都是听你们的,总没有听我们的。你指挥我东就东,西就西。"说完坐在一旁不响了。

特地赶来参加辩论会的姜汝旺感到问题比较严重。他启发大家思考:

"强劳力就是绝对的强劳力吗？不会变成弱劳力吗？"

这一问，大家都怔住了。会场一时陷入了沉默。

过了一会，一个小青年站起来说："强劳力不是绝对的，是相对的。比如说我今年17岁，是个弱劳力，可是再过10年，27岁，不就是一个强劳力了吗？"

一个老人家也拿自己举例："我过去是强劳力，现在60岁了，不是变成弱劳力了吗？"

这一唱一和，大家都笑了，气氛变得轻松。

一个妇女开始"反击"："队长，你刚才说全靠你们强劳力耕田、打稻，我看就是有点片面性。没有牛娃娃放牛，你耕得好田吗？没有妇女晒谷，你打起来的稻谷能吃吗？"

一个男社员表示同意："是啊！如果我们去放牛、去晒谷，那么强劳力也变成弱劳力了。"

这名妇女继续说："妇女看起来是弱劳力，可是养猪，强劳力就是比不过妇女。"

"还有其他工作，也是这样。"另一个妇女站起来，指着一个20多岁的男社员说，"前次挖花生，你只挖了两天，每天挖20多斤。我挖了四五天，每天挖40多斤。可是你第二天收工时，站起来伸伸腰，叫'真吃力啊！眼睛都冒花'。第三天就不去了。"

这名妇女连说带比画，又把大家逗笑了。

姜汝旺看到火候差不多了，总结大家的意见说："看问题不能绝对化，强和弱是一对矛盾，强有强的一面，但也有弱的一面；弱有弱的一面，但也有强的一面。强中有弱，弱中有强。强离不开弱，弱离不开强。"

"对嘛！大石头离开小石头砌不成墙，就是这个道理。"一位老贫农画龙点睛。

姜汝旺接下去说："强和弱在一定条件下是互相转化的。一个人，不管你劳力怎么强，如果不突出政治，不为革命种田，没有干劲，你这个强也会变成弱的。有了为革命种田的思想，突出政治，发挥积极的作用，弱也会变成强。比如我们大队的老贫农姜成良，近60岁了，人家可能会认为他是个弱劳力。可是他批判了"一把锄头两股劲"的错误思想以后，一把锄头一股劲,使在社会主义上,干劲比小后生还大。所以,用毛泽东思想武装起来的人是最强的强劳力。更重要的是,有了毛泽东思想,就能发扬共产主义风格,每个人尽自己的能力劳动,心里想的是集体,是互相帮助,把为集体多劳动看作光荣,而不会斤斤计较,说什么多劳动是'倒霉'了。"

图 9-5　勤俭大队辩论会现场

大家都认为姜汝旺说得对。经过这场辩论,社员们学到了"对立统一"的道理,强劳力和弱劳力闹矛盾这个"老大难"问题也基本上解决了。

十　斗天斗地斗敌斗私

学了就要用，或者说，正是因为"有用"才学。一般来讲，中国人对"没用的东西"没太大兴趣，这可以从宗教信仰的情况看出来。很多人平时不信神，单等有了需要，比如家里有病人，孩子考大学，这才"临时抱佛脚"。如果哲学没用，那老百姓也不会学。哲学有什么用呢？用处大着哩！村民们说，小到抗旱打井、解决男女劳力矛盾、让回乡知识青年安心务农，大到分辨正确路线与错误路线、斗私批修、批林批孔、教育改革、刹住资本主义妖风，挖出暗藏的阶级敌人，都用的上哲学。我们从"基本文献"中选取了三个小故事，它们分别反映斗天地、斗敌和斗私的情况，可以说是"用哲学"的实例。

（一）我们有了"精神原子弹"

1967年冬天，大队党支部决定再修徐垄水库。前些年修水库，为了工分问题，工地上经常吵吵嚷嚷，工作难做，进度慢，修了七个冬天，才蓄水八万方。大队党支部学习了毛主席的哲学思想，总结前些年正反两个方面的经验教训，认为：锄头和人头是一对矛盾，人是矛盾的主要方面；锄头靠人去掌握，要抓好锄头，必须先抓好人头；只有用毛泽东思想教育人，才能发挥锄头的作用。

党支部和干部、群众一商量，决定今年修水库，一定要突出无产阶级政治，把水库工地当作革命大批判的战场，当作活学活用毛主席著作的课堂。

这年冬天，天气格外冷，徐垄水库工地上，却是热火朝天。200多名男女社员，你追我赶。他们在工地摆开革命大批判的战场，批判"修正主义路线"，批判"工分挂帅"、"物质刺激"等"黑货"。工地规定八点上工，经过学习和批判，社员们树立了为革命种田的思想，明白了多挑一担泥，为打击帝、修、反多贡献一份力量的道理，自动提前到六点半上工。休息的时候，大家聚集在一起，敲锣打鼓，高唱革命歌曲。

有一次，邻村的一个同志路过这里，惊奇地问："你们勤俭大队受了这么重的灾，干劲还这么大，你们吃什么啦？"

一个青年小伙子爽朗地回答："我们没有吃什么，我们有了精神原子弹！就是头脑里有了毛泽东思想！"

图 10-1　"精神原子弹"威力大

学了辩证法，战天斗地有办法！原来计划两个月完成的 14 万方土的任务，只用了 40 天就完成了，远远超过过去 7 年完成的土方总和。

1967 年冬的辛勤劳动，第二年就结出了丰硕的成果。1968 年，勤俭大队又遇到 100 多天的大旱，却获得了大丰收，平均亩产达到 994 斤。

（二）姓姜的不都是一家人

1968 年，清理阶级队伍运动开始了。

一天傍晚，十一队的老贫农姜均成同女儿梅兰一起收工回来。这时，一个外号叫"猪毛鬏"的地主分子，正从姜均成家门口走过去。均成大伯看到这个家伙就火冒三丈，狠狠地骂了一句："猪毛鬏！"梅兰很纳闷，问道："爸，他不是我大公吗？你怎么骂他呀？"

均成指着"猪毛鬃"的背影说:"他同你祖父虽是兄弟,可同我们不是一家人哪!"

同一个宗族怎么不是一家人呢?梅兰更不明白了。她问父亲:"爸,在田头做工的时候,还有人说'同姓一家亲',这大公怎么不是我们一家呢?"

经梅兰一提起,均成大伯格外生气了。他想起,自从大队开展清理阶级队伍运动以来,就流传着"姓姜的是一家人"、"种花不种刺"等等说法。这些都是阶级敌人搞破坏的鬼花样。眼下,女儿也被这种胡言乱语迷糊住了,这不能不说说明白。于是,他把梅兰叫到屋里,诉说起自己终生难忘的家史。

姜均成在12岁的时候,父亲就去世了。他同妈妈,带上两个妹妹,成天累死累活,一家人还难以糊口。没法子,均成的一个妹妹给人家当童养媳。就在均成一家受煎熬的时候,地主"猪毛鬃"这个心毒手辣的家伙,仗着自己有钱有势,霸占了姜均成的菜地和房子。他还想把均成家唯一的一丘垄心田弄到手。

一天,"猪毛鬃"来到均成家,背着手,假惺惺地对姜均成说:"你们家的日子难过,不要看着田饿肚子了,从我那里挑点谷子去,那丘垄心田我给你们种吧!"没等均成答话,"猪毛鬃"已经扭头走了。不几天,村里便传开了,说姜均成把田卖了。连个地契都没有写,"猪毛鬃"已经派人在那丘田里耕开了。天下那有这样的事呢!均成要同"猪毛鬃"去评理。这个心乌墨黑的家伙,根本不讲什么"一家人",来了个先下手为强,到县里告了均成一状,反咬均成占别人的田不归还。在旧社会,八字衙门朝南开,有理无钱莫进来。姜均成知道,穷人到县里打官司,不是罚钱,就是坐班房。他两眼直直地望着传票,"呀"地一声吐出大口鲜血。以后,"猪毛鬃"又逼均成大伯给他当帮工,把均成大伯弄得脊梁骨都变弓了。

解放了,姜均成脱离了苦海,走上台,同"猪毛鬃"作斗争,分到了房屋与土地。但是,没收了"猪毛鬃"的土地、房屋和财产,没收不了他的反动思想。"猪毛鬃"时刻想着复辟。无产阶级文化大革命中,他还溜到被分掉的屋子里去,看看虫蛀了梁没有。这件事被姜均成看到了,同他进行了面对面的斗争。

图 10-2 均成怒斥"猪毛鬃"

讲到这里，姜均成对女儿说："你看，姓姜的也是一分为二，有地主，有贫下中农；有走社会主义道路的，有走资本主义道路的，不都是一家人呀！姓姜的地主是我们的死对头；不管姓王、姓李，是贫下中农，都是一家人。现在有人说'姓姜的是一家人'，这是阶级敌人害怕被我们揪出来而散布的谣言，你可不要上当。我们要巩固无产阶级政权，就要跟这些家伙斗到底！"

梅兰听了父亲的话，连连点头。父女俩连忙吃晚饭，然后一起到大队参加批斗会去了。

（三）织夏布的故事

新媳妇刘合友刚嫁到勤俭大队时，带来了一架夏布机。她想："小家庭里搞点副业，赚点现钱，多做点衣服穿得漂亮点，用钱袋里一摸自如点。娘家学到的一手织布技术得发挥点作用。"

开始，合友见社员们抓革命，促生产，搞得热气腾腾，心里还比较清楚。白天经常到队里出工，晚上和落雨天，抽空织一点夏布。织了几个布，赚了几个钱，心里就糊涂了。她盘算一笔账：几天织个布，赚它多少钱，比晒日头轻快得多啦！这样，她白天很少出工，晚上学习也不大去了。即使去学习,也总是往边上坐。别人谈的是革命,是集体的生产,她却在想织夏布的事儿。

合友的小姑子,才17岁,见嫂嫂这个夏布机不错,就动了动脑筋,叫爸爸也做了一架。这样,嫂嫂教,姑姑学,姑嫂两人整天坐在夏布机上,有时连吃饭也不下来了。后来传开了,别家的姑娘媳妇也照着她们的样子,织起夏布来了。这样,在家织布的妇女越来越多,参加集体生产劳动的人越来越少。

为了正确处理集体生产和家庭副业的关系,大队举办了哲学学习班。党支部通知合友去参加。

学习班开始了,姜汝旺指着桌子上一只茶杯问:"这只茶杯能不能装水?"社员们很奇怪,说:"这只茶杯一点不破,当然好装水。"姜汝旺接着说:"对!这只茶杯,能装水。假如茶杯口上破了一小块,茶杯就有了缺口,但还能装水,还是一个茶杯。如果你一块一块敲下去,把茶杯打成几半,那么,量变发生质变,茶杯就不是茶杯,成了碗片,也就不能装水了。我们的集体经济也是这样,如果你来挖一点,他去拿一点,量变也要引起质变,集体经济就要变质,资本主义就要复辟!"

经姜汝旺这么一讲,大家懂得了"量变引起质变"的道理。于是,你一句,我一句,控诉起资本主义思想的危害来。大家说:"资本主义就是今天叫你尝点小甜头,明天叫你吃煞大苦头。"社员们越讲越热烈,刘合友受到很大的教育。

戴香妹来找刘合友谈心,亲切地说:"合友,社员家庭副业不是不能搞,但要利用集体劳动的空隙时间搞,不能妨碍集体经济的发展。如果整天去搞家庭副业,不搞集体生产,'副业'变成'主业',那就不对了。还有,搞家庭副业时,要正确处理国家、集体和个人的关系,千万不能忘掉公和私的斗争啊!私心一抬头,公字丢脑后,今天想赚一尺布,明天想赚一条裤,后天就想发财致富。这样慢慢地就会走到邪道上去了。"

戴香妹的几句话,说得刘合友再也坐不住了。她回到家里,越想越觉得戴香妹的话对。她问自己:我是不是也从量变到质变呢?原来织夏布,是想赚点现钱,零花方便,可是见了钱,忘了"线"。资本主义思想今天向你搭个脚尖,明天向你搭进脚跟,自己越陷越深,量变到质变,"副业"变"主业"。天天坐在夏布机上,忘掉了集体生产,忘掉了阶级斗争。我一个人这样做还不算,还带了妹妹这样做,其他社员也有的跟着这样做,发展下去,思想变修人变质,资本主义也要复辟,这真是"毛毛细雨湿衣裳,不注意要上大当"啊!

第二次会上,刘合友讲用了自己学习"从量变到质变"的体会,大家都称赞她学得好,用得活。在刘合友的带动下,其他的社员也正确地处理了集体经济和家庭副业的关系,大家参加集体生产的积极性更高了。

图 10 - 3　村集体企业夏布厂

十一　骨干队伍

1964年，勤俭村开始学哲学的时候，只有骨干12人。根据姜汝旺和村民们的回忆，他们是：姜汝旺、戴香妹、姜乾卫、姜法亮、姜法六、姜兴刚、姜文熊、姜建文、姜文湖、姜洪贵、傅金妹、姜成良。1970年达到80多人，而到了1974年，增长到109人。这支队伍由贫下中农、干部和回乡知识青年组成。姜洪宗、姜宗福、姜祥福、姜根土、姜刚森、姜洪树、李子刚、姜位高、姜均成、刘合友、毛阿妹、姜子太、姜建富、姜法建、姜洪仓、金衰妹、姜有觉、吴爱菊、姜盛德、姜梅兰、严方英、姜明福、姜云俭、姜增有、姜日芳、周双花、姜法建、姜梅芝、姜尉芝、姜法贵、姜超明、姜法琴、姜继训、姜志根，都在其中。目前，我们掌握的有名有姓的骨干人数为46人。

图11-1　骨干合影（第一排左起：姜日芳、周双花、傅金妹、戴香妹、姜汝旺、姜成良、姜法亮）

（一）五大明星

在109名骨干当中，名气最大的有5位：姜汝旺、戴香妹、傅金妹、毛阿妹、姜乾位。姜汝旺、戴香妹、姜乾位的事迹在《哲学的解放——勤俭大队学哲学用哲学的故事》中做了专门介绍。戴香妹、傅金妹、毛阿妹号称"哲学村三姐妹",与姜汝旺并称"一姜三妹"。傅金妹和毛阿妹都是戴香妹发现和培养的。

1. 姜汝旺

姜汝旺是党支部书记,学哲学用哲学的带头人。

姜汝旺感到:改造世界观,首先的一个问题是要正确对待自己。一个人对自己最清楚,但是清楚当中也有不清楚的地方,往往对自己的优点比较清楚,对自己的缺点不大清楚;工作遇到困难时比较清楚,工作顺利,有成绩时就不大清楚。在整党运动中,群众对他意见比较少,他对自己就不大清楚起来,感到自己还不错。他带着这个问题学习毛主席关于"一分为二"的教导,对"意见多"和"意见少"作了具体分析。

第一,意见多不一定问题多。有的同志走社会主义道路坚决,斗争性强,但由于不够注意工作方法,群众意见可能多一点,这并不等于他的问题就多。有的同志平时民主作风差,群众不愿意提意见,意见少也不一定就是缺点错误少。

第二,意见多和意见少是对立统一的,在一定条件下,它们之间是会互相转化的。群众意见多,如果能努力学习毛主席著作,虚心接受群众意见,认真改正缺点错误,就可以由"意见多"转化为"意见少"。如果满足于群众意见少,就骄傲自满,固步自封,"意见少"也可能转化为"意见多"。

图 11-2 姜汝旺在田间地头讲哲学

第三,从"意见少"中也可以找出问题来。例如,有的群众说:"汝旺同志工作积极,我们有事都愿意找他。"这句话也要一分为二。工作积极是好事,但群众有事都愿找他,不愿找别人,说明集体领导的作用发挥不够,有一个人说了算的现象。

这样一比较一分析,就能正确看待自己了。

改造世界观,另一个重要的问题是参加集体生产劳动,同群众保持最密切的联系。过去,姜汝旺天天在生产队里,每天早晨社员们来叫他,一起下田,有说有笑,亲密无间。有段时间,他在外面开会时间多了,回家的第二天早上,没有人来叫他出工。姜汝旺背起锄头赶上去,问社员为什么不喊一声,他们说:"我们不知道你是不是出工。"他心里一惊,感到这里面有问题。"叫"与"不叫"是一对矛盾,为什么会从过去的"叫"变成今天的"不叫"呢?就是因为自己参加劳动少了,同群众的感情疏远了。

姜汝旺认识到,农村干部,虽然天天和群众在一起,但还有一个同群众亲和疏的问题。干部群众劲往一处使,汗往一处流,心就贴在一块。相反,如果"打鼓的人不知道吹笛子的吃力",干部不参加劳动,居高临下,发号施令,群众就不买你的账,同贫下中农就会疏远起来,再也当不好群众的带头人了。工作成绩越大,同群众越亲的时候,越要坚持参加集体劳动。什么时候不劳动了,什么时候就开始走下坡路,"亲"也会转化为"疏"。时间一长,脱离了群众,那就不是什么工作搞不搞得好的问题,而会思想变修人变质,给革命事业带来损失。

姜汝旺讲哲学,最拿手的是讲"一分为二"。他发表的作品,除了总结勤俭村学哲学用哲学经验的那几篇之外,几乎都是围绕"一分为二"的主题来布局谋篇的。这与他对马克思主义哲学基本观点的理解有关系。姜汝旺认为:马克思主义哲学的一个基本观点,就是两点论——世界上任何事物都是一分为二的;任何事物内部都包含着矛盾的两个方面,而这两方面中,总有一方面是主要的,它决定着事物的性质;我们不能把矛盾着的双方平均看待;在革命工作中,必须分清矛盾的主要方面和次要方面,抓住主要矛盾方面;只有分清主次,才能坚持唯物辩证法,才能认识事物的本质,促进事物的发展。

2. 戴香妹

戴香妹是党支部副书记。"文化大革命"开始的时候,她当农村干部已10多年了,总认为自己出身苦,本质好,革命跑在前,生产带头干,很不错。想不到在"文化大革命"中受到了批评，群众意见一大堆。她一时有委屈情绪，不想再干工作了。集体劳动完了，种种自留地，别的什么都不管。队长和社员吵嘴吵到她家，她也不理睬。

不久，大队办起了毛泽东思想学习班，群众要她去参加。她憋着一肚子气，开始几天都借故推掉，有时还发几句牢骚。后来想，去听听也好，看把她怎么办。可是到了学习班，那情形和她原来想的完全不一样。

苦大仇深的老贫农同她一起忆苦思甜，使她重新想起了旧社会受的苦，是党和毛主席把她从苦海里救了出来。她又想起过去为了搞社会主义、不吃二遍苦，积极参加土改、合作化、公社化等运动的情景。现在，怎么能躺倒不干呢？想来想去，怎么也安不下心。

她的脑海浮现出毛主席的教导："我们必须学会全面地看问题，不但要看到事物的正面，也要看到它的反面。"她认识到自己过去就不是这样。只看到自己阶级本质好的一面，没有看到在尖锐的阶级斗争和两条路线斗争中，自己受到坏影响的一面；只看到自己工作勤勤恳恳、主观愿望好的一面，没有看到自己不注意工作方法、瞎闯蛮干、好心也会办坏事的一面。

"一分为二"的辩证法使戴香妹"开了窍"：作为一个干部，既要把自己当作革命动力，又要把自己当作革命对象。要当好"动力"，就必须自觉地当好"对象"，当"对象"是为了当好"动力"。过去没有自觉地把自己当作革命对象，思想上慢慢变了，作风上也越来越脱离群众。结果，"动力"没有当好，给革命事业造成了损失。

戴香妹深深体会到：辩证法是个宝，继续革命不可少；有了为人民服务的思想，又掌握了"一分为二"的辩证法，才能为人民掌好权、用好权，永远紧跟毛主席干革命。

为了学习毛主席的哲学思想，戴香妹和妇女们商量，把学哲学和学文化结合起来。她带着毛主席的书，一字一句地问，一字一句地抄，一字一句地联系实际去琢磨。这样，几个月时间，她就学会了几百字，理论水平有了提高。在她的带动下，许多老妈妈也学起来了，劲头不比那些小伙子差。

戴香妹讲哲学，最拿手的是讲"改造小生产"。她认为：农民具有劳动者和私有者的两重性；农民作为劳动者，容易接受党关于组织起来走集体化的主张，逐步走上社会主义的道路；小私有者的农民，尤其是富裕农民，他们用自己的生产资料，依靠自己和家庭成员的劳动进行规模狭小的单家独户的生产，出售少数的农副产品，长期以来养成一种自私自利的心理和习惯；这样，在无产阶级与资产阶级的斗争尖锐化的时候，就必然会动摇不定，反复无常，犹豫不决；在生产资料所有制方面的社会主义改造基本完成、广大农民成为人民公社社员以后，阶级和阶级斗争还存在，小生产者的某些特点和旧习惯势力还存在，资产阶级法权还存在，如果不坚持改造小生产，就不可能铲除滋生资本主义和资产阶级的土壤，资本主义就有复辟的可能；农民占全国人口百分之八十以上，对社会主义和资本主义"谁胜谁负"的问题关系重大；无产阶级只有坚持改造小生产者，帮助农民克服资本主义倾向，才能巩固工农联盟，战胜地主资产阶级的反抗。

3. 傅金妹

傅金妹从一个不识字的贫农女社员，成长为学哲学用哲学的骨干，直到担任大队党支部委员、革命妇女连连长、妇代会主任、理论辅导员，这与她敢想敢干、永不服输的性格有关。

从前，傅金妹一天到晚除了参加集体生产劳动，就是在家烧饭、洗衣、照顾孩子，很少关心国家大事。毛主席关于"共产党的哲学就是斗争哲学"的教导，使她跳出了家庭小圈子，积极参加政治活动，敢同阶级敌人斗，敢同错误思想斗。她深深感到：有矛盾就要斗争，有斗争才有胜利。

1968年，大队开始清理阶级队伍，"阶级敌人"预感到自己的末日就要来临，作"垂死挣扎"，有个地主分子公开对抗管制。傅金妹知道以后，非常气愤，就遵照毛主席关于"凡是反动的东西，你不打，他就不倒"的教导，同贫下中农一起狠狠批斗了这个地主分子，把他的反动气焰打了下去。

傅金妹的丈夫是个篾工，经常在外工作。有一次，他回家时碰到了这个地主分子，这个"贼心不死"的地主竟然挑拨离间。丈夫回到家，气冲冲地说："你在家里把孩子管好就是了，女人家何必出头露面。"傅金妹感到他的思想不对，就回答说："我搞的是阶级斗争，阶级敌人不服管

图 11-3　傅金妹（右三）讲"斗争哲学"（右二为戴香妹，右一为毛阿妹）

制，我们怎么能不管！"但又想，这是家里事，马虎一点算了，没对他批评帮助。

过了几天，傅金妹又去参加批判会。回来，发现女儿烧焦了一锅粥，刚好丈夫也回来。他一看就光起火来："你听不到闲话，我可听够了。从今天起，你再东跑西跑不管家里事，我们两人干脆一刀两断！"

傅金妹看矛盾越来越尖锐，想起了毛主席的教导："我们主张积极的思想斗争，因为它是达到党内和革命团体内的团结使之利于战斗的武器。"认识到矛盾是不能掩盖的，家庭里的矛盾，也只有通过斗争才能解决。他们两个一起学习毛主席著作，回忆了贫下中农无权的苦，有权的甜，认识到丢权的危险，保权的重要。傅金妹说，"解放前，你一把篾刀，为什么活不下去？现在你也是一把篾刀，为什么翻了身，成了家，住上新屋，生活越来越好？如果不搞阶级斗争，让阶级敌人翻了过来，压迫我们贫下中农是不分男女的！"

通过这场积极的思想斗争，丈夫提高了觉悟，认清了阶级敌人的诡计，认识到自己的错误。他们还一起批斗了那个不服管制的地主分子，再一次把他的反动气焰打了下去。

从此，丈夫积极支持傅金妹参加政治活动。他俩都感到：阶级敌人是

"鱼死眼不闭",他们的反动本性是不会改变的;要保牢无产阶级江山,巩固无产阶级专政,就是要斗争,要斗得阶级敌人无处藏身,要斗得"私"字无孔可钻,一直斗到革命彻底胜利,斗到共产主义在全世界实现。

傅金妹讲哲学,最拿手的是讲《哥达纲领批判》。她通俗易懂地批判了拉萨尔的"劳动是一切财富和一切文化的源泉"的谬论,讲明劳动不是抽象的,必须同生产资料和劳动对象结合起来,才能创造财富。她举例说,在旧社会,贫下中农辛辛苦苦劳动,仍然吃不饱、穿不暖,这是为什么呢?就是因为没有土地,没有占有生产资料。拉萨尔派离开了阶级,离开了生产资料的占有关系,去讲什么"劳动是一切财富和一切文化的源泉",这完全是为地主、资本家讲话。傅金妹曾经参加省工农兵理论队伍宣讲组,去全省各地作《哥达纲领批判》的辅导报告,据说,"受到了广大干部和工农兵群众的好评"。

4. 毛阿妹

毛阿妹是大队革命妇女连副连长。因为没有文化,学起哲学来特别吃力。她就采取了"笨办法",把毛主席语录放在口袋里,一有空就翻开来学,不懂就向人请教。经过这样刻苦的学习,终于慢慢弄懂了一些基本哲学观点,如"一分为二"啦,"内因外因"啦等等,并且学了就用,取得了立竿见影的效果。她刚担任革命妇女连副连长时,总觉得自己能力小,怕工作搞不好,不敢大胆负责,后来,学习了毛主席"革命战争是民众的事,常常不是先学好了再干,而是干起来再学,干就是学习"的教导,认识到对能力大和小都要"一分为二",只要认真学,积极干,依靠群众,充分发挥主观努力,能力小也可以转化为能力大,于是她就勇敢地挑起了这副担子。

毛阿妹讲哲学,最拿手的是讲"反对天命论"。贫农女社员严方英原来对孔老二"天命论"一套不大理解,毛阿妹帮助她学习中央有关文件,解释意义,启发她回忆对比。严方英在旧社会父母双亡,成了无依无靠的孤儿,被人叫做"苦命囡",后来嫁了人,仍旧一样苦,丈夫做长工,婆婆做佣人,家里穷得石板当桌子,破碗当脸盆,别人还说这是"落地三声,八字排定"的。解放后她翻了身,吃得饱鼓鼓,穿得暖乎乎,过去祖宗几代不识字,现在儿子在北京上大学,念外语。在毛阿妹的启发帮助下,严方英懂得了孔老二"天命论"就是用唯心论的先验论欺骗劳动人民,认识到"我们现在过幸福生活,不是八字变了,而是社会制度变了"。

5. 姜乾位

姜乾位是八队队长。有一天,本队几个社员去缴公粮,挑去了一些带泥的谷子,粮站的同志发现后,提出了意见。谷虽然挑回来了,但有些人仍不服气地说:"稻谷长在烂泥田里,有点泥啥稀奇!"泥谷缴国家明明是错误的,为什么有些人还要这样干?受了批评后,为什么还不服气?姜乾位不由得联想起了过去的事情。

1969年,为了抵制资本主义倾向,生产队制订了一系列规定,例如,"不准自由买卖"、"不准高价出售"等,认为大门关得紧,歪风吹不进了。谁知,有人却不执行,拿集体产品去卖高价,还说是"增加集体收入"。后来,大家学习了毛主席关于"不破不立"的教导,深入批判了"自由买卖"等"资本主义倾向",群众的觉悟提高了,新制度建立在思想上,落实在行动上。

现在,破也破了,立也立了,为什么又出事呢?在姜汝旺的帮助下,姜乾位认识到,这次发生泥谷缴公粮的事情,就是因为放松了革命大批判,"刘毒"又抬头的反映。

思想弄通了,办法就有了。这天晚上,八队举行了批判会,社员们争相发言,斗私批修。通过批判,大家心里亮堂了,把道路弄明白了,一致表示要大破个人主义和本位观念,把最好的粮缴售给国家。

姜乾位讲哲学,最拿手的是讲"破与立的辩证法"。他的体会是:破和立是辩证的统一,没有破就没有立,我们想不破就立,不批就改,结果立起来也没有用;只有开展革命大批判,才分得清什么是资本主义,什么是社会主义,才知道破什么,立什么,怎么破,怎么立;只有破得深,才能立得牢。后来,他又进一步体会到:破得"深"与立得"牢",都是相对的;只有不断地批判,才能越批越深,越立越牢;开展了一次或几次大批判,就认为破深了,立牢了,从此就不用再批再立,这是形而上学的观点,违反毛主席的唯物辩证法;革命大批判要天天搞,年年搞,搞一辈

图 11-4　高高兴兴交公粮去

子,才能使社会主义江山永不变色。

(二) 写作班子

"文化大革命"期间,曾出现过一些很有名的写作班子,例如"梁效"(即"两校"的谐音,北京大学、清华大学联合写作班子)、"罗思鼎"(上海市委写作班子)、"池恒"(《红旗》杂志写作班子)、"唐晓文"(中央党校写作班子)等。这些班子都是在70年代成立的,而勤俭大队的写作班子早在1964年就成立了。

与别的写作班子一样,这个班子也承担了两项任务,一是以自己的名义发表重要文章,二是替别人写作和修改文章。别的班子可能把重点放在第一项任务上,但勤俭村的班子则把重点放在第二项任务上。这是由村子里的实际情况决定的。很多骨干基本不识字,写不了文章,也有的骨干是没有时间写或没有愿望写,无论怎样,都得写作组"出手"了。

1964年,在学哲学活动中涌现了许多新人新事。党支部研究确定了8个青年人,由姜汝旺带领,办了黑板报、墙报,把一些干部、社员的学习心得和好人好事写出来,进行交流和表扬。同时,他们也给上级党报党刊写稿。"文化大革命"开始后,随着学哲学的群众运动的深入、普及,写作组也壮大了,增加到21人。写作的"花样"也多了,不仅有心得体会、大批判文章、好人好事表扬稿，还有一些小评论、文艺作品，甚至有一些哲学通俗读物和辅导资料。

10多年的时间里，写作组共生产2000多篇文章，各级报刊、电台和广播站采用的达500多篇。他们最得意的是，在上级党委、报刊和出版部门的帮助下，写出了《哲学的解放》的长篇报道，写出了《在建造斗天井过程中学哲学》的深刻体会，这两篇文章都被译成外文，在国外发行。

1974年，他们编写了几部"大部头"著作，《辩证唯物主义通俗讲话》，《范缜〈神灭论〉注释》以及《革命儿歌集》等，达到了事业的顶峰。

所有这些写作任务，基本都是在"业余时间"完成的。根据大队规定，写作组不脱离群众，不脱离劳动，所以他们只得利用晚上写作。遇有紧急任务时，经党支部批准，也可安排白天写作，但尽量利用下雨天。

写作组成员是村子上读书最多的人。他们不仅读毛主席的著作，而且读《共产党宣言》、《哥达纲领批判》、《国家与革命》、《法兰西内战》、《唯物主义与经验批判主义》、《帝国主义是资本主义的最高阶段》、《伟大的创举》、《无产阶级专政时代的经济和政治》等马列著作，甚至还要读一些中国古代的经典著作。

写作班子里都有谁呢？姜汝旺能够回忆起来的，有姜法六、姜兴刚、姜宗福、姜文熊、姜建文等人。在姜法建提供的名单上，有姜法建、姜法六、李子刚、姜超明、姜宗福、姜位高、姜志根、姜建富等人。目前见到的文献，只有一处明确提到了其成员的名字。《"哲学村"的变迁》（1988年9月8日《人民日报》）这篇文章说姜法六是"当年'学哲学'写作班子成员"。后来，我们了解到，这个姜法六果然有些厉害，衢州师范毕业，是写

图 11-5　写作班子开会

作班子中学历最高和最能写的人。我们推测，写作班子21名成员，绝大多数应该在那个46人的骨干名单中，其中唱主角的，应该是那些回乡知识青年。

但是，毕竟是勤俭村的人，水平和视野方面受到了一些限制。很多外来的文化人先后帮助过他们。这些"广义的"写作班子或写作组成员包括：（1）江山县委报道组、县委宣传办公室的干部。其中竹潜民是在勤俭大队待的时间最长的，另外经常来勤俭大队参与写作的还有报道组的朱德田（1972年起任江山县委报道组组长），宣传办公室的汪锡华、毛东武、王田良等。（2）县委组织的工农兵通讯员。1969年起，县委报道组、县广播站吸收了一些农村的知识青年，参加新闻写作，其中包括严元俭、毛国良、毛光烈等人。（3）中央、省新闻、宣传部门的记者、干部，如《人民日报》、新华社、《光明日报》的记者来采访多次，还有《人民画报》、《中国报道》、《中国青年》等刊物的记者。《人民日报》除王若水、汪子嵩、杨列慎、陈祖甲以外，重要的还有理论部的胡鉴美等人。（4）短期到勤俭大队搞调查的人，如1969年9—10月浙江省委党校、杭州大学的一批教师，1970年8—9月中央党校调查组成员。

十二　唯物辩证法是个宝

"基本文献"提到，写作组 1974 年编写了 6 万多字的小册子《辩证唯物主义通俗讲话》。它应该比较完整地表述了一个哲学体系。在写完本章之前，我们未能找到它的踪影，甚至连它是否出版也不能最终确认，所以只能采取另外的办法了解勤俭人的哲学体系。

《用毛主席哲学思想建设贫下中农写作队伍》一文提到："我们大队随着学哲学群众运动的普及，社员们都能不同程度的掌握和运用'一分为二'、'物质变精神，精神变物质'、'质量互变'、'内因外因'、'矛盾转化'、'自由必然'、'主观客观'、'实践第一'等哲学观点，分析和处理三大革命运动中的问题。"

《种田人就是能学好用好哲学》一文提到的唯物辩证法基本观点包括"一分为二"、"内因外因的关系"、"两个飞跃"、"人的因素第一"、"抓住主要矛盾"、"无产阶级的哲学是斗争的哲学"、"坏事可以变好事，好事可以变坏事"、"正确处理两类不同性质的矛盾"等。

《坚持理论学习的一个好例——浙江省江山县勤俭大队的调查》一文提到的基本观点包括"实践第一"、"物质变精神，精神变物质"、"矛盾的普遍性，特殊性"、"主要矛盾"、"两类不同性质的矛盾"，等等。

我们把上述观点集中起来，去掉重复项，区分原理层次和方法论层次，稍微加以补充，结合具体事例，以勤俭人的口吻，对他们学用的唯物辩证法，做了一个复原。当时我们认为，这个复原应该基本上反映了《辩证唯物主义通俗讲话》的面貌。

后来，我们在竹潜民老师那里见到了一本《哲学通俗讲话》的小册子。它只有上册，并非正式出版物，而是浙江人民出版社的征求意见稿，署名是"江山县勤俭大队理论小组"。从它的印制时间（1975 年 7 月）、篇幅大小（6万字左右）以及内容结构（辩证唯物主义）各方面来看，它应该就是前文提到的《辩证唯物主义通俗讲话》。下册推测是由别的单位编写，内容应该为历史唯物主义。由于"文化大革命"的结束，《哲学通俗讲话》最终未能正式出版。

我们把自己总结的勤俭哲学体系与《哲学通俗讲话》（上）中的体系做了对比，发现两者在内容上还是有所区别，我们尽可能地做了补充与修改（因为已经写作完成，所以这种补充与修改从量上来说还是比较少的）。另外，我们又根据"基本文献"总结了历史辩证法内容。

下面呈现给大家的，便是上述工作的产物。

（一）唯物辩证法基本理论

1965年，毛主席指出："辩证法的核心是对立统一规律，其它范畴如质量互变、否定之否定、联系、发展等等，都可以在核心规律中予以说明。盖所谓联系就是诸对立物间在时间和空间中互相联系，所谓发展就是诸对立物斗争的结果。至于质量互变、否定之否定，应与现象本质、形式内容等等，在核心规律的指导下予以说明。"毛主席的这个概括，要点是强调对立统一规律在唯物辩证法中的重要地位和核心作用，而将其他规律和范畴囊括在对立统一规律之内。我们勤俭人讲唯物辩证法遵循的就是这样一个思路。

1. 一分为二

"一分为二"是对立统一规律的通俗化表达，也揭示出了这个规律的核心含义。"一分为二"有两层意思。第一层意思：一个矛盾统一体的双方永远存在对立和斗争；在对立和统一两种关系中，对立是永恒的、绝对的、无条件的，统一是暂时的、相对的、有条件的。第二层意思：任何事物都有两重性。

刘少奇在哲学界的代理人杨献珍胡说什么："学习辩证法，就是要学会把两个对立的思想联系在一起的本事。"这是什么意思呢？就是说，学了辩证法，要把无产阶级思想同资产阶级思想，马列主义同修正主义，正确和错误的东西统统联系在一起。这是对唯物辩证法的极大歪曲、最大诬蔑，是十足的阶级调和论。

1964年冬，由于刘少奇鼓吹"四清四不清的矛盾"、"党内外矛盾的交叉"等反动谬论，一度使农村里阶级阵线混乱，两条路线斗争十分激烈。我们贫下中农怀着深厚的无产阶级感情向伟大领袖毛主席的光辉著作《矛盾论》请教，联系阶级斗争的实际情况，认清了农村的主要矛盾是社会主义和资本主义的矛盾，使我们心明眼亮方向明，彻底抛弃了"四清四不清的矛盾"等奇谈怪论，促进了广大贫下中农思想革命化，革命、生产都出现了很大飞跃。这是毛主席的"一分为二"光辉哲学思想的胜利。如果按照刘少奇、杨献珍讲的话去做，岂不是要把毛主席的革命路线和资产阶级反动路线"合二而一"？岂不是要把社会主义思想和资本主义思想"合二而一"？如果把我们贫下中农同刘少奇的修正主义路线"联系在一起"，那么资本主义就要复辟，就要专我们的政，贫下中农就会被推入受剥削压迫的深渊。

1967年，我们大队遭到了百年不遇的大旱。当时，阶级敌人蠢蠢欲动，我们队伍中的个别人也产生了悲观思想，主张要求国家帮助。我们就是靠了毛主席的教导，用"一分为二"的观点，看清了有利条件和不利条件，在困难的时候看到了光明，狠狠打击了阶级敌人，批判了错误思想，鼓足了战胜困难的勇气。贫下中农发扬了艰苦奋斗、自力更生的精神，同大自然展开斗争，终于战胜了旱灾，获得了丰收，坏事变成了好事。这又是毛主席的"一分为二"辩证法的胜利。在自然灾害面前的两种态度，反映了两种不同的世界观，是完全对立的，"联系在一起"根本不可能。

鼓吹"联系在一起的本事"，就是鼓吹"阶级合作"、"阶级调和"、"阶级斗争熄灭论"，就是要用资本主义代替社会主义，用资产阶级专政代替无产阶级专政。我们贫下中农坚决不答应！我们学哲学的目的，不是为了学会"联系在一起的本事"，而是用毛主席的"一分为二"观点揭露矛盾、分析矛盾、解决矛盾。对任何事物都要一分为二，分清什么是马列主义、毛泽东思想，什么是修正主义；分清什么是社会主义，什么是资本主义；分清什么是香花，什么是毒草。贫下中农掌握了辩证法，就能更好干革命，斗天胜天，斗地胜地，斗敌胜敌，斗私胜私，无往而不胜。

"合二而一"或"二合为一"在孔老二那里，就是"中庸之道"。代表没落奴隶主贵族的孔老二,为了复西周之"礼",镇压奴隶反抗,把"中庸之道"作为一种道德标准,极力加以宣扬。林彪这个地地道道的孔老二的信徒,为了在中国复辟资本主义,建立林家法西斯王朝,也拚命鼓吹"中庸之道",叫嚷什么"中庸之道……合理",胡说什么"两斗皆仇,两和皆友",明目张胆地反对马克思主义的斗争哲学,反对党的基本路线。

马克思主义者认为,在阶级社会里,劳动人民和剥削阶级的斗争,历来就是你死我活的斗争,根本不存在什么"中庸之道"。孔老二和林彪宣扬"中庸之道",完全是骗人的鬼话。他们在镇压群众、镇压革命时,就从来不讲什么"中庸之道"。孔老二上台不久就杀了革新派的少正卯;林彪一面讲"中庸之道……合理",嘴上说什么"凡事勿做绝了",一面却躲在阴暗角落里炮制《"571工程"纪要》反革命武装政变计划,发动反革命武装政变,妄图谋害伟大领袖毛主席,另立中央,复辟资本主义。林彪和孔老二都是嘴喊"中庸之道",手拿杀人刀子的大骗子。我们必须予以彻底揭露和批判。

在阶级社会里,阶级关系是人与人之间最本质的关系,社会生活的各个方面都贯穿着阶级斗争,它是阶级社会一切社会现象的本质和根源。必须牢牢地把握住社会划分为阶级这一基本事实,用阶级和阶级斗争的观点,对各种社会现象进行阶级分析,才能透过现象看出它的阶级本质,认清时代的动向,掌握社会运动的规律。因此,马克思列宁主义把阶级分析方法作为研究社会历史问题的根本方法。

以上说的是"一分为二"的第一层意思,现在再说第二层意思。

我们大队第五生产队里有些青年社员,认为自己身体健壮劳力强,队里农活主要靠他们干,是集体生产劳动的"主角",因而看不起妇女、小孩、老年人,称他们是"弱劳力",是当"配角"的。这种看法,影响了社员的团结,妨碍了生产。

为了解决这个矛盾,我们学习了毛主席关于"马克思主义者看问题,不但要看到部分,而且要看到全体"的教导。在讨论中,大家认为,对"强劳力"和"弱劳力"都要一分为二。"强劳力"有强的一面,也有弱的一面。耕田的,假如没有人把牛养壮,就耕不好田;插秧的,假如没有人把秧拔好,就插不好秧。如果没有"弱劳力",放牛、晒谷、采茶、养蚕等轻活都要由"强劳力"去做,那么,"强劳力"就不能充分发挥作用,变成"弱劳力"了。同样,"弱劳力"也有强的一面。比如,干那些比较轻便的农活,如除草、拔秧、采茶、挖花生等,他们同体力强的人一样强;有些熟练的,比那些"强劳力"还强。

用"一分为二"的观点看问题,"强"与"弱"在一定条件下,是可以互相转化的。用毛泽东思想挂帅,热爱集体,为革命种田,干劲冲天,"弱劳力"就能转化为"强劳力"。相反,如果不突出无产阶级政治,出工不出力,"强劳力"反而比不上"弱劳力"。

"强劳力"和"弱劳力"是有一些差别,但也各有各的长处,各有各的短处,他们在集体生产中,都是不可缺少的,应该取长补短,相互协作。有的社员说得好:"大石头离开小石头就砌不成墙"。"强劳力"和"弱劳力",好比大石头和小石头,"强劳力"离开"弱劳力",也搞不好集体生产。

懂得任何事物都具有两重性,对于我们认识社会主义制度,认识社会主义时期的事物,具有重要意义。

对于社会主义生产关系和生产力,上层建筑和经济基础,也应该看到它们之间既有相适应的一面,又有相矛盾的一面。比如,现阶段农村人民公社"三级所有、队为基础"的制度,从我们大队的情况来说,和生产力的发展还是基本适应的。但是,我们也感到,在生产队范围内,要购买一些大的农业机械,搞一些大的农田基本建设和兴修水利,就有许多困

图 12-1 大石头离开小石头砌不成墙

难和矛盾。过去，大队一级的经济也比较少，在帮助生产队发展农业生产等方面，力量不大。根据这个情况，对于一些跨队的农田水利工程，我们实行统一领导，互助互利，搞好协作。这几年，我们还注意发展大队经济。目前，大队一级的经济收入大大增加，差不多占全大队全年经济总收入的四分之一。我们用大队自己的积累添买了一批农业机械，组织生产队一起兴修水利，改土造田，发展了一些集体福利事业。

用"一分为二"的观点，正确认识社会主义时期的事物，对于正确理解和贯彻执行党的方针政策非常重要。比如，对待社员的家庭副业，在保证人民公社集体经济发展和占绝对优势的条件下，社员经营少量的家庭副业，是社会主义集体经济的一种必要补充，是现阶段政策允许的，不能取消；但是，如果不把它限制在政策允许的范围内，随便扩大起来，甚至损害公共利益，影响集体生产和集体劳动，那么就会破坏社会主义集体经济的发展。对于发展养猪，贯彻执行"以粮为纲、全面发展"的方针，开放农村集市贸易，等等，也都应该用"一分为二"的观点去看。只有用"一分为二"的观点，去正确认识社会主义时期的事物，看到它的各个方面，才能正确理解和贯彻执行党的方针政策，推动客观事物向前发展。不然的话，你就会对党的方针政策老不理解，执行政策就会出偏差。这一点很值得我们注意。

学了毛主席的"一分为二"哲学思想，许多干部、社员逐步学会了分析事物的方法，养成了分析的习惯，这大大加强了党群之间、群众之间的团结，打击了阶级敌人的嚣张气焰，推动了各项革命事业的发展。

2. 矛盾的普遍性与特殊性

矛盾的普遍性就是说，矛盾无处不在，无时不有。在阶级社会里，阶级矛盾和阶级斗争是普遍的，绝对的，因此，千万不要忘记阶级斗争。

社会主义千好万好，是不是就没有矛盾，没有斗争了呢？不是的。在整个社会主义历史阶段，还存在着阶级、阶级矛盾和阶级斗争。这个斗争是长期的。我们农村从解放以来，斗争就一直没有停止过。组织合作社的时候，阶级敌人就散布谬论，说什么"兄弟多也要分家，这么多人哪能合到一起"？我们坚持斗争，办起了合作社。成立人民公社的时候，他们攻击说人民公社"办早了"，"办糟了"。我们贫下中农大办农业，要搞机械化,造水库,阶级敌人又攻击说,"这是砻糠筑坝——白费劲"。1964年以后,我们大队贫下中农响应毛主席的号召,学哲学、用哲学,阶级敌人又跳了出来,诬蔑我们贫下中农学哲学,说什么"红脚梗学不了哲学"。

从合作化到现在,每前进一步,都有斗争。经过了"无产阶级文化大革命"和批林批孔运动,是不是就没有斗争了呢?也不是的!阶级敌人人还在,心不死。现在,在生产资料所有制的社会主义改造方面还有没完成的部分,旧社会遗留下来的旧意识形态影响还很深,在上层建筑、经济基础这两个方面都还要继续革命。随着社会主义革命的深入发展,阶级斗争的形式也起了变化。现在农村中一些人除了赤裸裸地搞资本主义活动以外,更多的是打着"社会主义"的招牌搞资本主义活动。许多事实说明,两个阶级、两条道路的斗争是长期的,复杂的。我们只有抓住阶级斗争这个纲,才能把巩固无产阶级专政的任务落实到基层。

过去,我们对地富反坏这些阶级敌人的破坏和捣乱看得比较多,而对社会主义社会还会产生新的资产阶级分子看得比较少;对贪污盗窃、投机倒把等明显的资本主义活动看得比较多,而对产生资本主义的土壤和条件看得比较少。通过学习,我们认识到,既然社会主义社会还存在着产生新的资产阶级分子的政治思想根源和经济基础,这就决定了阶级斗争必然是长期的,我们不但要和老的阶级敌人作斗争,还要和新的资产阶级分子作斗争;不但要抓经济领域里的阶级斗争,还要抓上层建筑包括意识形态领域的阶级斗争。

社会主义社会有阶级、阶级矛盾和阶级斗争,这是客观存在,不是你想有就有,你想没有就没有。矛盾总是客观存在的,不断解决,又不断发生,阶级斗争不能一劳永逸。有矛盾就要承认,就要揭露,就要斗争。

1969年秋天,有个生产队受了反革命经济主义歪风的影响,分掉了部分储备粮。这个问题很快就在整个生产队议论开了。有的人认为,这是件错事,应该揭露批判。有的人却说,"鸡笼里的鸡不要自己啄自己"。

在大队革命领导小组帮助下,生产队干部带着这个问题,反复学习了毛主席关于"没有什么事物是不包含矛盾的,没有矛盾就没有世界"和"矛盾不断出现,又不断解决,就是事物发展的辩证规律"的教导,认识到有矛盾并不奇怪,问题是怎样正确对待矛盾。不少贫下中农说:纸包不住火，矛盾是掩盖不住的，有矛盾就要承认，就要揭露，就要斗争。

这个生产队就抓住分储备粮的问题，开展了一场革命大批判，狠揭狠批"三光四不留"黑货。大家认识到，把储备粮任意分掉，这是和毛主席的"备战、备荒、为人民"的伟大战略方针相违背的，是两条道路、两条路线斗争的反映。

经过批判和斗争，经济主义妖风被及时煞住，毛主席的"备战、备荒、为人民"的伟大战略方针得到进一步落实。这个生产队革命大批判的烈火越烧越旺，资本主义倾向接二连三地被揭露出来，社员的社会主义觉悟普遍得到提高，也使生产队的后进面貌有了很大改变。

斗争实践使我们深刻体会到：有矛盾，就要以毛泽东思想为武器，大胆地揭露，认真地解决，这样坏事就会变成好事。我们大队所以先进，是因为我们贫下中农用毛泽东思想武装了头脑，是同阶级敌人、资本主义倾向以及各种错误思想斗出来的。只有不断地揭露各种矛盾，向形形色色的资本主义思想打进攻战，才能使我们大队不断前进。如果抱着"鸡笼里的鸡不要自己啄自己"的错误思想，就必然缺少革命的精神，迷失前进的方向。现在，许多社员，已经尝到了揭露矛盾、解决矛盾的甜头。他们见矛盾就揭，见错误就斗，见资本主义倾向就批，一心为公的好人好事越来越多，集体经济越来越巩固。

要正确地认识事物，解决矛盾，只懂得矛盾的普遍性是不够的，还必须进一步研究矛盾的特殊性，对具体事物作具体分析。

矛盾的特殊性就是矛盾的个性、区别性，指的是不同事物矛盾的各自特点。事物都是一分为二的，这是事物矛盾的共同点，但是，不同事物的矛盾还有它自己的特点，不能一律看待。例如，自然界的矛盾不同于社会的矛盾，人民内部的矛盾不同于敌我矛盾，农村人民公社的矛盾不同于厂矿企业的矛盾等等。

在社会主义革命时期，毛主席进一步提出了两类不同性质矛盾的学说，教导我们要时刻注意严格区分和正确处理敌我矛盾和人民内部矛盾，并把它列为党在社会主义历史阶段的基本路线的重要内容之一。我们要学会具体问题具体分析，学会区别两类不同性质的矛盾。

3. 主要矛盾与次要矛盾

毛主席说:"任何过程如果有多数矛盾存在的话,其中必定有一种是主要的,起着领导的、决定的作用,其他则处于次要和服从的地位。"规定或影响其他矛盾存在和发展的、起领导和决定作用的矛盾,就是主要矛盾;而处于次要和服从地位的矛盾则是非主要矛盾,或称次要矛盾。通常我们所说的中心环节、关键、纲,就是指的主要矛盾。

在我国社会主义社会的发展过程中,存在着许多矛盾,有无产阶级同资产阶级的矛盾,工人阶级同农民阶级的矛盾,工人、农民同知识分子的矛盾,工人阶级和其他劳动人民同地、富、反、坏、右的矛盾,等等。在这些矛盾中,无产阶级同资产阶级的矛盾,社会主义道路同资本主义道路的矛盾是我们国内的主要矛盾。因为,这个矛盾贯穿于各行各业的各种具体矛盾之中,这个矛盾的存在和发展,规定、影响着其他矛盾的存在和发展,这个矛盾解决得好与不好,关系到整个社会主义事业的成败,其他矛盾都处于次要和服从的地位。

既然主要矛盾在事物发展过程中对其他矛盾起领导的、决定的作用,那么在观察问题和解决问题时,就要学会抓主要矛盾。

1964年,发生过一件事情。有一个生产队的小水塘,以前包给社员养鱼,抗旱的时候,生产队要用塘里的水浇水稻,可是养鱼的社员不同意,矛盾就爆发出来了。这里面有抗旱与养鱼的矛盾,有干部与群众的矛盾,有两条道路的矛盾。哪一个是主要矛盾呢?通过分析,党支部认为,两条道路的矛盾是主要矛盾。抓住了这个主要矛盾,也就认清了问题的实质。抓住了这个主要矛盾,一切问题也就迎刃而解了。

4. 矛盾的主要方面与次要方面

任何事物的矛盾都包含着对立的两个方面。在矛盾的两方面中,它们的地位和作用是不一样的。居于支配地位、起主导作用的一方,就是矛盾的主要方面;而处于被支配的、服从地位的另一方,则是矛盾的非主要方面,或称次要方面。毛主席教导说:"矛盾着的两方面中,必有一方面是主要的,他方面是次要的。"我们通常所说的主流、重点,就是指的矛盾的主要方面;支流、非重点,就是指的矛盾的非主要方面。

由于矛盾的主要方面支配非主要方面，因此事物的性质由矛盾的主要方面所规定。

在革命和生产这一对矛盾中，革命是矛盾的主要方面，只有抓好革命，才能促进生产，才能发展集体经济，才能巩固无产阶级专政。不抓革命，光抓生产，就会迷失方向，生产反而会落后，集体经济要变质，政权也会变色。有的干部忽视了思想政治工作，整天忙在田头，拿锄头搞生产。结果，越抓矛盾越大。后来，我们认真学习毛主席有关抓主要矛盾和抓矛盾的主要方面的教导，明确了抓革命、促生产和抓人头、抓锄头的关系，认识到只有抓好政治思想工作，才能抓好锄头，单纯地抓锄头，必然越抓矛盾越多，生产、生活都搞不好。认识提高了，各个队就不是单纯地去抓口粮安排，而是发动群众学习毛主席著作，深入开展革命大批判，回忆对比，忆苦思甜。通过一学、一批、一回忆对比，问题很快解决了。大家出勤也多了，生产也搞上去了。

干部和群众这一对矛盾中，干部是矛盾的主要方面。干部在任何时候，都要记住自己是处于矛盾的主要方面的。为了保证政权不变颜色，干部就要自觉改造世界观，乐于吃苦，敢于斗争，处处带头，事事带头。不懂得这个哲学道理，就不懂得干部处于什么地位，不懂得干部在政权中的作用，就不会自觉革命，不断革命。

因为矛盾的主要方面支配着次要方面，矛盾的主要方面规定着事物的性质，所以我们在分析矛盾时，要分清主要和次要，主流和交流，九个指头和一个指头，重点和一般。只有这样，才能把握住事物的本质，才能真正认识事物，认清形势，才能识大局，辨方向，站稳立场，才能正确地解决矛盾。这就是重点论。马克思主义哲学既是两点论，又是重点论，两点之中有重点。

5. 注意一种倾向掩盖另一种倾向

矛盾的发展是不平衡的。在许多矛盾中，有主要矛盾和非主要矛盾的区别；在矛盾的两方面中，有主要方面和非主要方面的区别，并且它们在一定条件下互相转化。事物发展中的主要倾向和非主要倾向，就是与主要矛盾、矛盾的主要方面以及非主要矛盾、矛盾的非主要方面紧密联系着的。由于非主要矛盾或矛盾的非主要方面是被支配、被决定的，它的地位不明显，作用不突出，往往不被人们注意；在阶级斗争中，还由于阶级敌人使用阴谋诡计，进行伪装，迷惑和欺骗人民，使人们不易看清楚；所以它就可能被掩盖起来，从而出现一个倾向掩盖另一个倾向的情况。

我们大队揪出了一个隐藏多年的国民党少校，有人就兴高采烈地说："揪出了一个少校，好得很！有了少校，还有没有中校？有少校必有中校！"

群众发动起来以后，检举了一些人，而其中有一些是根据不足的。

大队领导班子的同志们坐下来认真学习毛主席的著作。毛主席指出："……在群众尚未真正发动和尚未展开斗争的地方，必须反对右倾；在群众已经认真发动和已经展开斗争的地方，必须防止'左'倾。"对照这条语录，大家议论了清理阶级队伍的情况。姜汝旺同志把这些情况一条一条认真地记在笔记本上，细细地琢磨。他说："对啊！现在群众发动起来了，我们一定要防止'左'倾啊！揪了一个少校，怎么可以说一定有中校呢？有少校必有中校，我看是唯心主义的。"

同志们都认为姜汝旺说得对。大家一致决定：对于怀疑对象，一定要重调查研究，重证据，严格执行党的无产阶级政策。

这个时候，有人指责大队的干部"右倾"，说他们把"现成的反革命放在那里不揪"。大队的同志们顶住了这种流言蜚语，坚定地说："是不是严格执行党的政策，是有没有无产阶级党性的问题，是执行毛主席革命路线的大问题。"

他们开始了深入细致的调查研究工作。不调查糊里糊涂，一调查清清楚楚。大队领导根据调查结果，根据党的政策，对被审查的人一个一个地作了全面分析，将敌我矛盾和人民内部矛盾严格区别开来，对有一般历史问题的人，不作批斗对象。

我们大队有一个历史反革命分子，过去被一小撮走资派长期包庇下来，挂着"教育专家"、"开明绅士"、"县人民代表"的头衔。在清队中，贫下中农摸敌情、摆线索，内检外查，终于剥去了他"革命"的外衣，原来是一个历史反革命分子。大家说："我们抓了一条大鱼，清理阶级队伍真有名堂！"后来，在落实政策的过程中，大队领导根据这个人的认罪态度，经过和贫下中农商量，决定从宽处理，给以出路。这样一来，有些人又叽叽咕咕，说什么："清队辛辛苦苦，才抓了一条大鱼又放掉了，真没啥名堂。"

看来不过是几句话，却引起了大队领导的高度注意。他们在社员中及时组织了"'清队'工作究竟是有名堂还是没名堂"的大讨论。经过辩论，大家认识到：我们根据无产阶级政策，给了这个历史反革命分子出路，是为了更好地监督改造他；这样做有力地分化瓦解了阶级敌人，一些人交代了要害问题，推动了清理阶级队伍的工作；看清理阶级队伍有名堂还是没名堂，不能只看揪了几个阶级敌人，而要从是不是巩固了无产阶级专政的高度着眼。

党的政策落实了，但是阶级斗争并没有停止。我们大队的贫下中农一面继续深挖阶级敌人，一面又狠狠地批斗了那些乘落实政策的机会，胆敢跳出来为自己翻案的阶级敌人。

就这样，我们大队的贫下中农，在党支部的领导下，在注意到一种主要倾向的时候，同时注意了掩盖着的另一种倾向。在反对右倾的时候，防止了来自"左"的方面的干扰，在反对左倾的时候，又防止了来自右的方面的干扰，使斗、批、改运动沿着毛主席的革命路线胜利前进。

6. 矛盾对立面的转化（坏事可以变好事、好事可以变坏事）

矛盾的主要方面和非主要方面不是固定不变的，在一定条件下它们可以相互转化。原来的主要方面转化为非主要方面，非主要方面转化为主要方面。

1964年下半年，有一个队第一次在二亩二分"好上田"里试种了"农垦58"。结果，只收了18斤青谷。

这件事在群众中议论纷纷。有的埋怨："这真是种一畈，收一瓮，我早就讲了，矮秆稻是种不起来的。"有的说，"这是天意，人强不过天"，主张不再种了。多数社员不同意这种唯心主义、形而上学的看法，他们说："为什么有的队种'农垦58'每亩能收300多斤，我们就不能呢？"坚持要继续试种。

队干部带着这个问题学习了毛主席的教导："人们经过失败之后，也就从失败取得教训，改正自己的思想使之适合于外界的规律性，人们就能变失败为胜利，所谓'失败者成功之母'，'吃一堑长一智'，就是这个道理。"

根据毛主席这个指示,他们对照外队的成功经验,找到了这次失败的原因。主要是思想不重视,对新品种缺乏信心,又不去学习外地生产经验,管理马马虎虎,落谷太密,秧龄过长,转青之后,也不抓紧治虫,造成严重减产。第二年,他们照旧在这块"好上田"里种上了"农星58"。插秧后不久,秧苗被暴雨冲倒,他们不怕困难,把秧苗一株株地扶起来。由于思想领先,采用良法,实行科学的田间管理,结果获得了丰收,亩产达400多斤。原来对新品种抱怀疑态度的人也口服心服,主张明年多种了。

这次失败和成功的经验教训,使他们深深体会到毛主席关于"失败者成功之母"的教导的英明正确。失败,只要认真总结失败的经验教训,就可以使失败转化为成功。成功了,如果思想麻痹,也可能转化为失败。失败和成功是对立的,在一定的条件下,是可以互相转化的。这里的关键,是人们对待失败和成功的态度。在失败面前,灰心丧气,主张不干的人,就是没有"一分为二"的观点,看不到失败中包含着成功的因素,不认真总结掌握客观规律,是中了"靠天吃饭"的唯心主义的毒。有这种态度的人是永远不会前进的。我们应该采取正确的态度,善于从失败中吸取经验教训,努力变失败为成功。成功了,又保持谦虚谨慎的态度,不断总结经验,更上一层楼。只有这样,才能既经得起失败的考验,又经得起成功的考验,在革命道路上,不断前进。

1967年秋,100多天没下雨。有一个生产队粮食严重减产,口粮发生困难。怎么办?队干部想起来毛主席教导:"我们的同志在困难的时候,要看到成绩,要看到光明,要提高我们的勇气。"大家用"一分为

图12-2 失败是成功之母

二"的观点，既看到受灾造成的困难，又看到通过人的主观努力可以战胜困难，增强了战天斗地的信心和勇气。大家发扬艰苦奋斗、自力更生精神，修水库，挖白田，大种秋菜和小麦，向老天夺粮。同时，抓紧节约用粮、计划用粮。结果，坏事变成好事，小麦丰产，粮食不仅够吃，而且有余。

1968年，粮食获得大丰收，这个队每人平均口粮比1967年多95斤。丰收了，队干部的思想却麻痹起来，放松了思想教育。有的社员用粮大手大脚，甚至摆排场，讲阔气，浪费粮食。结果，好事变坏事，到来年春天，有的社员粮食不够吃，动用了队里6000斤储备粮。

灾年有余、丰年缺粮的经验教训告诉我们："在一定的条件下，坏的东西可以引出好的结果，好的东西也可以引出坏的结果。"这个"一定的条件"，就是抓紧或放松政治思想工作。在用粮问题上，存在着两个阶级、两条道路、两种思想的尖锐斗争。必须突出无产阶级政治，加强政治思想工作，防止反革命经济主义的影响和铺张浪费的现象，坚持计划用粮，不断增加粮食储备。突出无产阶级政治，政治思想工作抓紧了，灾年就会不荒，否则，丰年也会缺粮。

伟大领袖毛主席号召我们："备战、备荒、为人民。"真是想得远、看得全。这个号召对中国革命和世界革命有着极其重大的意义。现在，美帝国主义和社会帝国主义磨刀霍霍，随时都有侵犯我国的可能。我们一定要用毛主席"备战、备荒、为人民"这个战略思想对待储粮问题，要平时想战时，丰年想歉年；丰年多储，歉年少储，年年储备，使社社、队队、户户都有储备粮。只要我们认真持久地按照毛主席的伟大战略方针去做，我们在同帝、修、反的斗争中，在同自然灾害的斗争中，就能掌握主动权，永远立于不败之地。

7. 矛盾对立面转化的条件（人的因素第一）

毛主席教导我们："矛盾着的对立的双方互相斗争的结果，无不在一定条件下互相转化。在这里，条件是重要的。"要把坏事变成好事、困难转化为顺利，决定的因素是人。

"庄稼一枝花，全靠肥当家"，这是一句常说的话。大家都认为这是农业生产的一条重要经验。其实，这句话有很大的片面性。

1965年，一个生产队的一片稻子快抽穗时，颜色发黄，社员根据"肥当家"的老经验，连忙施了一次重肥。不料，稻子返青猛长，根部发霉，造成倒伏，严重减产。"肥当家"就是没有当好。

1968年，另一片稻子发生了与1965年相同的情况。这一年，经过"无产阶级文化大革命"，开展了学哲学的群众运动，人的精神面貌大变样。社员用"一分为二"的观点，认真总结了上次盲目施肥的教训，根据土质、季节和稻子生长情况，合理施肥。用肥的数量比上次少，而稻子长得秆壮穗大，获得了丰收。

这两片田的自然条件差不多，种同一种稻子，发生同样的情况，为什么施肥的效果不一样？毛主席说："武器是战争的重要的因素，但不是决定的因素，决定的因素是人不是物。"这个教导使社员想通了一个道理：对庄稼来说，肥料确实是重要的因素，1968年的那片稻子，就靠合理施肥增了产；但是，肥料是靠人掌握的，什么庄稼施什么肥，施多少肥，什么时候施，都要靠人因时因地制宜，合理使用；两片田，一片增产，一片减产，就是因为第一次人没有掌握规律，盲目施肥；第二次接受教训，合理施肥，结果大不一样；可见，决定的因素是人不是肥。

用毛主席的哲学思想，总结了两次经验教训，社员们认为，"庄稼一枝花，全靠肥当家"这句老话是片面的。第一，只说"肥当家"，那么，毛主席总结的"八字宪法"中的水、土、种、密、保、工、管还要不要？第二，更严重的是这句话见物不见人，否定人的因素第一。应当把"肥当家"改成"人当家"才是正确的。而人，要靠毛泽东思想当家。人听毛主席的话，庄稼就听人的话。第一次没有用毛泽东思想当家，没有掌握自然规律，瞎施肥，稻子就长不好。第二次，学了毛主席的哲学思想，正确地总结了以往的教训，摸到了自然规律，稻子就增产了。大量事实告诉我们，要为革命种好田，必须活学活用毛泽东思想。这样，才能懂得阶级斗争和生产斗争的规律，掌握三大革命运动的主动权。

8. 新事物一定要战胜旧事物

矛盾的主要方面和非主要方面的相互转化的过程，是新事物代替旧事物的过程。新事物是历史发展过程中进步的、必然向前发展的、具有远大前途的东西，旧事物则是在历史发展过程中正在走向灭亡、逐渐丧失其存在必然性的东西。革命的新生事物，即使看起来还很幼稚，却是任何力量也不可战胜的。

就拿我们大队贫下中农管理学校这个新生事物来说吧。我们大队贫下中农管理学校的组织，是在1969年建立起来的。这个革命的新生事物一出现，就得到了广大干部社员和学校革命师生的热烈支持。贫下中农在占领学校教育阵地、领导学校斗批改等方面，发挥了积极作用。原先，我们大队是没有学校的。学生读书不论小学还是中学都要到中心学校里去。"无产阶级文化大革命"中，公办学校下放到大队来办，我们贫下中农很欢迎。但是我们一缺校舍，二缺桌凳，三缺教师，困难很多。党支部把贫下中农管理学校，当作无产阶级在上层建筑领域对资产阶级实行全面专政的一项大事来抓。没有校舍，我们就借用社员的住屋。缺少桌凳，我们就动员学生自己带。学校缺少设备，我们自己动手造，因陋就简，以土代洋。教师由我们自己聘，由贫下中农推荐。

学校办起来以后，我们贫下中农称心如意。可是有些思想守旧的人，却讲我们"不正规"。"正"什么"规"？我们说，孔子旧学堂那样的"规"，我们是不"正"的；资产阶级学校那样的"规"，我们也是不"正"的！我们贫下中农管理的学校就是好！

任何新生事物的成长都不可能是顺顺当当的。新生事物要战胜旧事物，旧事物为了维护自己的生存，总要进行抵抗，这并不奇怪。但是，新陈代谢是宇宙间普遍的永远不可抗拒的规律，新事物总要代替旧事物的。贫下中农管理学校是伟大领袖毛主席亲自倡导的新生事物，它符合我国社会主义革命的客观规律，得到我们贫下中农的热烈拥护，它具有无限生命力，有广阔的前途，只要我们做好工作，努力斗争，最终是一定要胜利的。因此，大家信心百倍，决心把贫下中农管理学校工作搞得更好。

在"十大"精神鼓舞下，我们大队的学校越办越有生气了。师生们关心政治，积极参加政治活动和生产劳动。教育质量正在不断提高。不但办了小学，还办了初中班。由于贫下中农的努力，国家的支持，校舍也得到改善，孩子们可以不出村就能上小学、中学。广大贫下中农非常满意。

实践证明，不管道路多么曲折，斗争多么复杂，新生事物是一定能够战胜旧事物的。人们说："春日一粒谷，秋日展破屋。"新生事物开头看起来很弱小，但最后肯定是要胜利的；"莫看一大堆，弄弄就成灰。"落后的旧事物表面看起来虽然强大,但它终归是要失败的、死亡的。

9. 内因与外因

唯物辩证法坚持事物由内部矛盾引起发展的学说,反对形而上学的外因论。但是,它并不否认和忽视外因的作用,而是正确地指出内因和外因的辩证关系。

任何事物的内部都包含着矛盾,因此引起事物的运动和发展。事物的内部矛盾就是内因。但是,每一事物的发展又都和它周围的其他事物相互联系、相互影响。这种事物之间的相互联系和相互影响就是外因。

在三年暂时经济困难时期,老贫农姜成良受资产阶级歪风的影响,干私活,捏锄头很有劲,干集体活,捏起锄头不起劲,担子拣轻的挑,农活拣轻的做。"无产阶级文化大革命"开始后,成良学习了毛主席的教导:"外因是变化的条件,内因是变化的根据,外因通过内因而起作用。"认识到:自己中了"刘毒",是因为自己头脑里有"私";"修"是外因,"私"是内因,"修"和"私"攀了亲,"修"通过"私"对自己起了作用;不斗"私","私"就斗"公";"修"是祸,"私"是根,批修就要挖私根。批了修,斗了私,成良又全身是社会主义的劲,干起集体活来力气大,捏起锄头格外轻。

图 12-3 "斗私批修"以后,姜成良干起活来是"一把锄头一股劲"

10. 质变量变规律

量变和质变是事物发展的两种状态。量变是一种逐渐的、不显著的变化，是事物在数量上的增加或减少，而不是根本性质的变革。质变是根本性质的变化，是事物由一种质的形态向另一种质的形态的突变或飞跃。

事物的运动变化，总是先从量变开始。量的增加或减少，在一定限度内，不引起质的变化，即事物还保持自己的相对稳定性。但是，量的变化一超出这个限度，也就是超出这个关节点，就引起了质的变化，旧质归于消灭，而出现了新的质，这是由量变到质变的转化。

有些社员原来认为，"农民嘛，有点私心，搞点小私有，没啥关系"。学了哲学以后，大家懂得了由量变到质变的道理，认识到对于资产阶级的"私"字决不能小看。有的贫下中农说："一块蕃薯，开始时有一点烂，还是蕃薯，但是不及时处理，就要越烂越大，大部分烂了，就起了质的变化，变成烂蕃薯了。"如果大家都对小私有热心点，集体收入少留点，"去一扣二除三剔四"，就会慢慢由量变到质变，集体经济会变质，资本主义就要复辟。大家说："毛毛细雨湿衣裳，不注意，上大当"；"对资产阶级的'私'字不打进攻战，你不斗它，它就斗你。"

"番薯"的比喻，可以说是我们勤俭大队的发明。它是从我们农民的生活经验中提炼出来的，带有我们农村的特点，对于教育农民很有帮助。除了这个比喻之外，支部书记姜汝旺同志还经常用"茶杯"的比喻来说明量变引起质变的道理。他说：一只茶杯，能装水，茶杯口上破了一小块，但还能装水，还是一个茶杯；如果你一块一块敲下去，把茶杯打成几片，那么，量变发生质变，茶杯就不是茶杯，成了碗片，也就不能装水了。

毛主席的光辉哲学思想，大大提高了社员斗私批修的自觉性。过去集体收了花生、柏子以后，有的妇女、小孩到地里把一些零落的花生粒、柏子粒拣回家去，认为这是"合理"的事情，现在认识到拣回家的不是几颗花生、柏子的问题，而是拣回了自私自利思想，因此，都自觉地交给了集体。很多社员在挖荸荠时，捉到了几条泥鳅，也交给集体畜牧场喂猪。大公无私为革命种田的社会主义精神大发扬，好人好事不断涌现。

（二）认识领域的唯物辩证法

人的正确思想是从哪里来的？这个认识论的问题，是唯物论和唯心论、辩证法和形而上学长期斗争的问题。马克思主义哲学第一次把实践引入了认识论，把辩证法应用于反映论，科学地说明了认识的发生和发展的规律，实现了认识论上的伟大革命。这种辩证唯物论的认识论是"能动的革命的反映论"。它彻底地批判了唯心论的先验论，克服了旧唯物论的缺陷，坚持了"从物到感觉和思想"的认识路线。

1. 透过现象看本质

辩证唯物论告诉我们：现象属于事物的表面、片面和外部联系，本质才说明事物的全体、事物的内部联系，即规律性；现象是丰富多变的、不稳定的，本质是比较深刻的、稳定的；现象直接为我们的感官所感知，本质则要经过思维才能把握。假象也是一种现象，它甚至给人一种和事物本质完全相反的印象。

在拼命散布"姓姜的都是一家人"的人当中，有一个是地主分子，叫姜瑞禄。他很长一段时间在外面混，1948年回村。1950年冬土改以后，他在群众监督下参加农业生产。这个人看起来老老实实，劳动很"积极"，从不同人吵嘴。他拼命学农业技术，还订了一份报纸，好像学习也积极。他有时弄一点药，在群众中施行小恩小惠。因此，有些社员以为这个地主改造得还好，放松了对他的警惕。

清理阶级队伍运动开始以后，在毛主席哲学思想指引下，大家揭矛盾，摆疑点，提线索。谈来谈去，怀疑到姜瑞禄。大家说：看"四类分子"老实还是不老实，不能光看现象，要透过现象看本质，看他的行动；低头服罪，劳动守法的，要从宽；当面装老实，背后捣鬼的家伙，要狠狠地斗争。姜瑞禄这个人怎么样呢？大家一分析，许多矛盾就出来了。

有人说："他解放前长期在外鬼混，1948年刚回来时还神气十足，可他从来不谈自己的经历，这是为什么？"

又有人说："不是吗？他回来时刚42岁，年纪不大，胡子却留得老长，比他父亲的还长。他为什么要装老呢？"

大家还提出了一些其他的问题，越分析，越觉得这个家伙可疑。如果光从表面现象上看，这个人好像很"老实"。毛主席教导说："我们看事情必须要看它的实质，而把它的现象只看作入门的向导，一进了门就要抓住它的实质。"现象有真象和假象，"以伪装出现的反革命分子，他们给人以假象，而将真象隐蔽着。但是他们既要反革命，就不可能将其真象隐蔽得十分彻底"。

　　正在大家进行分析追查的时候，有人检举，"姜瑞禄把一只皮箱偷偷送走了！"领导小组立即派人紧追，在三里外的火车站查获了姜瑞禄企图转移的皮箱，里面装有国民党反动派给他的委任状、调派令，还有他的工作资历等反动罪证和许多值钱的东西。从这些罪证中，知道这个家伙原来当了20年左右的反动官吏，是一个罪行累累的历史反革命分子。

　　罪证查获了，立即把姜瑞禄叫来审问。这个反革命分子还以为他的皮箱已经运走了，领导小组没有掌握什么材料。问他有什么罪，他还是以前那些话："啊呀，我如果真有什么罪，听凭人民政府杀头枪毙都可以。"硬得很。等到把罪证在他面前一摆，他看抵赖不了，就说："啊呀，我忘记掉了，我这个人真该死！由政府处理好了。"问他还有什么没有交待，他又说："真的没有了，如果查出还有什么事，政府怎么处理就怎么处理。"

　　审问以后，有的人说，这个家伙的罪行已经查清了，没有啥搞头了。姜汝旺同志说："不，对这件事还要进行分析。姜瑞禄的一些问题，是我们查出来的，不是他自己交待的。他没有交待的，我们没有查清的，是不是还有？我们不能轻信他的口供。"以后，又继续进行追查。过了三个月，又把这个反革命分子埋藏在菜园里的白朗宁手枪挖了出来。搞出一条罪证，姜瑞禄表示认罪一次："啊呀，我真该死，我真该死！这个事情是有的，再没有别的了，政府怎么处理就怎么处理。"又来这一套。领导小组成员没有轻信他的口供，继续追查。第三次又把他隐藏的刺刀、子弹挖出来了。

　　这场斗争使大家对阶级斗争的复杂性，对现象和本质的关系，有了更深的理解。在继续清理阶级队伍的过程中，勤俭大队又挖出了一小撮阶级敌人，取得了很大的胜利，全大队出现了一派对敌斗争的大好形势。

2. 两个飞跃（物质变精神、精神变物质）

物质变精神，就是在社会实践中，客观的事物及其规律性反映于人的头脑，转化为思想。精神变物质，是指马列主义、毛泽东思想一旦被群众掌握，就会变成巨大的物质力量。第二个飞跃，比起第一个飞跃来，意义更加伟大。

毛泽东思想就是能出觉悟，出干劲，出粮食。我们大队的田都分布在13条黄土岗上，解放前十年九遭灾。里塘尾生产队的自然条件更加差。1967年受到了百年未有的大旱，粮食减了产，有的人有悲观情绪，生产队领导同志就组织大家学习了毛主席"物质可以变成精神，精神可以变成物质"的光辉哲学思想，开展了"能不能在干白的田里种麦"的讨论。大家认识到条件是死的，人是活的，人是决定因素。困难虽多，我们一定能战胜，使精神的东西变成巨大的物质力量。

于是，一场抗灾斗争就轰轰烈烈地开展起来了。石板硬的泥土，牛耕不动，就用锄头挖，锄头挖断了就换一把，手挖出了血泡，继续再干。就靠着这样顽强的革命精神，把18亩白田一分一分地挖了出来。

解决了一个困难，又出现一个困难。白田挖好要种麦，却没有水浇籽，附近的水塘全是干的。但是，困难吓不倒用毛泽东思想武装起来的贫下中农。没有水，就到三里路以外的小溪里挑。经过艰苦的奋斗，干旱的白田里终于长出绿油油的麦苗。广大社员喜悦地说："这就是精神变物质嘛！"就这样，在大旱年里种出了高产麦，平均亩产412斤，超过了往年最高产量。

图 12-4　精神变物质

铁的事实有力地批驳了"精神变物质是唯心主义的"反动谬论。杨献珍之流,攻击精神变物质是唯心主义的,恰恰证明他们一小撮才是地地道道的不看事实、闭着眼睛说瞎话的唯心主义者。

3. 实践第一

实践是人们改造客观世界的活动。马克思主义认为,认识来源于实践,认识一点也不能离开实践。毛主席教导我们:"人的正确思想,只能从社会实践中来,只能从社会的生产斗争、阶级斗争和科学实验这三项实践中来。"离开了社会实践,不尊重客观实际,想什么就是什么,瞎说一气,这是假马克思主义者惯用的手法。

刘少奇一伙所鼓吹的"阶级斗争熄灭论",就是根据他们的反革命立场,故意抹杀社会阶级斗争的实际,炮制出来的主观唯心主义的货色,其罪恶目的是妄图使我们忘记阶级斗争,以便他们颠覆无产阶级专政,复辟资本主义。按照他们的说法,我们大队里那个"不叫的狗"该老实了,其实根本不是这样,这个反革命分子直到被揭发后还藏着反动罪证、凶器,时时想着复辟。我们贫下中农生活在阶级斗争第一线,天天接触阶级斗争的实际,对毛主席关于"千万不要忘记阶级斗争"的伟大教导理解得最深刻,所以脑子里阶级斗争的弦就不松,一眼看穿了"阶级斗争熄灭论"是骗人的鬼话。

恩格斯曾经揭露唯心论是"头足倒置"的哲学。林彪、孔老二就是这种哲学的狂热鼓吹者。孔孟胡说什么"生而知之"、"先知先觉";林彪则自我吹嘘"受于天"、"我的脑袋长得好,和别人的不一样,特别灵"。孔孟大搞"唯上智与下愚不移"的反动说教;林彪则胡说什么像他这样"高贵者"的脑筋与"卑贱者"的脑筋"有天壤之别"。他们如此赤裸裸地鼓吹先验论,完全颠倒了主观和客观,认识和实践的关系。

马克思主义的认识论是能动的革命的反映论,强调先进思想的作用,强调人的能动性,强调科学的预见性,但从来没有离开实践。恰恰相反,马克思主义的认识论历来认为,人们只有在社会实践的基础上,才能认识事物发展的规律,而且人的认识是否正确地反映客观外界的规律,还要经过社会实践的检验。正如伟大领袖毛主席指出的:"一个正确的认识,往往需要经过由物质到精神,由精神到物质,即由实践到认识,由认识到实践这样多次的反复，才能够完成。"

在建造"斗天井"过程中，我们根据实践中发现的新情况、新问题，不断检验、修正原来的计划，使原定的方案更加完善，使自己的主观认识更加符合客观实际。原来我们计划地下横井高2米，宽1米，但挖下去以后，发现沟底以上3米高的两边都是"玄武岩"，比较牢固。根据这一情况，我们就把地下水库的高度升为3米，这样，花同样的功夫、材料，蓄水量却可以增加一半。原来我们以为地下水是从一个泉水洞中冒出来的，计划在沟的两边用块石和水泥浆砌，上面用水泥封盖。挖到五六米深时，发现地下水是从沟两边玄武岩的缝隙中冒出来的，如果把沟的两边用石块、水泥浆砌死了，不但会把地下水堵住，而且浆砌的石壁受到水的压力会倒塌。我们原来主观上认为浆砌可以更加牢固，实际却是更不牢固。分析了这些新的情况，我们在施工中又改变了原来的计划，把浆砌改为干砌，这样既保证了工程质量，又节省了原材料，石块和水泥的用量比原计划减少了一半。

实践，是社会的实践，群众的实践。工农兵是三大革命运动的主人，是最有实践经验的战士。社会财富是劳动人民创造的，房子是工人一砖一瓦盖起来的，粮食是我们农民一颗一颗种出来的。因此，我们说实践出认识，实践出真知，主要是指社会的实践，群众的实践，所以要向社会学习，向群众学习。离开了实践，离开了群众，自以为高明，凭主观想象下判断、作计划，就非碰钉子不可。

我们大队贫下中农响应毛主席的伟大号召，为扭转北煤南运的局面，纷纷要求大队办小煤窑。开始，支部研究这个事情时，书记姜汝旺既没有进行调查研究，又没有和有经验的老农商量，主观上认为这里过去没挖过煤，就把这件事搁下来了。后来，他因公外出，去了两个来月，回来一看，家里的人早就干起来了。这时，他嘴上虽然也讲要挖煤，心里却埋怨在家的支委决定问题太冒失了。但是，群众是真正的英雄，大家经过实践、摸索，从不懂挖煤到学会看煤线、做支架、采掘。经过三个月奋战，小煤窑挖出了大量优质煤。这件事对姜汝旺教育很深，说明不从实际出发，不相信群众，自作主张，凭想象办事，一定办不好事情。

马克思主义的认识论强调认识来源于实践，还强调认识在不断实践中不断深化，不断发展，不断开辟认识真理的道路。因此，人的认识要随着社会实践的发展而发展，不能停止在一个水平上。

我们大队原来水利条件很差，大家都把注意力放在旱地的改造上。部分水田自然条件好，大家认为，总是高产田。可是近几年来，随着其他田水利条件的改善，这些田的产量反而落后了。为什么呢？原来我们过去没有全面认识水田的规律，只看到它自然条件好水源足的一面，没看到它由于水源足不易排水，土壤中空气少，土质容易变坏，影响作物生长的一面。我们重新认识了这些田，掌握了它的特性，加以轮作改造，现在产量又赶上来了。随着自然条件，耕作情况的改变，这类田又会产生新的特性，又要我们进一步去认识它。这种认识——不认识——再认识的矛盾是永远存在的，人对自然的每一个新认识，就为生产的新发展准备了条件。

4. 尊重客观规律与发挥主观能动性

无产阶级追求真理、认识世界的目的，就是为了按照客观规律，能动地改造世界。在能动地改造世界的过程中，马克思主义的认识论第一次科学地解决了尊重客观规律和发挥主观能动性、改造客观世界和改造主观世界的辩证关系。

任何事物的运动、变化、发展，都是按自己本身固有的规律进行的。规律就是运动着的事物本身所固有的本质的必然的联系，它决定着事物发展过程的基本趋向。如社会主义终究要代替资本主义，就是一条不以人的意志为转移的客观规律。规律是客观的，人们既不能消灭它，也不能创造它。但是，人们认识和掌握了客观规律，就能有科学的预见，就能有效地发挥主观能动性，胜利地改造世界。

什么是主观能动性呢？主观能动性是人类区别于动物而独有的特点。人和动物不同，动物只是消极地适应周围的环境，只具有本能的活动，而人却能在实践中认识世界和改造世界。这种主观反映客观规律、主观改变客观世界的能力，就是人的主观能动性。

尊重客观规律和发挥主观能动性是辩证的统一。它们之间的关系是：一方面，尊重客观规律是发挥主观能动性的前提，要正确地、有效地发挥主观能动性，必须尊重客观规律；能否按照客观规律办事，是人们一切实践活动成败的关键。另一方面，要认识和利用客观规律又必须发挥主观能动性，离开了主观能动性，就根本谈不上认识和利用客观规律；越是正确地发挥主观能动性，就越能充分地利用客观规律，胜利地完成各项工作任务。总之，我们既应充分发挥主观能动性，又应尊重客观规律，也就是说，既要有革命干劲、革命精神，又要有科学态度、科学精神，要把革命精神和科学精神结合起来。只有这样，才能贯彻执行毛主席的革命路线，正确地认识世界和改造世界。

1971年大旱，8月下旬，水库几乎干了。有的社员说："前一段时期，党支部不是向大家讲，要坚持唯物论的反映论，物质第一性吗！现在水没有了，怎么抗旱呀？"没有水当然不能抗旱。但是，勤俭大队除了水库里的水，其他地方就找不到水了吗？如果地下还蕴藏着水的话，只要把水找出来，就能继续抗旱。认为地面水没有了，抗旱抗不成了，看起来是坚持了物质第一性，实际上是把认识绝对化了，否定了人的主观能动作用。贫下中农提出："要抗旱必须寻找新的水源，水库没有水，我们可以找地下水。"党支部支持群众意见，发动大家寻找新水源。大家仔细研究了地下水分布的规律，结果终于找到了地下水。

5. 自由与必然

必然，指事物发展的客观规律。自由是对必然的认识和对客观世界的改造，而这个认识和改造过程就是实践过程。人们在没有认识客观必然性之前，只能是必然性的奴隶，行动就没有自由。人们认识了必然性，利用必然性去征服自然，才有自由。真正的自由是建立在对必然性的科学认识之上的。自由并不排斥必然，而恰恰是依据着必然。违反必然，就没有自由。人的自由总是要受客观规律的制约，不受客观规律制约的绝对自由是没有的。所以，真正的自由和必然是统一的。

在我们开始寻找地下水的时候，有人认为：我们这里地势高，像鲫鱼背，水往两边流，遍地红石头，没有地下水。如果有水的话，前人早就挖出来了。

这种看法对不对呢？列宁在《唯物主义和经验批判主义》一书中指出："唯物主义者肯定自在之物是存在的，是可以认识的。而不可知论者却不容许自在之物的思想，宣称我们根本不能确实知道自在之物。""每个人都千万次地看到过'自在之物'向现象、'为我之物'的简单明白的转化。这种转化也就是认识。"勤俭大队有没有地下水，不能凭主观臆断,而是要靠实践来回答。勤俭大队如果有地下水,即使我们没发现,它也存在。我们可以认识它,使"自在之物"转变为"为我之物",叫地下水为人民的利益服务。前人没有挖出地下水来,并不说明我们这里没有地下水。如果一切事物前人都知道了,那么认识就不会发展,社会就不会进步了。

我们分析了本地的情况:地势高是事实,但也有比较低的地方;全大队基本上是红石头的土质,难于找地下水,但是也有一些田、一些山沟不是红石头土质,是有可能找到水的;在我们北面、南面的大队,地势、土质条件同我们差不多,都发现了泉水,因此,不能说我们这里就一定没有地下水。水在地下,看不见,摸不着,但是地面上总是有现象表现出来。通过这些现象,我们可以找到地下水。群众是最有实践经验的战士,他们天天同水土打交道,对本大队每一块田、每一寸地的"脾气"都很熟悉。我们发动群众提供情况,先后在晒干了的河沟等地方找到了小量的水源。第十生产队的社员提出加湖弄的一块田里可能有地下泉水。那块田冬天土是湿的,夏天水冷,烂泥深,水稻生长差一些,绿萍不会死,天旱的时候,泥鳅都往一个地方钻。根据这些现象判断,那里可能有地下水。在这块田里劳动过的社员都同意这个看法。于是,大家动手了。经过几天奋战,挖到4米深,终于把地下泉水挖出来了。找到了水源,取得了"自由",救了周围十几亩田。这样,破除了红石头下没有地下水的迷信,使我们对本大队水源情况的认识有了一个新的飞跃。

图 12-5 分析哪里可能有地下水

后来,村民在这里建成一个地下水井。这口井,分竖井和横井两部分,深 7 米,长 25 米,每天出水 300 方。井水清澈透明,清凉可口。大队从来没有过这样好的水哩!大家把这口井叫做"斗天井"。"斗天井"虽小,但却说明了一个大问题,它告诉人们在认识和改造客观世界的过程中，只要掌握事物的客观规律，敢于斗争，敢于实践，就能不断地从"必然王国"到"自由王国"。

（三）历史领域的唯物辩证法

马克思和恩格斯把辩证唯物主义推广到对人类社会的认识，从而把唯心主义从社会历史领域中驱逐出去，建立了完备的、彻底的唯物主义哲学。

1. 社会基本矛盾

生产力和生产关系的矛盾，经济基础和上层建筑的矛盾，是社会基本矛盾。社会基本矛盾是一切社会发展的根本动力。将来阶级消灭了，社会基本矛盾仍然存在。

（1）生产力与生产关系

人们改造自然和征服自然，获得物质资料的能力，叫做社会生产力。它包括人和物两个方面，即从事物质资料生产的劳动者和以生产工具为主的劳动资料以及劳动对象。其中起决定作用的是人，而不是物。人们在生产中结成的社会关系，叫做生产关系。在有阶级的社会，生产关系是一种阶级关系。

生产力和生产关系的矛盾运动中，一般说来，生产力是矛盾的主要方面，起主要的决定的作用。生产力决定生产关系，一定的生产力要求一定的生产关系同它相适应。生产力的变化发展，迟早要引起生产关系的变化发展。但是，在生产力和生产关系的矛盾运动中，生产关系并不是被动的，它对生产力有巨大的反作用。在一定条件之下，生产关系还可以起主要的决定的作用。

1968年，为了改变党在农村的一系列方针政策，在我们这里刮起了一股"并队升级"的妖风。有人对我们说："你们是先进大队，学大寨，不并队，还算什么先进？"这股风刮得很厉害，简直是六月天撒石灰，憋得人透不过气来。学大寨究竟学什么？

是不是就搞大队核算？大队干部深入到各生产队调查研究，听取贫下中农的意见，同时，组织干部、社员学习毛主席的《关于正确处理人民内部矛盾的问题》和党在农村的政策。通过学习，大家认为，我们现在实行的"三级所有、队为基础"的集体经济，是基本上适应我们大队的生产力发展水平和群众觉悟程度的；学大寨要学根本，要学习大寨认真贯彻执行党的基本路线，紧紧抓住两个阶级、两条道路斗争这个主要矛盾，大批修正主义，大批资本主义，大干社会主义；只有这样，才能提高社员的思想觉悟，巩固和发展社会主义集体经济，为过渡到大队一级为基本核算单位创造条件。由于掌握了革命理论，对事物采取分析态度，我们抵制了林彪修正主义路线的干扰和破坏，保证了农业学大寨运动的健康发展。

图 12-6 改造小生产，加速实现农业现代化

继续改造小生产、坚持社会主义道路，仍然是无产阶级专政的一项长期艰巨的任务。为着坚持改造小生产，我们一定要把学哲学的群众运动持续地开展下去，并充分发挥贫下中农理论队伍的作用。要坚持改造小生产，就要坚持党在农业问题上的根本路线，在实现农业集体化的基础上实现农业的现代化。农民的旧心理和旧习惯，是农民长期从事个体的手工劳动的产物，"只有在农业中大规模地使用拖拉机和机器，只有大规模地实行电气化，才能解决这个关于小农的问题，才能使他们的可以说是全部心理健全起来"。我们大队自集体化以来，对实现农业现代化是重视的。我们已有拖拉机等农业机具。我们要在努力发展生产的同时，加速实现农业现代化的步伐，更好地改造小生产，坚定地沿着社会主义道路前进。

（2）经济基础与上层建筑

一定的经济基础是指该社会占统治地位的生产关系的总和（占统治地位的生产关系就是经济基础，它对生产力来说，叫做生产关系，对上层建筑来说，就叫经济基础）。例如，社会主义的经济基础指的是，社会主义公有制和在公有制基础上建立起来的劳动人民之间的互助合作关系，以及"各尽所能，按劳分配"的分配关系这三方面的总和。

上层建筑是在社会的经济基础之上建立起来的社会意识形态，即政治、法律、教育、宗教、艺术、哲学等观点，以及同这些观点相适应的政治、法律制度和文化教育等机构。思想路线和政治路线也是属于上层建筑意识形态的东西，一个社会的政治法律等制度总是以该社会统治阶级的思想政治路线为指导建立起来的。例如，无产阶级专政的国家、法律制度，就是按照无产阶级的思想政治路线建立起来的，它直接体现了无产阶级的意志。在阶级社会里，政治的文化的机构都是掌握在统治阶级的手里，以便使他们的思想成为占统治地位的思想。政权是实行阶级统治的主要工具，路线是决定一切的。

在经济基础和上层建筑的矛盾运动中，一般说来，经济基础是矛盾的主要方面，起主要的决定的作用。经济基础决定上层建筑，它决定上层建筑的性质，它的变化发展迟早要引起上层建筑的变化发展。但是，在经济基础和上层建筑的矛盾运动中，上层建筑并不是消极地反映经济基础而是对经济基础起着巨大的反作用。而且在一定条件下，转化成为矛盾的主要方面，起主要的决定的作用。

我们经常回忆旧社会反动统治阶级利用腐朽没落的意识形态欺骗劳动人民的情况，来加深对上层建筑作用的认识。在批林批孔运动中，六队老贫农姜祥福控诉了地主的罪行。解放前，姜祥福租种了地主的田，一家人累死累活还是吃不饱、穿不暖。地主对祥福的父亲说："唉，你属鸡，我也属鸡，你的命苦，我的命富，你呀，这世守分，争取来世好一点。"在旧社会，地主资产阶级就是利用孔老二反动的"天命论"维护他们的反动统治，企图叫劳动人民永远做牛马。通过回忆，贫下中农愤怒地说："对剥削阶级的意识形态，非彻底批倒不可！种田人一定要占领理论阵地！"

贫下中农理论队伍是批判修正主义、批判孔孟之道的生力军。在批林批孔运动中，理论队伍一直战斗在第一线。最近，我们学习和运用马克思主义立场、观点和方法，研究了法家著作和儒法斗争史，写出了《社会主义制度是人定胜天的保证》等十几篇文章。大家把荀况同孔老二、林彪在"天命"问题上所持的不同观点进行了对照。孔老二是没落奴隶主的代表,为了维护和复辟奴隶制,论证奴隶主阶级反动统治的合理性,必然要宣扬反动的"天命观"。相反,荀况是站在新兴地主阶级立场上,要求社会变革,建立地主阶级的政权,就必然要痛斥孔老二的"天命观"。林彪和孔老二一样,是反动没落阶级的代表,所以也必然把"天命论"作为复辟、倒退的理论基础。贫下中农理论队伍从历史上阶级斗争的经验中,进一步理解了现实的阶级斗争,有力地批判了林彪反革命的修正主义路线。

图 12-7 贫下中农要管上层建筑

2. 阶级斗争推动阶级社会的发展

原始社会末期,一部分人利用自己占有的生产资料,剥削另一部分人的剩余劳动,社会就必然要分裂为阶级。有剥削才有阶级。在有阶级的社会,社会基本矛盾始终表现为阶级矛盾和阶级斗争,并且只有通过阶级斗争,矛盾才能得到解决。

从奴隶社会到封建社会,从封建社会到资本主义社会,从资本主义社会到社会主义社会,阶级斗争都是社会发展的动力。解放以后,阶级斗争也一直没有停止过。每通过一次斗争,社会都要前进一步,我们大队也是这样。1962年,在一小撮阶级敌人的挑动下,有的人要把在1958年"大跃进"群众运动中建成的徐垒水库涵管挖掉,说什么造了水库,淹了田,不合算。贫下中农在党支部领导下,同这种行为展开了斗争。我们摆事实,讲道理,说明兴修水利的好处,粉碎了阶级敌人的阴谋,坚决保住了水库。通过这场斗争，又进一步掀起了兴修水利的新高潮，使坏事变成了好事。现在我们已兴修山塘水库83个，基本上做到了旱涝保丰收。这个大好形势就是通过斗争取得的。实践使我们进一步认识到，阶级斗争是社会向前发展的动力。我们不能回避斗争，而是要因势利导，狠抓两个阶级、两条道路和两条路线的斗争，推动社会主义社会向前发展。

3. 人民群众创造历史

我们劳动人民是生产斗争、阶级斗争的主体，是社会历史的创造者，是推动历史前进的决定力量，是历史的真正主人。

（1）人民群众是物质财富的创造者。劳动群众创造了人类社会的一切物质财富。人们世世代代吃的、住的、穿的、用的各种生活资料以及生产用的各种工具，都是劳动人民辛勤劳动的成果。没有劳动人民从事生产活动，就不能解决人们的物质生活问题，人类就不能生存，更谈不上社会历史的发展。就拿经过我们大队土地上空的峡口水库西干渠渡槽来说吧。它3里多长，腾空飞架，有5层楼那样高，里面可以撑木船，真是"人在地上走，水在天上流"。这样的奇迹是谁创造的？它就是在党的领导下，由我们广大人民群众创造的。

（2）人民群众是精神财富的创造者。语言、文字是劳动人民在长期的社会实践中创造、发展的；许多优秀的建筑、雕刻、绘画、诗歌、音乐、舞蹈，许多科学技术，都是出自劳动人民之手。例如，我国历史上灿烂的青铜文化，浸透着商周两代手工业奴隶的血汗；火药、指南针、造纸术和印刷术这"四大发明"，是我国古代劳动人民智慧的结晶。

（3）人民群众是阶级斗争和社会革命的主力军，是推动历史前进的决定力量。劳动人民推动历史前进的这种决定作用，在社会大变革时期表现得尤为明显和突出。自原始社会解体以来，社会生产力的巨大发展，生产关系和社会制度的代谢，总是通过人民群众的阶级斗争、社会革命来实现的。一切社会变革和社会的进步，无不是人民群众革命斗争的结果。

十三 做到了通俗易懂

勤俭人写的哲学文章,以及那个时代工农兵写的哲学文章,不像现在有些专业人士写的那样,有些专业人士甚至以写故意让人看不懂的文章为乐。有些专业人士写文章虽然想让人看懂,但一般人确实看不懂。反观工农兵写的文章,比较生动,比较有趣,做到了通俗易懂。这主要是因为,他们使用的语言是日常语言,他们说话的方式是日常生活中的说话方式。我们还是以"基本文献"为例加以说明。

(一) 俗话、比喻、歇后语、打油诗

日常语言不像学术语言那样"纯粹",而是充斥着大量的"调料",例如俗话、比喻、歇后语、打油诗(顺口溜)等。

1. 俗话

"'有了好田客,不怕黄泥夹',人定胜天!"【《"红脚梗"学哲学 人变聪明心更红——我们大队是怎样开展学哲学的群众运动的》】

"'鸡笼里的鸡不要自己啄自己',家丑不可外扬。"【《种田人就是能学好用好哲学》】

"既要学习,又要劳动,弄不好扁担打溜两头空。"【《用毛主席哲学思想总结教育革命经验》】

"没有失就没有得,粘芝麻还得花一点口水嘛!"【《让"自在之物"转化成"为我之物"》】

"一只手抓不住两条鱼,要造井就要占用土地。"【同上】

"如果'打鼓的人不知道吹笛子的吃力',干部不参加劳动,居高临

下，发号施令，群众就不买你的账。"【《用毛主席的哲学思想指挥战斗》】

"篱笆扎得紧，野狗钻不进。"【《要学景阳冈上的武松》】

"俗话说：'花有大小朵，叶有上下生。'我们不能把矛盾着的双方平均看待。"【《拆穿折中主义的把戏》】

"旧社会有句俗话，叫做'勤者得，勤者吃'，这个话直到现在还有影响。"【《深入批判林彪"克己复礼"的反动纲领——学习〈哥达纲领批判〉的体会》】

"我们要开展对敌斗争，有人就说什么'兔子不吃窝边草'呀、'都是本乡本土的，做啥介认真'呀、'一笔写不出两个姜字'呀，等等，反对开展对敌斗争。"【《"合二而一论"是宣扬阶级投降主义的反动谬论》】

"'春日一粒谷，秋日展破屋。'新生事物开头看起来很弱小，但最后肯定是要胜利的；'莫看一大堆，弄弄就成灰。'落后的旧事物表面看起来虽然强大，但它终归是要失败的、死亡的。"【《新事物一定要战胜旧事物》】

"大门关得紧，歪风吹不进。"【《只有破得深　才能立得牢》】

"纸包不住火，矛盾是掩盖不住的。"【《揭露矛盾　解决矛盾》】

"勿伤老鼠勿丧猫，做人和气顶重要。"【《"学了哲学，头上生角"——批判林彪、孔老二鼓吹的"中庸之道"》】

"社员们透过现象看本质，戳穿了阶级敌人的鬼把戏，揭露了这个'嘴里吐出糖来，腰里摸出刀来'的家伙。"【同上】

"怎么能不抗旱呢？还能'衣裳放在那里空着，人在这里冻着'？看着半塘水，让稻子晒死，使集体生产受损失，哪有这样的理？"【《哲学的解放——勤俭大队学哲学用哲学的故事》】

"你们学哲学，也不想想能不能学懂。买顶帽子还要想想自己的头大小吧！"【同上】

"如果光从表面现象上看，这个人好像很'老实'。可是江山有句俗话：'会叫的狗会咬人，不叫的狗咬人更凶。'会叫的狗，它汪汪叫了，你可以提防它；不叫的狗，正是等你不提防时，突然咬你。"【同上】

"蜂死了毒刺还会伤害人，蛇死了尾巴还会摇三摇，阶级敌人打倒了，还要作垂死的挣扎。"【同上】

"你们女的总是女的，母鸡代替不了公鸡叫！"【同上】

"俗话说：捕鱼要有网，打猎要有枪。干革命就要有革命理论来武装"。【《要多看点马列主义的书　掌握革命的思想武器——记江山县勤俭大队五七农民政治学校的一堂理论学习课》】

"不下水，一辈子也不会游泳，不扬帆，一辈子也不会行船。不办合作社，哪来的办社经验呢？"【同上】

"常言说：灯不明，要人拨，理不清，要人学。"【同上】

"毛毛雨湿衣裳，不注意，上大当，发展下去，就会有思想变修人变质的危险。"【同上】

2. 比喻

"不学习革命理论，分不清路线是非，那么就会像吃醉了酒的醉汉一样，东倒西歪走不到路心上。"【《用毛主席哲学思想建设贫下中农写作队伍》】

"只有不断地向写作人员灌输马克思主义、毛泽东思想，才能禾苗稗草分得清，路线道路方向明。"【同上】

"'大石头离开小石头就砌不成墙'。'强劳力'和'弱劳力'，好比大石头和小石头，'强劳力'离开'弱劳力'，也搞不好集体生产。"【《大石头离开小石头砌不成墙》】

"时间一长，脱离了群众，就像风筝飞得越高，线一断，飘得就越远。"【《用毛主席的哲学思想指挥战斗》】

"如果不破就立，不批就改，就像烂布补裤，越补越破。"【《让毛主席的哲学思想在干部和群众中扎根》】

"阶级敌人并不甘心失败，就像石头底下的螃蟹，一有机会就要爬出来。"【《是"拿枪不见鸟"，还是"有鸟没拿枪"？》】

"几块沙石挡不住江水的奔流，几只螳螂挡不住历史车轮的前进。"【《新事物一定要战胜旧事物》】

"不搞革命大批判，资本主义倾向就会像'菜篮里关泥鳅'。"【《只有破得深　才能立得牢》】

"你一句，我一句，像锅里沸腾了的水，纷纷议论起来。"【《哲学的解放——勤俭大队学哲学用哲学的故事》】

"一个支部委员说：刚学哲学时，人家说我们是老虎上不了树，我们

就是要上树。现在我们已经爬到树干上了,再加把劲我们就上去了!"【同上】

"勤俭大队四个水库,八十三个水塘,个个底朝天,稻田晒得像石板一样硬,晚秋作物大部分被晒死了。群众中议论纷纷:'坏了,坏了,稻草晒得像火烧过一样,连牛也不吃,人还吃什么啊!'"【同上】

"我们种田人带着两条路线斗争中人人关心的问题学哲学,一学就懂,一用就灵,就像白田逢雨,点滴入土。"【同上】

"现在搞阶级斗争,真好比是'拿枪不见鸟'。"【同上】

"批判资本主义黑货,就像田里锄草,耕了还要耙,耙了还要耖,耖了还要锄,要一直批得它彻底灭亡为止。"【同上】

"这股风刮得很厉害,简直是六月天撒石灰,憋得人透不过气来。"【《要多看点马列主义的书 掌握革命的思想武器——记江山县勤俭大队五七农民政治学校的一堂理论学习课》】

"学习的确很重要。不懂得革命理论,就会像盲人骑瞎马,踩不到路中心。"【同上】

"共产主义因素是新生事物,朝气蓬勃,具有强大的生命力,像春天的苗,在日益生长着。而资本主义因素,则渐趋没落,像秋天的草,在日益枯黄。"【《学习用对立统一规律观察社会主义社会——浙江省江山县勤俭大队学哲学中心小组座谈纪要》】

3. 歇后语

"那时,我对'猪毛鬃'还有幻想,准备到他那儿去借点钱,租间破屋子住下。谁知道这一来就像烂泥里滚石臼——越陷越深了。"【《姓姜的不都是一家人》】

"有些人认为大队的生产是'猴子爬竹竿——到顶'啦!"【《哲学的解放——勤俭大队学哲学用哲学的故事》】

"村里有几家地主,几家富农,都是'癞子头上的虱子——明摆着'的"。【同上】

"他们胡说马克思主义'过时'了,诬蔑我们学习是什么'猫教老鼠上树——学不会'等等。"【《要多看点马列主义的书 掌握革命的思想武器——记江山县勤俭大队五七农民政治学校的一堂理论学习课》】

"我们贫下中农大办农业，要搞机械化，造水库，阶级敌人又攻击说：'这是砻糠筑坝——白费劲'。"【《学习用对立统一规律观察社会主义社会——浙江省江山县勤俭大队学哲学中心小组座谈纪要》】

4. 打油诗

"一分为二是个宝，对敌斗争不可少，贫下中农掌握它，头脑清醒斗志高。"【《种田人就是能学好用好哲学》】

"那时的生活是：一天两餐稀米汤，冬天没有棉衣裳，肚子饿得咕咕叫，浑身冻得嗦嗦抖。"【《反动哲学与反革命复辟》】

"辩证法是个宝，继续革命不可少。"【《必须自觉当好革命对象》】

"在阶级斗争中，你对敌人松一松，敌人就向你攻一攻。"【《白田逢雨，点滴入土》】

"两种社会两重天，一个苦来一个甜，翻身不忘共产党，幸福全靠毛主席。"【《深入批判林彪"克己复礼"的反动纲领——学习〈哥达纲领批判〉的体会》】

"拉萨尔搞倒退，孔老二搞复礼，林彪搞复辟，他们三个人唱的一个调，吹的一把号，走的一条道。"【同上】

"过去的'荒塘尾'，'十三条岗没水浇，天晴三日心发焦'；如今的勤俭大队，'旱渴田种上双季稻，大旱年景没心操，毛泽东思想阳光照，改天换地斗志高'。"【《哲学的解放——勤俭大队学哲学用哲学的故事》】

"同姓一家亲，出门日相见，种花不种刺，留下一条线。"【同上】

"一天不搞大批判，资本主义看不清；两天不搞大批判，不知不觉站错'线'；三天不搞大批判，修正主义围着转；长期不搞大批判，国家的颜色就要变。"【同上】

"私心一抬头，公字丢脑后，今天想赚一尺布，明天想赚一条裤，后天就想发财致富。这样慢慢地就会走到邪道上去了。"【同上】

"学了辩证法，战天斗地有办法，斗天天低头，斗地地换装。"【《能文能武的种田人——成长壮大中的勤俭大队贫下中农理论队伍》】

"人民公社力量强，山山水水全变样。要问变化那儿来？革命理论指方向。"【《要多看点马列主义的书　掌握革命的思想武器——记江山县勤俭大队五七农民政治学校的一堂理论学习课》】

（二）比较法

勤俭人写文章比较善于运用比较法（对比法）。例如，学习毛泽东哲学之前人是什么样子，事物是什么样子，学了之后，用了之后，人和事物的面貌发生了什么样的变化；再例如，毛泽东思想和刘少奇思想的区别在哪里，正确思想和错误思想的区别在哪里，等等。这样一比较，一鉴别，就把特征性的东西、本质性的东西说出来了，非常便于人们理解。

党支部专门写了《学会运用辩证唯物主义的比较方法》一文介绍这种方法。文中提到：

> 比较，是人们经常运用的认识事物的方法。离开了比较，我们就无法正确地认识事物。这是因为世界上一切事物本身都包含着互相矛盾的对立面。毛主席说："人们历来不是讲真善美吗？真善美的反面是假恶丑。没有假恶丑就没有真善美。真理是同谬误对立的。"事实正是这样，没有地主，就没有佃农；没有佃农，也就没有地主。"一切对立的成份都是这样，因一定的条件，一面互相对立，一面又互相联结、互相贯通、互相渗透、互相依赖。"比较的方法就是承认这个客观存在的事实，通过事物互相矛盾的对立面的比较，认识事物的本质和特点。
>
> 俗话说，不怕不识货，只怕货比货。只要一比较，谁真谁假，谁善谁恶，谁美谁丑，什么是真马列主义，什么是假马列主义，什么是正确路线，什么是错误路线，就一清二楚了。
>
> 但是，正确地运用比较，却不是一件容易的事。因为事物的本质不是赤裸裸地暴露在我们面前的。真正认识事物，就必须化一番"去粗取精、去伪存真、由此及彼、由表及里的改造制作工夫"。
>
> ……
>
> 在社会主义社会，仍然存在着阶级和阶级斗争，存在着两个阶级、两条道路的斗争。这种斗争必然要反映到党内，形成正确路线和错误路线的斗争。所以，在社会生活中，阶级斗争和路线斗争是最本质的问题。我们在对事物进行比较的时候，就要抓住阶级斗争和路线

斗争这个纲，要进行阶级分析。要看对哪个阶级有利、对哪条路线有利。

"无产阶级文化大革命"中，我们大队办了一所七年一贯制的学校，深受贫下中农的欢迎。可是，一小撮阶级敌人却叫嚣大队办中学"名不正言不顺"、"不正规"。有的人抓住有的学生写了个别错别字，大肆嘲弄，诬蔑教育质量下降了。面对这种情况应该怎么认识呢？单纯地将"无产阶级文化大革命"前后的学生写的字拿出来比较行不行？我们觉得这样比较没有抓住本质。

我们要进行"文化大革命前后"教育质量高低的比较，就必须抓阶级斗争和路线斗争这个本质。在教育战线上，长期存在着无产阶级教育路线和修正主义教育路线的矛盾。"无产阶级文化大革命"前，在这对矛盾中，修正主义教育路线处于主导地位，形成了资产阶级知识分子统治我们学校的情况。那时候我们大队一共有十四个大学毕业生，其中七个是剥削阶级家庭出身的，贫下中农子弟仅仅三人。这个七比三的数字说明旧学校不是向工农兵开门的。同时，这些学生由于在封、资、修思想的毒害下，从学校出来，很多是肩不能挑，手不能提，看不起劳动人民，不爱劳动的人。所谓教育质量高，就是"高"在这里。

经过"无产阶级文化大革命"，改变了资产阶级知识分子统治学校的现象，工人阶级和贫下中农管理了学校，贯彻了毛主席的无产阶级教育路线，学生成员和教育质量都起了根本的变化。在我们贫下中农管理的队办学校里，学生从过去的八十多人发展到两百多人，学龄儿童中除了一个哑巴全都上了学，实现了初中普及教育。贫下中农兴奋地说："无产阶级文化大革命"前十七年没有办到的事，贫管会几年就办到了。"贫下中农子女上学人数的增加，教育的普及，这本身就是对"教育质量下降了"的诬蔑的有力的驳斥。再从教学内容来看，我们大队贫下中农讲师队伍发挥了很大作用。他们给学生讲家史、村史，进行新旧社会回忆对比，毛主席著作学得好的同志讲学哲学体会，老农讲种田技术，赤脚医生上卫生课。贫下中农联系实际，讲得具体深刻，学生学得生动活泼，学以致用。更重要的是从新学校里培养出来的学生来看，除了一部分推荐升学外，其他的都安心在农村，热爱劳动，积极参加农村三大革命实践。他们之中，有的已参加大队共青团、妇女组织的领导班子，有的担任了学习辅导员、写作组成员、植保员、农机手、电工等等，受到贫下中农的好评。

这样来进行比较，教育质量谁高谁低，谁优谁劣，就分得很清楚了。由于我们抓住了本质进行比较，没有纠缠在枝节问题上，就把握了事物的本质，得出了正确的结论。两条路线两重天，"无产阶级文化大革命"前后的教育质量谁高谁低是一清二楚的。贫下中农回击了资产阶级偏见，把教育革命进行到底的信念就更坚定了。

正确地运用辩证唯物主义的比较方法，还需要有正确的立场和观点。站在不同的阶级立场上，可以有完全不同的比较。林彪站在反动立场上，别有用心地颠倒黑白，混淆是非，胡说什么"十多年来，国民经济停滞不前"，诬蔑我们社会主义社会今不如昔。这只能证明林彪是一切被推翻的剥削阶级的总代表。对于地主、资产阶级来说，他们失去了政权，失去了生产资料，当然不如他们过去骑在劳动人民头上作威作福的"昔"了。我们贫下中农站在无产阶级的立场，用新旧对比、今昔对比，以大量今胜于昔的事实驳斥了林彪对我们社会主义社会的诬蔑。经过"无产阶级文化大革命"，我们各方面的工作有了很大的发展。在生产上，我们大队粮食亩产就从"文化大革命"前的九百斤提高到一千三百斤。我们就是从"文化大革命"前后各方面的比较中，得出了"无产阶级文化大革命"就是好的结论。越比，越觉得"无产阶级文化大革命"完全必要、非常及时，越比，越感到社会主义新生事物的无比生命力；越比，越看清了林彪反党集团的地主资产阶级的阶级本质。

"有比较才能鉴别。有鉴别，有斗争，才能发展。"这是事物发展的规律。学习运用对立统一规律就是要经常使用比较方法，取得比较正确的认识，以指导我们去进行斗争，促使前进战胜倒退，新事物克服旧事物，推动事物的发展。在实践中我们深深地感到辩证唯物主义的比较方法是揭露矛盾，分析矛盾，解决矛盾的好方法。让我们更好地拿起比较这个唯物辩证法的武器，大力扶植社会主义的新生事物，巩固和发展"无产阶级文化大革命"的伟大成果。

（三）举例法

举例法或例证法，也是日常语言中经常采用的辅助说明观点的方法。如果运用得当，不仅能够帮助理解，而且令人印象深刻。在勤俭作品中，学哲学用哲学的例子俯拾皆是。也可以说，举例法，是勤俭作品最常用的论证方法。

人物方面的例子，比较常见的是姜成良、戴香妹、傅金妹、"猪毛鬃"、姜瑞禄的例子。其中，前三位是正面人物典型，后两位是反面人物典型。说到"一把锄头两股劲"、内因外因关系、斗私批修，经常举姜成良的例子；说到学哲学结合学文化、既当革命动力又当革命对象，经常举戴香妹的例子，说到敢于揭露矛盾、敢于斗争，经常举傅金妹的例子；说到"亲不亲阶级分"、阶级敌人"人还在心不死"、妄图变天复辟，经常举"猪毛鬃"的例子；说到阶级敌人阴险狡猾、要"透过现象看本质"，经常举姜瑞禄的例子。

事物和事件方面的例子，比较常见的是抗旱（包括找水、打井、修水库等）、教育改革、强弱劳力之争、灾年有余的例子。抗旱的例子出现频度最高。在某种意义上，它是个"万能例子"。很多的哲学原理，一分为二，矛盾的普遍性与特殊性，主要矛盾与次要矛盾，矛盾的主要方面与次要方面，矛盾对立面的转化，两个飞跃，实践第一，尊重客观规律与发挥主观能动性，自由与必然，阶级斗争推动阶级社会的发展，人民群众创造历史等等，都可以借助这个例子说明，或至少能搭上一些关系。

十四　一些思考和评论

随着毛泽东的逝世和"文化大革命"的结束,席卷全中国的学哲学用哲学浪潮迅速消退,勤俭村也很快被人遗忘。几十年过去,白云苍狗,换了人间。古人云"隔代修史",颇有些道理,或许这时候"庐山真面目"会看得更清楚些吧。

勤俭村的哲学,最讲究"一分为二"。我们做评价时,也要遵守这个原则。本着"实事求是"和"面向未来"的态度,我们会更为关注负面的东西和消极的东西。鲁迅先生说,揭出病苦,引起疗救的注意。

我们关注的话题有三类。第一类是关于学哲学用哲学活动的,主要涉及本篇第九、十、十一章;第二类是关于作品内容观点的,主要涉及本篇第十二章;第三类是关于作品文风文体的,主要涉及本篇第十三章。

勤俭村是一个缩影,一个样本,一只麻雀。它是那个时代众多学哲学用哲学典型中的一个,它的身上带着所有典型的一般特征。解剖一雀,而所有麻雀的五脏了然。我们对勤俭村的反思,也包含着对其他典型的反思。

(一)　关于学哲学用哲学活动

马克思主义哲学的大众化,是它的现实性品格使然,也可以说,是这种哲学的内在要求。学哲学用哲学活动,使哲学走出书斋,来到普通老百姓中间,武装了他们的头脑,这对于提高广大人民群众认识世界、改造世界的本领,起到了推动作用。然而,由于这个活动一开始就具有很强的政治色彩,并且受到时代条件的种种限制,所以,多有"雷人"之处。

1. 哲学为政治与现实服务的方式

马克思主义哲学能不能直接去论证中国社会主义政治和现实的合理性？或者说，它能否提供一种"论证性"的服务？回答这个问题需要十分谨慎。

第一，马克思主义哲学，创始于资本主义社会，它的特长是对这种制度进行批判，而不是对未来的社会主义制度进行论证。马克思本人虽然也对未来的社会主义制度作了一些设想，但是很少，基本上只涉及经济基础以及人的解放状态。作为一个严谨的学者，马克思不可能过多地讨论一个还没有来临的社会的种种细节。

第二，马克思主义哲学，立足于西欧经验，又因俄国的经验而发展，这意味着，它并不是"放之四海而皆准"的，特别是它的具体结论。如果说马克思主义哲学与中国的政治、现实是普遍与特殊的关系，那么，显然，特殊性并不能完全进入普遍性之中，普遍性也因此并不能完全论证特殊性。

所以，马克思主义哲学缺乏一种直接为中国的社会主义政治合理性与现实合理性作出论证的能力。如果我们一定要去直接论证，则难免画虎不成反类犬，甚至是削足适履。例如，我们在50年代搞的社会主义，虽然符合《哥达纲领批判》对社会主义的描述，但却脱离了中国的现实，而我们现在搞的中国特色社会主义，虽然不符合《哥达纲领批判》的描述，但却符合中国的现实需要。

马克思主义哲学中国化的理论成果之一——毛泽东思想，它的核心是唯物辩证法。这种辩证法一旦和政治过于紧密地结合，往往会沦为政治的工具，反过来会伤害辩证法。例如，辩证法本来既讲"一分为二"，也讲"合二为一"，既讲"重点论"，也讲"两点论"。但是，在强调"阶级斗争为纲"的年代，"一分为二"取代了"合二为一"，"重点论"取代了"两点论"。即便在理论上仍能够兼顾，在实践上也难以贯彻。

哲学为政治和现实服务，更多地应该采取另外一种形式——间接的形式，也就是"反思"形式，或者说，提供"反思性的"服务。套用一下"文学来自生活又高于生活"这个说法，"哲学来自政治和现实又高于政治和现实"，它的角色是"谏官"、"教师"和"批评者"。哲学只有以规范性的力量去影响政治和现实,才真正体现了它的价值。

"学哲学用哲学"活动其实与"学术"无大关系,它是一场群众运动,直接服务于当时的政治需要与社会主义实践需要。在中央高层发动的对于刘少奇、杨献珍、彭德怀、邓小平等同志的错误批判中,以及其他政治运动中,"学哲学用哲学"活动起了推波助澜的作用。在浙江省的"阶级斗争"中,"学哲学用哲学"活动也受到了"造反派"的利用。然而,在当时的情形之下,要求一个农民对形势做出正确的判断是不可能的。即便是那些受过正规教育的知识分子,又有几个人能做出正确判断呢?即使做出了正确的判断,又有几人能坚守内心的信念呢?勤俭村的农民,和那个时代狂热的芸芸众生一样,都不过是领袖的"革命军中马前卒"而已。

2. 活学活用的限度

勤俭村学哲学用哲学的方法,讲的是个"活"字。"活学",就是带着问题找观点,"活用",就是用这个观点解决问题。两者结合起来,也就是如下过程:"带着一个问题,学习一个观点,明确一个思想,用出一个成果。"

这个方法可行吗?我们且从"按图索骥"的故事说起。

《艺林伐山》记载:

> 伯乐写了一本《相马经》,说千里马的特征是额头高、眼睛鼓起、蹄子像摞起来的酒曲块,并配有插图。他的儿子拿着《相马经》去寻找千里马。一出门,看见一只癞蛤蟆,便回来告诉父亲说:"我找到一匹千里马,它的外形和《相马经》里描述的差不多,只是蹄子不像罢了。"伯乐知道儿子愚笨,转怒为笑,说:"这马喜欢跳,不能驾御。"

拿着千里马的图,不一定就能找到千里马。《汉书·梅福传》也说,"察伯乐之图,求骐骥于市,而不可得"。这是为什么呢?

首先有一个"本本"与"现实"的差距问题。"本本"里画的是标准的千里马,可是现实中又有多少千里马不那么标准呢?不那么标准的千里马进入不了"本本",那么,又怎么能凭借"本本"找到这些千里马呢？

其次还有一个认识错误的问题。按照《相马经》，一匹马必须同时满足额头高、眼睛鼓起、蹄子像摞起来的酒曲块这三个条件，才是真正的千里马。伯乐的儿子连马都没有找到，只看前面两个条件符合，而忽略了最后一个条件，结果造成了误认。伯乐的儿子固然"愚笨"，但这并不是唯一原因。假如伯乐的儿子以前就把青蛙当作马，那么把癞蛤蟆和千里马联系起来，又有什么稀奇呢？由"成见"导致的错误，即便对于"聪明人"来说也是难以避免的。

还有心理上的原因。一个人如果急切地寻找千里马，那就容易把劣马看成千里马。"疑人偷斧"说的就是这个道理。《吕氏春秋》上记载了这个故事。从前，有个人丢了一把斧子。他怀疑是邻居家的孩子偷的，就暗暗地注意那个孩子。他看那个孩子走路的姿势，像是偷了斧子的样子；他观察那个孩子的神色，也像是偷了斧子的样子；他听那个孩子说话的语气，更像是偷了斧子的样子。总之，在他的眼睛里，那个孩子的一举一动都像是偷斧子的。不久，他在刨土坑的时候，找到了那把斧子，原来是他自己遗忘在土坑里了。从此以后，他再看邻居家那个孩子，一举一动丝毫也不像偷过斧子的样子了。

拿着图，完全有可能找错。同样，带着问题找观点，也有可能找错。找错了观点，又怎么谈得上解决问题呢？

群众抗旱的积极性不高，阶级敌人也出来搞破坏，但是，通过学习毛主席"精神可以变成物质"的思想，大家树立了信心，战天斗地，斗敌斗私，结果白田上也长了庄稼。这是一个"活学活用"的典型事例。然而，在毛泽东著作中，"精神变物质"指的是"从认识到实践"，即"认识要去指导实践并接受实践的检验"，而不是"发挥人的主观能动性"、"精神因素可以转化为物质力量"之类的意思。当然，语言是发展的，我们也可以对"精神变物质"做这种解释，但这毕竟不是毛泽东本人的思想。用后面这种"精神变物质"的观点去指导人们战胜困难，或许可以起一时之功效，但难以为继。而且，片面强调这种"精神变物质"，更有滑向主观唯心主义的危险。

活学活用，作为应急的方法，不是不可以，但它始终有一个限度。如果超出了这个限度，断章取义，生搬硬套，"活学活用"也就变成"误学误用"。马列主义、毛泽东思想都是有机的整体,在学习的时候,应注意从部分扩展到整体,再从整体深入到部分,经过若干次这种循环,对马列主义毛泽东思想的实质才会有更准确的理解。在应用的时候,更要充分注意理论和实践之间的复杂关系。

3. 学哲学用哲学的效果

若只读勤俭人写的文章,你会感觉到学哲学用哲学活动在这里取得了空前的成功。然而,我们也听到了不同的声音。

1988年9月8日,《人民日报》刊登了一篇题为《"哲学村"的变迁》的文章,其中提到:"十年前,当勤俭村成了农民学哲学的典型在全国大吹的时候,这里的人却陷入了灾难的深渊。在'斗''批''割'的嗷叫声中,勤俭人得到了什么呢?是心灵的创伤,生产的破坏。'饿着肚皮讲哲学',哄了别人,也哄了自己。"

我们曾经把这段话读给姜汝旺听。听完之后,他很气愤,"这个我说他是胡说"!他判断,在那段时间,批评勤俭村的文章能评"好稿",评了好稿,作者就能拿奖金。

真实情况到底如何?

勤俭村老是拿粮食增产说事。1964年开始学哲学的时候,粮食亩产是824斤。随着学哲学用哲学活动的不断深入,粮食亩产也不断增长。1965年是913斤,1968年是994斤,1969年超过1000斤,1972年达到了1333斤。

我们姑且相信这些数字都是真的。可是,正因为如此,才是危险的。把"学哲学用哲学"当作"因",把"粮食增产"当作"果",而这种因果关系往往是靠不住的。很容易就可以证明:学哲学用哲学活动开展最好的年份,未必就是粮食亩产最高的年份;那些学用活动开展得不好的大队,粮食亩产未必就比勤俭大队粮食亩产低。到了这个时候,勤俭人就会拿出另一件法宝:政治第一。他们会辩解说:生产一定要抓,但政治永远是第一;突出政治还是突出生产,这是个路线问题;仅仅为了保先进大队的名誉去搞生产,很容易是"生产第一";"生产第一"是错误的,"生产要全县第一才是好"的看法是形而上学的。这个辩解显得有些自相矛盾。

再拿办学来说吧。勤俭大队办了一个七年制的半农半读学校,宣传得很好，像"贯彻毛主席教育革命路线"啦，"把学习书本知识和参加三大革命运动有机地联系起来"啦，"真正做到理论和实际统一"啦，"学生学习积极性大大提高"啦，等等，但是，却难掩其"校舍、设备、教师严重缺乏"的窘境，难掩其"学习时间少，读的书本少，质量没保证"的窘境。党支部出来做了一些辩解，像"看事情必须要看它的本质"呀，"用辩证的观点看待教学质量"呀，总的来看，这些辩解是苍白无力的。

我们有一个基本判断：学哲学用哲学活动，对于勤俭村的各项"物质"事业的发展来说，起到的作用并不总是正面的，即便是正面的，也不如宣传的那样大。

然而，"学哲学用哲学"效果的评估，我们不应该忘记"精神"的方面，特别是对提高人的素质发挥的积极作用。勤俭村提出，哲学就是明白学，这话并没有错。真正掌握了唯物辩证法的人，比没有掌握的人，能够更正确地看待世界，看待别人，看待自己，而高素质的人，必然有更真、更善、更美的生活方式和行为方式，以及更幸福的人生。当然，这是在排除了把"哲学"仅仅当作"斗争哲学"的情况下。勤俭村良好的哲学基础对今天勤俭人精神面貌的塑造仍然发挥着积极作用。"勤俭村的人，犯错误的、犯罪的不多，法制意识各方面，道德方面比较好"，姜汝旺说。

4. 骨干之累

勤俭村的骨干们有三累，一是自卑之累，二是写作之累，三是讲用之累。三累相加，身心疲惫。

学哲学之所以要先破除"哲学神秘论"，就是要解决自卑的问题。学习者总觉得自己很低，而哲学很高，学不来，再加上别人的讽刺、挖苦和打击，就更自卑了。虽然后来学哲学用哲学活动搞得轰轰烈烈，但是，对于某些骨干来说，自卑感始终像一块大石头，压在心头。即便他们表现再好，也总认为别人瞧不起自己。"在社会上，在一些人的心目中，农民的皮肤是黑的，头戴笠帽，身穿粗布衣，肩背锄头，赤着脚，扶着犁，跟在牛屁股后边，总好像低人一等。"这段话正是他们心态的真实写照。

骨干们的稿子主要是本村写作班子写的，而写作班子成员都不是专职的，都要下地干活。劳累了一天之后，当别人进入梦乡的时候，他们却在挑灯夜战。10多年时间里，据说勤俭村共出产文章2000多篇，这个数字也许有水分，但即使缩小一半，平均每年也有 100 篇左右。写作班子成员按 21 人计，每人每年大约要完成 5 篇。不考虑篇幅因素，这一数字也不会比一般科研单位如今的考评标准低。

在讲用的环节，骨干们则面临更多考验。首先，得过背稿子这一关。对于文化水平较低的骨干来说，这并不轻松。《"哲学村"的变迁》披露说：为了准备一场报告，戴香妹常常几天几夜睡不好觉，拼命背稿子，"累得很瘦"。其次，得过现场这一关。讲用，最重要的是不能怯场，特别是面对一些重要人物和大场面的时候，这对心理素质要求很高。试想一下，底下是黑压压的人群，无数的眼睛盯着自己，其中有真正的哲学高手，有决定自己命运的人，自己还在这里"班门弄斧"，还在这里拼命地揭批自己的丑事，能不紧张吗？就连姜汝旺这样的高手，在谈到赴京讲用的时候，都直言"害怕"，更何况是其他人呢？另外，还有一关，语言关。江山方言自成体系，别的地方不容易听懂。骨干们说不了普通话，至多是江山普通话，所以讲用起来很费劲。姜汝旺给我们讲了傅金妹闹的一个笑话。有一次，傅金妹到东海舰队讲用，说自己的丈夫是个"篾工"，江山方言叫"做笪（da）的"，"笪"就是"竹"，她怕官兵们听不懂，就用江山普通话说，她的丈夫是"做竹（猪）的"，于是官兵们都呆掉了。

（二）关于内容观点

"文化大革命"以前，中国的马克思主义哲学研究已经取得了很大进展，并且建立了比较完整的表述体系，艾思奇主编的《辩证唯物主义历史唯物主义》即是其中的优秀成果。"文化大革命"期间的哲学，总体上继承了"文化大革命"以前哲学的基本内容和观点，但由于受到"极左"思潮的影响，正确的东西往往不能坚持到底，在某些地方，则明显偏离了唯物辩证法轨道，而滑向唯心主义和形而上学。

1. "一分为二"与"合二而一"

20 世纪 60 年代，毛泽东支持"一分为二"，而反对"合二而一"。但在《矛盾论》（1937）中，他曾经试图把二者结合起来："原来矛盾着的各方面，不能孤立地存在。假如没有和它作对的矛盾的一方，它自己这一方就失去了存在的条件。试想一切矛盾着的事物或人们心中矛盾着的概念，任何一方面能够独立地存在吗？没有生，死就不见；没有死，生也不见。没有上，无所谓下；没有下，也无所谓上。没有祸，无所谓福；没有福，也无所谓祸。没有顺利，无所谓困难；没有困难，也无所谓顺利。没有地主，就没有佃农；没有佃农，也就没有地主。没有资产阶级，就没有无产阶级；没有无产阶级，也就没有资产阶级。没有帝国主义的民族压迫，就没有殖民地和半殖民地；没有殖民地和半殖民地，也就没有帝国主义的民族压迫。一切对立的成分都是这样，因一定的条件，一面互相对立，一面又互相联结、互相贯通、互相渗透、互相依赖，这种性质，叫做同一性。"

这里的"同一性"，即矛盾双方共处于一个统一体中的性质，实际上就是"合二而一"。矛盾双方既对立又统一，才构成"对立统一"，才构成"矛盾"。

在杨献珍看来，光讲"一分为二"是不全面的，必须把它和"合二而一"配合起来讲，才能说明对立统一规律。他说："关于'合二而一'与'一分为二'的关系，在认识上，我没有把这两句话对立起来。在一般哲学书上阐释'对立统一'时，或者说，'任何事物都是由两个对立面构成的'，或者说，'统一物之分为两个组成部分……。'我认为这两种说法都是表达对立统一思想的。由前一种说法，就是'合二而一'，由后一种说法，就是'一分为二'。我当时的认识是，为什么说'一分为二'是普遍规律呢？因为任何事物都是由两个对立面构成的，'一'本来就是由'二'构成的，即'合二而一'的，所以任何事物的发展都必然是'一分为二'的。"（《关于"合二而一"问题的申诉》，1967）照这种讲法，"合二而一"比"一分为二"更优先，因为，"一"是由"二"合成的，所以"一"才可以分为"二"。

这个思想本来没有什么特别之处，但是，一旦和最高领袖的思想发生了冲突，便酿成了一桩"罪案"。

"我绝对没有想过要用'合二而一'去与'一分为二'相对抗，也不认为提出'合二而一'，就是要反对'一分为二'。"（《关于"合二而一"问题的申诉》，1967）杨献珍的这番话应该是发自内心的。但是，他没有意识到,"一分为二"与"合二而一"的争论,早已不是什么"学术之争",而成为一场"政治斗争"了。

为什么这样说呢?这要从毛泽东的思想转变说起。

60年代初期,毛泽东对国内和国际形势的基本判断是,我国两个阶级、两条道路、两条路线的斗争异常尖锐,国际上帝修反互相勾结,掀起了一股反华反共反革命的逆流,因此,全国人民必须在党的基本路线的指引下,同国内外的阶级敌人展开针锋相对的斗争。在国内开展的社会主义教育运动,在国际上同"苏修"展开的公开论战,都是阶级斗争的新动向,而能够为阶级斗争提供理论支持的,是"一分为二",而不是什么"合二而一"。1964年6月8日,毛泽东在中央工作会议上讲话时说,"'一分为二'是辩证法,'合二而一'恐怕是修正主义,阶级调和的吧!"杨献珍的"合二而一",偏偏这时候出现,可谓"生不逢时"。

实际上,杨献珍讲"合二而一",远远没有超过毛泽东在《矛盾论》中的水平。毛泽东公然讲:没有资产阶级,就没有无产阶级;没有无产阶级,也就没有资产阶级。这就等于说,无产阶级与资产阶级是不可分的,两者是"合二而一"的。当然,这个"合二而一",不一定是指双方"合作"、"和解"、"调和",而是指矛盾的双方共处于一个统一体之中,"互相联结、互相贯通、互相渗透、互相依赖"。杨献珍在讲无产阶级与资产阶级关系的时候,还没有讲到这个程度:"我没有说过无产阶级与资产阶级永远不可分地联系着这样的话。'不可分地联系',一般只是说到'有机联系'的意思。在资本主义社会中,在还没有发生无产阶级革命之前,无产阶级与资产阶级是不可分地联系着的。资产阶级离不开无产阶级,无产阶级也离不开资产阶级。无产阶级要得到解放,必须起来革命,革命就是打破这种联系,必须用无产阶级革命打破这种联系,这是不说自明的事。"(《三封未发出的申诉信》,1975)

从逻辑上说,过分强调"一分为二"而有意忽略"合二而一",必然导致过分强调矛盾双方的对立而有意忽略矛盾双方的统一。或者说,必然导致过分强调对立的绝对性而有意忽略统一的绝对性。在实践中,"对立"往往又被夸大为"对抗"和"冲突",这就为后来"文化大革命"中的"残酷斗争"、"无情打击"以及一系列的政治悲剧埋下了伏笔。

2. "阶级亲"与"宗族亲"

阶级亲还是宗族亲？对于这个问题，不能抽象地回答，而应该放到具体的社会环境中去考察。马克思说，人的本质，在其现实性上，是一切社会关系的总和。

在一个典型的资本主义社会，宗族关系已经不再是一个人的主要社会关系。社会日益分化成为无产阶级和资产阶级两大对立的阶级，而且，无论是无产阶级，还是资产阶级，都能充分意识到这种对立，也就是说，他们都有着充分的阶级意识。在这种情况下，人们更多地感受到的是阶级亲，而不是宗族亲。

而在60年代的中国农村，情况则完全不同。一个人的主要社会关系是宗族关系，而不是阶级关系。首先是因为农村社会的传统组织方式根深蒂固，家族观念非常强烈；其次是因为农村的阶级关系本来就不典型，经过社会主义改造之后，剥削阶级作为一个经济实体已经消灭。在这种情况下，人们更多地感受到的是宗族亲，而不是阶级亲。

在新中国成立以前，农村的情形是否主要为"阶级亲"呢？也未必。有些"地主阶级"，固然是靠剥削穷人、掠夺穷人发家致富的，但是也有一些"地主阶级"，并不是或者主要不是靠剥削穷人、掠夺穷人发家致富的。在一个宗族社会里面，以剥削和掠夺本宗本族方式产生的等级关系是不被鼓励的，也是不能持久的。相反，我们经常听说，农村的地主是如何通过自己的努力获得财富，并且通过对于本宗本族穷人的帮助而获得好名声的。总体上看，我们认为，在新中国成立前的农村，仍然是"宗族亲"的社会。

在一个"宗族亲"的社会，灌输"阶级亲"的观念，是出于某种政治需要。50年代后期，中国就已经宣布进入社会主义社会，按说，阶级已经基本消灭，主要矛盾应该转移了。正像党的"八大"决议所正确指出的那样："我们国内的主要矛盾，已经是人民对于建立先进工业国的要求同落后的农业国的现实之间的矛盾，已经是人民对于经济文化迅速发展的需要同当前经济文化不能满足人民需要的状况之间的矛盾。"然而，"右派分子的猖狂进攻"使毛泽东改变了看法："无产阶级和资产阶级的矛盾，社会主义道路和资本主义道路的矛盾，毫无疑问，这是当前我国社会的主要矛盾。"（八届三中全会发言，1957）"阶级亲"的提法就是配合着这个主要矛盾来的。

在"宗族亲"的社会，用"阶级亲"的观点分析社会现象，是对阶级分析方法的误用，会导致一系列消极后果。例如：在没有敌人的情况下，要"制造"一些敌人，对一些已经改造好的地主和富农重新进行批斗；在生产上出现问题的时候，不是找技术方面的原因，而是首先想到阶级敌人的破坏；鼓励亲人之间搞揭发，挑动群众斗群众，人人自危，惶惶不可终日……

当然，无论是"阶级亲"还是"宗族亲"的社会，都不能否认，阶级斗争是推动社会发展的直接动力。同样不能否认，在阶级身份和宗族身份，阶级利益和宗族利益发生冲突的时候，有些人会背叛自己的宗族身份和宗族利益，而做出有利于本阶级的选择。

3. "物的因素第一"与"人的因素第一"

物的因素第一，还是人的因素第一？对于这个问题，也不能抽象地回答。

在归根到底的意义上，在历史发展规律的意义上，是物的因素第一。人的因素最终可以追溯到物的因素，物的因素是最终起作用的因素，人的因素最终要受到物的因素的制约。不承认这一点等于不承认唯物主义。"人有多大胆，地有多大产"，"不怕做不到，就怕想不到"，"革命在前进，生产无止境"，"胆量等于产量，思想等于行动"等等，都突破了这个底线，而滑向唯心主义。

但是，就某个具体事件而言，就某个特定的因果关系而言，是物的因素第一，还是人的因素第一，要具体情况具体分析。不承认这一点等于不承认辩证法。毛泽东说，"武器是战争的重要的因素，但不是决定的因素，决定的因素是人不是物。"这是针对抗日战争讲的，明确了在这样一场战争中，是"人的因素第一"。我们要注意，这句话有很多前提条件，例如：武器是常规武器，而不是核武器；中国进行的是正义战争，日本进行的非正义战争，中国得道多助，日本失道寡助；等等。如果离开了这些前提条件，把具体判断上升为一般命题，认为在任何时间、地点、场合都是"人的因素第一"，那就会走向唯心主义。

其实，在很多情况下，没有必要刻意区分物的因素和人的因素"究竟哪个第一"，因为，两者通常相互作用，共同推动着事物的发展。

4."唯生产力论"与"唯生产关系论"

刘少奇被认为是"唯生产力论"的坚定的拥护者。后来，邓小平也被认为支持这一理论。至于什么是"唯生产力论"，康生曾经有过一些解释。

1967年1月10日，康生在中央党校的讲话中说："刘少奇有这样一个理论，这个理论同欧洲社会民主党、托洛次基、布哈林是一样的。总起来就是'唯生产论'。什么是'唯生产论'，就是讲这样一个理论，生产力没有发展到足够的水平的时候，那就没有条件实现社会主义，要实现社会主义就要走一段资本主义道路，使资本主义经济大大发展，使农村富农经济大大发展，然后再走社会主义道路。"

1969年5月24日，康生又在中央直属机关传达"九大"精神大会上说："刘少奇坚持走资本主义道路，有他的修正主义的'理论'根据。1949年5月，刘少奇在北京干部会议上的讲话中说：'我们国家生产不发达，生产落后，今天不是私人资本工厂太多，而是太少。现在不只是私人资本主义可以存在，而且需要发展，需要扩大。'1949年5月，他在天津市委扩大会议上的讲话中说：'今天最大的任务是发展生产力，不怕资本家操纵。'这就是说，刘少奇用生产力水平不发达、经济文化落后，来反对社会主义革命，反对走社会主义道路。这并不是刘少奇的发明，而是一切老修正主义、新修正主义的共同的反动'理论'，这种'理论'，人们叫做'生产力论'，或者叫做'唯生产力论'。"

如果说这就是"唯生产力论"的话，那么毛泽东毫无疑问是这种理论的中国鼻祖。

《新民主主义论》（1940年1月）指出的新民主主义社会的经济特征是："大银行、大工业、大商业，归这个共和国的国家所有。……但这个共和国并不没收其他资本主义的私有财产，并不禁止'不能操纵国民生计'的资本主义生产的发展。""将采取某种必要的方法，没收地主的土地，分配给无地和少地的农民，……把土地变为农民的私产。农村的富农经济，也是容许其存在的。"简单来说，新民主主义社会的经济基础，既包括国有制（公有制）经济成分，也包括私有制经济成分。

《论联合政府》（1945年4月）提出了私人资本主义在新民主主义社会形态下的"自由发展"与"广大发展"。"我们主张的新民主主义制度的任务，则正是……保障广大人民能够自由发展其在共同生活中的个性，能够自由发展那些不是'操纵国民生计'，而是有益于国民生计的私人资本主义经济，保障一切正当的私有财产。""在中国的条件下，在新民主主义的国家统治下，除了国家自己的经济与劳动人民的个体经济及合作社经济之外，定要让私人资本主义经济获得广大发展的便利。"后面这段引文还概括了新民主主义社会的四种经济成分：国营经济、个体经济、合作社经济、私人资本主义经济。

《在中国共产党第七届中央委员会第二次全体会议上的报告》（1949年3月）把新民主主义社会的经济成分划为五种，比《论联合政府》增加了"国家资本主义经济"："国营经济是社会主义性质的，合作社经济是半社会主义性质的，加上私人资本主义，加上个体经济，加上国家和私人合作的国家资本主义经济，这些就是人民共和国的几种主要的经济成分，这些就构成新民主主义的经济形态。"从此，"五分法"固定下来，一直持续到新民主主义社会的结束（社会主义改造的基本完成）。

40年代的毛泽东有一个基本想法，中国不要急于搞社会主义，先搞一段新民主主义，等将来生产力发达了，再搞社会主义。这也是中共中央的共识。

新中国成立以后，形势并没有朝着预想的方向发展。不同性质的经济成分之间的冲突越来越严重，经过"三反"、"五反"等运动之后，矛盾没有根本解决。这时候，毛泽东和刘少奇之间出现了严重分歧。毛泽东认为，应该迅速向社会主义过渡，通过三大改造，消灭非公有制经济成分。刘少奇则认为，应该继续坚持新民主主义社会理论，通过一系列政策调整，在这种制度框架之内解决问题。后来，如我们所知，中国进行了生产资料所有制方面的社会主义改造。在改造基本完成以后，刘少奇认为，我国社会主义和资本主义谁战胜谁的问题，现在已经解决了，下一步的任务是集中精力抓生产，并在"八大"上提出国内主要矛盾是"先进的社会主义制度同落后的社会生产力之间的矛盾"。毛泽东这时候对形势的判断与刘少奇大体一致，但是他认为还需要再看一看。结果，一年之后，他提出了完全不同的关于主要矛盾的论断,把两个阶级的矛盾、两条道路的矛盾,说成是主要矛盾。

大体上可以这么认为,建国以后,刘少奇仍然在坚持"唯生产力论",而毛泽东则逐渐转向"唯生产关系论"。

从唯物史观的基本立场来看,"唯生产力论"的理论取向是正确的。生产力决定生产关系,这是马克思主义社会形态理论的第一要义。当然,"唯"并不表示"只有",而是表示"以……为根本"。"唯生产力论"从来没有否认过生产关系对生产力的反作用,只是认为它是第二位的。就像"唯物主义"这个称呼一样,绝不是表明"只有"物,而是表示"以物为本"。或者说,"物"是第一性的,而"人、精神、意识"是第二性的。归根到底,生产力决定生产关系,物决定人、精神、意识,但在具体的历史过程中间,它们又是相互作用的。

那么,应该如何解释中国在落后的生产力条件下建成社会主义制度这一事实呢?这里面有一个对于生产力如何决定生产关系的理解问题。生产力决定生产关系,并不是机械地决定,而是辩证地决定。或者说,与某个生产力类型和水平相适应的,不一定只有一种生产关系。中国准备向社会主义过渡的时候,虽然生产力准备并不是很充分,但是也达到了基本要求。毛泽东的"过渡方案"和刘少奇的"维持方案"都是可以选择的,关键是要看中国共产党对于不同性质生产关系矛盾的处理能力。如果处理得当,可以继续维持新民主主义社会一段时期,如果处理不得当,只能选择向社会主义过渡。在基本完成社会主义改造后,一个首要的任务仍然是发展生产力。这一点和新民主主义社会的要求没有区别。而且,这种社会主义,一定是"初级阶段的社会主义",带有新民主主义社会的许多特征。

另外,相对落后的生产力和公有制的生产关系适应不适应,有时候还要看国际关系,社会主义阵营与资本主义阵营的对比情况。在一种不利的国际环境之下,两者的差距可能会越来越大,最终导致生产关系的改变。在一种有利的国际环境之下,两者的差距可能会越来越小,生产关系的反作用会得到充分发挥。

对"唯生产力论"的批判造成的后果是严重的,它导致了生产力的破坏甚至衰退,使得国民经济处于崩溃的边缘,削弱了社会主义制度的生命力、影响力和号召力，大大延缓了社会主义社会的前进步伐。"宁要社会主义的草，不要资本主义的苗"，"越穷越光荣、越穷越革命、越富越变修"，"政治可以冲击一切"，这些现在看起来有些荒唐的口号，反映的正是当年社会的真实样态。

（三）关于文风文体

勤俭作品，和"文化大革命"期间其他的工农兵作品一样，贴近生活，贴近现实，贴近群众，生动活泼，通俗易懂。这是值得肯定的。但是，又往往存在简单化、公式化、庸俗化、实用化的弊端。在那个时代，这些缺点是不可避免的。

1. 贴标签

"贴标签"是工农兵哲学作品最经常受到的指责之一，它往往来自学院派的哲学工作者。在这些专业人员看来，一种思想，往往是复杂的，对它的研究，应该是在全面占有材料的基础上仔细地加以分析，然后小心地作出判断。

对于业余爱好者来说，上面的过程也许太复杂了。他们更喜欢直截了当地宣称：这是唯物主义，那是唯心主义；这是辩证法，那是形而上学；这是社会主义，那是资本主义；这是马列主义，那是修正主义；这是香花，那是毒草；等等。

杨献珍曾经对"贴标签"的现象提出过批评。不知是出于报复还是巧合，在勤俭作品中，"合二而一论"是被贴标签最多的。例如，"这是对唯物辩证法的极大歪曲、极大污蔑，是十足的阶级调和论"；"鼓吹'联系在一起的本事'，就是鼓吹'阶级合作'、'阶级调和'、'阶级斗争熄灭论'，就是要用资本主义代替社会主义，用资产阶级专政代替无产阶级专政"；"杨献珍抛出反动的'合二而一'，就是对抗毛主席的一分为二的革命辩证法"；等等。

2. 堆语录

工农兵哲学作品中，有大量的毛主席语录，以及其他经典作家语录。

这些语录往往是作为论据来使用的，是为了证明某个观点的。但是，把语录简单地堆积起来，有时候并不能取得论证的效果。

首先是因为语录随意剪裁甚至断章取义。某些语录，往往是片言只语，没有上下文，没有辅助性的说明，横空出世一句话，失之毫厘，差之千里。前面已经提到过，"精神可以变物质"以及"决定的因素是人不是物"这两个引用，就存在这种情况。

其次是因为语录本身的论证效力是有限的。如果我们研究毛泽东的哲学思想，我们会大量引用他的"语录"，作为我们研究的素材，这是很正常的。但是，如果先推出一种观点，然后以毛泽东语录来证明它的正确性，说毛泽东曾经支持过这种观点云云，或者干脆直接把毛泽东语录作为某种正确论点提出来，这就有问题了。语录不是检验真理的标准，实践才是检验真理的标准。语录是不是正确，也要接受实践的检验。"文化大革命"结束以后的"真理标准大讨论"，已经把这个问题解决了。

3. 口号体

听说过"淘宝体"吧？网上一度非常流行。淘宝体最初见于淘宝网卖家与买家聊天之中，典型句式结构为"亲……哦！"亲，是对"你"的称呼，结尾的"哦"，则给人以嗲感和喜感，举例："亲！此货品为限量版哦！包邮哦！"此体一出，迅速蹿红，成为最著名的网络文体之一。有些大学将这种句式用于招生广告："亲，欢迎来哦！三亚第一所本科大学哦！热带滨海城市，国际旅游岛哦！独立学院第五名哦！师资雄厚，环境优美，3000亩园林式校园哦！……"交通警察甚至也用这种句式在自己的微博上写宣传语："亲，不要酒驾哦！扣分罚款哦！"

"文化大革命"期间，流行的是"口号体"。"口号"最初是用来呼喊的，直抒胸臆，简短有力，鼓动性强。大概是因为工农兵非常喜爱喊口号的快感，所以把它移植到他们的作品中。从形式上看，"口号体"多带有"坚决"、"一定"、"绝不"等副词，喜用感叹号，以加强语气。从内容上看，口号体的句子往往表达批判、歌颂或决心。从位置上看，口号体的句子常出现在文章的末尾，但也有一些重口味的作者，喜欢在全文中大量使用这种文体。

以下是从勤俭作品中摘录下来的一些"口号体"句子：

"为了社会主义江山永不变色,我们一定要把毛主席的哲学思想学得更好,用得更好,继续革命,永远前进!"

"我们贫下中农坚决拥护这个伟大声明,坚决支持世界各国人民反对美帝及其走狗的革命斗争!"

"要斗得阶级敌人无处藏身,要斗得'私'字无孔可钻,一直斗到革命彻底胜利,斗到共产主义在全世界实现。"

"我们一定要遵照毛主席'认真看书学习,弄通马克思主义'的教导,反复学习,联系实际,把批林批孔斗争进行到底。"

"要按照党的政策,与阶级敌人一斗到底,一直斗到阶级消灭,全世界实现共产主义!"

"土改斗,合作化斗,文化大革命斗,今后还要斗!要与阶级敌人斗到底!"

4. 五股文

大家也许都听说过"八股文"。八股文是中国明、清科举考试用的文体,有固定格式,由破题、承题、起讲、入手、起股、中股、后股、束股八部分组成。考试题目取自"四书五经",所论内容,要以朱熹《四书集注》等书为根据,不许作者自由发挥。总得来说,八股文可以用八个字来形容:形式死板,内容空洞。延安整风时,毛泽东曾经作文《反对党八股》,历数党八股文风的八大罪状,大声疾呼整顿文风。

在相当一部分工农兵哲学作品中,我们可以发现一个类似于"八股"那样的程序化的叙述结构。不过,"股数"没有那么多,常为三股、四股、五股。根据我们的观察,典型的叙述结构约有五股。

第一股:问题——在文章开头,描写出现了或者发现了什么问题,竖起一个靶子。

第二股,学哲学——努力学习毛泽东著作或其他经典著作,或耳边响起伟人教导,引用语录。

第三股,用哲学解决问题——将学到的哲学知识运用于实际,一用就灵,屡试不爽。

第四股:批判——查找自己为什么以前没有能够解决问题的原因,对敌人展开虐待式的批判，或者对自己展开自虐式的批判。

第五股：表决心——在文章最后，表示要忠于毛主席，将革命事业进行到底。

我们以《只有破得深　才能立得牢》一文为例，看一下五股文的结构。

第一股：问题。"去年，我们第八生产队为了抵制资本主义倾向，订了一系列规定。例如，国家统购的农副产品，不准多留多分，不准自由买卖，不准高价出售，等等。可是，没过几天，就出了问题。生产队买化肥要一笔钱，有个别人就提出把花生拿去卖高价，还说什么：'国家任务一斤不少，集体种子也留足了，余下的多卖点钱，既增加社员收入，又解决买化肥的资金，有什么不好？'结果，就挑起花生卖高价去了。"

第二股：学哲学。"为什么明文规定的制度，有人不执行呢？我们记起了毛主席关于'不破不立。破，就是批判，就是革命'的伟大教导。"

第三股：用哲学解决问题。"破和立是辩证的统一，没有破就没有立，我们想不破就立，不批就改，结果立起来也没有用。拿集体产品去卖高价，明明是坏事，偏偏有人说'有什么不好'。事实教育了我们：只有抓紧革命大批判，让大家从思想上真正解决这个'有什么不好'的问题，认清资本主义倾向的严重危害性，才能抵制和克服资本主义倾向的影响。"

第四股：批判。"我们就从这件事入手，深入开展对'自由买卖'的批判，摆罪状，谈危害，挖根子，认清了'自由买卖'的反动本质。有的贫下中农说：'自由买卖'是叛徒、内奸、工贼刘少奇腐蚀我们的迷魂药，如果中了他的毒，钱是多了，路却走歪了。有的说：增加的不是钱而是私心，发展的不是社会主义而是资本主义。"

第五股：表决心。"通过斗争实践，我们深深体会到，在斗、批、改中一定要抓紧革命大批判，用革命大批判开路。只有开展革命大批判，才分得清什么是资本主义，什么是社会主义，才知道破什么，立什么，怎么破，怎么立。只有破得深，才能立得牢。批判资本主义黑货，就像田里除草，耕了还要耙，耙了还要秒，秒了还要锄，要一直批得它彻底灭亡为止。"

下篇　重装上阵

喧嚣之后是沉寂，是不知所措……"文化大革命"之后的30年，勤俭村和全国的大部分农村一样，平静地发展着。然而，过去的那段辉煌，却不时地回到勤俭人的梦中。为了未来，我们难道不应该做点什么？

十五　走出人生低谷

"文化大革命"结束后,"学哲学用哲学"运动受到质疑和否定,老干部们普遍认为它受到了"四人帮"的操纵,勤俭村那些骨干们也因此受到不同程度的牵连或打击,姜汝旺甚至还蹲了大狱。30多年过去了,他们是怎样生活过来的?他们的观点变了没有?在这一章里,我们试着追踪一下姜汝旺和"三姐妹"的生活轨迹和思想轨迹,以图对这个群体的面貌有一个大概的勾画。

（一）　不服输的姜汝旺

"文化大革命"后的第一个运动是"揭批查"运动。所谓"揭批查",就是在全党揭发、批判"四人帮"的罪行,清查同"四人帮"篡党夺权阴谋活动有牵连的人和事。

在这场运动中,姜汝旺成为清查对象。有人怀疑,1970年姜汝旺在北京期间,与林彪、"四人帮"集团的重要成员有直接接触,写黑文章,做黑报告,回来以后,没有把所有情况向各级党委汇报,怀有不可告人的目的。

当专案组要求姜汝旺交代上述问题时,他的心里感到特别委屈——

> 跟林彪、"四人帮"的重要成员有直接接触?没有啊。在北京的时候,主要是在邓大姐、曹轶欧的安排下活动,主要是在党政机关宣讲,没有接触部队,那才是林彪的势力范围。林彪本人倒是见过一次,那是在国庆观礼的时候。林彪站在天安门城楼上,我站在观礼台上,远远地望了一眼,林彪也不可能清楚我是谁啊。江青也见过,也是在观礼台上。像这样的见面,怎么能说是"直接接触"呢?

写黑文章,做黑报告?这就更不可理解了。《浙江日报》、《人民日报》又不是我办的,不是我想登什么就登什么,那都是党报,怎么允许登"黑文章"呢?每次做报告之前,不止一个领导审查内容,做报告的时候,那都有领导主持,他们怎么会允许我做"黑报告"呢?做完报告后,他们不也鼓掌吗?甚至鼓得比别人还响,有的领导甚至还当场提出表扬。怎么现在都说成是"黑报告"了呢?在北京的时候,总理和邓大姐都夸赞我报告做得好,如果要说是"黑报告",那不等于反对总理和邓大姐吗?

回来以后之所以没有把所有情况向各级党委汇报,那是因为邓大姐有特别交待。"北京之行"接触到很多领导人、外国政要和知名人士,很多讲用活动都是在小范围内进行的,根本不允许公开宣传报道,怎么能汇报和传达呢?我是一个党员,邓大姐要我保密,我当然应该保密,怎么能破坏纪律呢?

一个专案组成员听到姜汝旺的这些辩解,不耐烦地说,"你在'四人帮'那里活动,你不交待、不老实、态度不端正,是现行反革命"。"你让我当现行反革命我当现行反革命好了",姜汝旺一点也不示弱。他心里想,自己没有搞什么破坏,没有搞什么见不得人的事,事情总会弄清楚的,只是老母亲,要跟着受苦了。这名专案组成员接着说:"你这个人啊,不见棺材不流泪。"姜汝旺说:"我搞唯物主义的,见了棺材我也不流泪。谁不死啊,没有不死的人。我见了棺材照样不流泪。搞唯物主义的这一点道理不懂啊,人要死的,没有不死的人,有什么泪好流啊。"

专案组见姜汝旺不肯低头认罪,于是决定抄家。

抄家先后有七次。让姜汝旺感到最遗憾的是,中央领导的好多题词、信件,好多照片、资料,好多有纪念意义的礼物,都被抄走了,而且,一去不复返,不知所终了。

抄家的"成果",以及别的"证据",有一部分被编进了《赖可可、罗毅、张永生、翁森鹤、贺贤春、姜汝旺推行"四人帮"反革命政治纲领的言论摘录》这本材料里。编者是中共浙江省委宣传部《宣传通讯》编辑室,印制时间是1977年10月31日。

姜汝旺被收监是在1977年6月,而判刑是在1979年12月,时间跨度足有两年半。这似乎说明,省、地、县各级党委,各级司法机关,对于姜汝旺是不是有罪，犯了什么罪，以及犯罪的严重程度，看法并不一致。其间，《哲学研究》（1978年第4期）发表了浙江省委宣传部理论组和中共江山县委宣传部理论组合写的批判文章《哲学骗子与骗子哲学——批判那个所谓"中国农民哲学家"的谬论》。

经过漫长的等待之后，1979年12月25日，江山县人民法院正式开庭审理姜汝旺案，起诉罪名是"反革命罪"。判决书全文如下：

图 15-1 姜汝旺的"罪证"

江山县人民法院刑事判决书
江法（77）刑字第64号

公诉机关：江山县公安局

案由：反革命

被告姜汝旺，男，现年47岁，汉族，高小文化，本县新塘边公社勤俭大队人，捕前系中共勤俭大队支部书记、江山县委委员、浙江省委候补委员。

罪犯姜汝旺积极追随林彪、"四人帮"及其在我省的死党赖可可，大搞篡党夺权的罪恶活动，是"四人帮"在我县的帮派骨干分子。大肆进行反革命宣传煽动，竭力鼓吹"四人帮"的反革命政治纲领，歪曲毛主席指示，四出游说，作黑报告，写黑文章，蓄意诬陷和诽谤省、地、县各级领导干部，掀起层层揪"走资派"、"复辟派"、"还乡团"，为"四人帮"阴谋打倒从中央到地方的一大批革命领导干部、篡党夺权大造反革命舆论。姜犯依仗"四人帮"淫威，为非作歹，欺压人民。姜犯还积极参与大闹省委、县委、破坏机关工作秩序。

上述罪行，事实清楚，证据确凿，民愤大。为了肃清林彪、"四人帮"的流毒，巩固无产阶级专政，保障四化建设顺利进行，根据《中华人民共和国惩治反革命条例》第十条（一）、（二）款之规定精神，依法判处反革命犯姜汝旺有期徒刑伍年。

刑期：自1977年6月1日起至1982年5月31日止。

如不服本判决，可于接到判决书的第二天起十天内向本院提出上诉，上诉于金华地区中级人民法院。

审判员　周洪昌
书记员　何克明
江山县人民法院（章）
一九七九年十二月二十五日

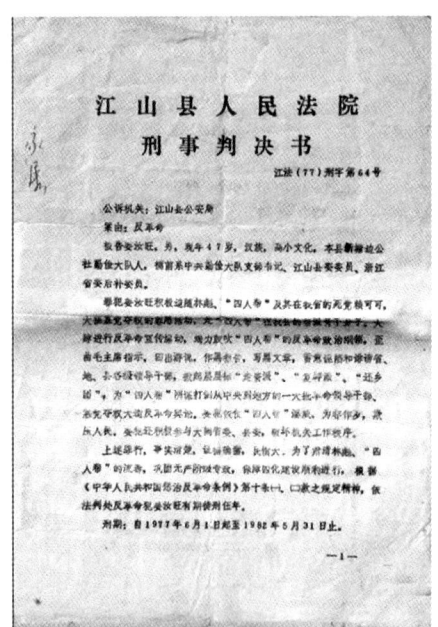

图 15-2a　江法刑字第 64 号《江山县人民法院刑事判决书》页 1

图 15-2b　江法刑字第 64 号《江山县人民法院刑事判决书》页 2

憔了，彻底憔了。最革命的人，现在却成了反革命，真是天大的笑话！姜汝旺首先想到的是，有些领导"丢车保帅"、"杀良冒功"。他们为了保住自己的利益，把我姜汝旺抛出来当替罪羊！不服，不服啊！一定要上诉！

1980年2月10日，浙江省金华地区中级人民法院二审认定，姜汝旺的罪行"事实清楚，证据确凿"，"江山县人民法院判处反革命犯姜汝旺有期徒刑伍年是正确的，上诉无理，不予支持"，特裁定"驳回上诉，维持原判"，且"本裁定为终审裁定，不得上诉"。这个结果无疑给了姜汝旺当头一棒。

图15-3a　金地法（80）刑上字第5号《浙江省金华地区中级人民法院刑事裁定书》页1

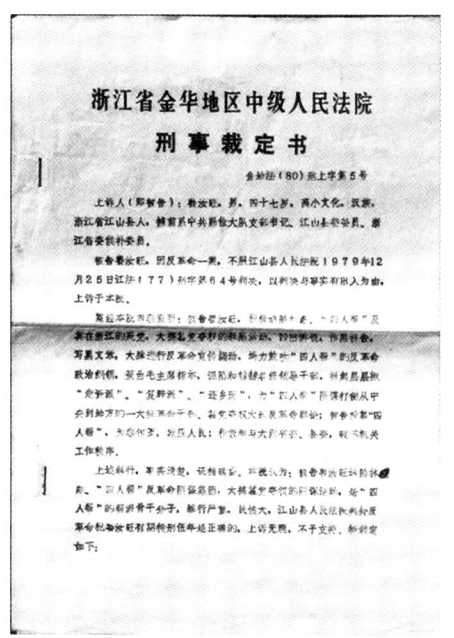

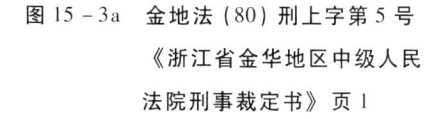

图15-3b　金地法（80）刑上字第5号《浙江省金华地区中级人民法院刑事裁定书》页2

姜汝旺想到了自杀，但是最后，他没有自杀。他把这个结果归功于"学了哲学"。"如果不学哲学的话，那恐怕一般人要自杀的"，他后来说。为什么没有自杀？因为他相信，前途是光明的，道路是曲折的。虽然被判了刑，开除了党籍，但他仍然相信党，相信党的政策，相信党会还他一个公道! 只要坚持申诉,总会有好结果的,总有一天会平反的。

1982年12月3日,也许是政治气候的改变,也许是姜汝旺的不断申诉发挥了作用,总之,在这一天,浙江省金华地区中级人民法院对姜汝旺案进行了复审,推翻了原来的判决结果。复审意见认为:"原判认定姜汝旺的问题,是在'文化大革命'特定的历史条件下发生的。根据从宽政策的精神,不予定罪。"新的判决结果如下:

一、撤销江山县人民法院江法(77)刑字第64号判决和本院金地法(80)刑上字第5号刑事裁定。

二、改判姜汝旺无罪。

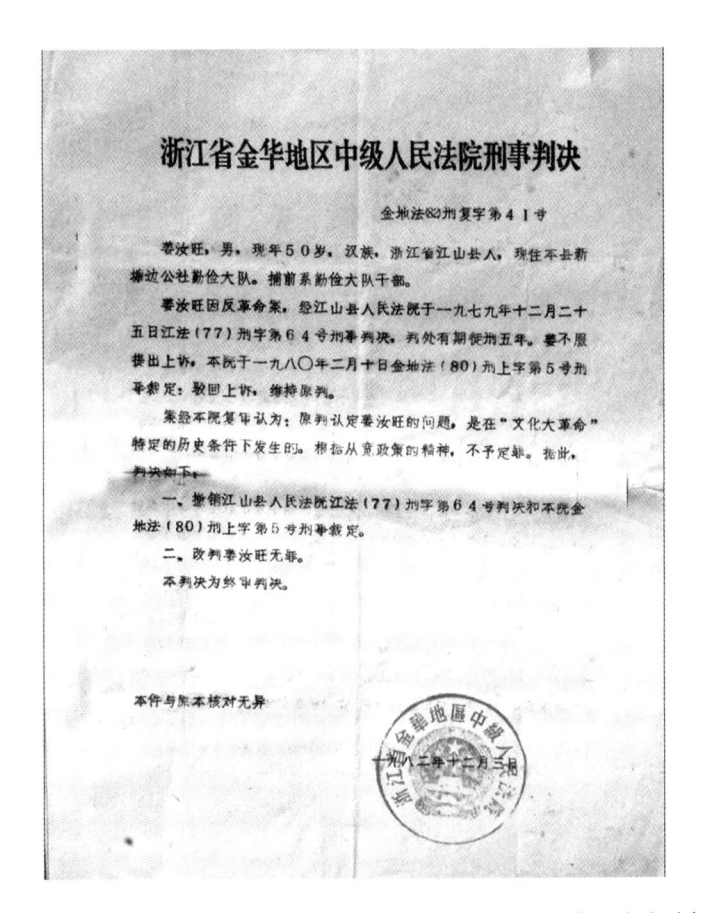

图15-4 金地法(82)刑复字第41号《浙江省金华地区中级人民法院刑事判决》

为了这一天，为了这样一个结果，姜汝旺已经等得太久了，按说他应该高兴才对，但是他高兴不起来。出狱后的这段时间，有些问题像石头一样压在心头，压得他喘不过气来。他一直在思考：歌曲里唱的"文化大革命就是好"对吗？到底该如何评价这场"革命"？自己没有犯"反革命罪"，是不是等于说，自己就没有任何错误呢？原来的那些观点，那些做法，包括对刘少奇和杨献珍的批判，是不是也该反省一下呢？

他把自己关在家里，认真地思考这些问题。过了一段时间，他渐渐地有了自己的看法——

> 对待"文化大革命"，也应该"一分为二"，不能"彻底否定"。（姜汝旺又想起了"一分为二"这个法宝。）"就是好"是不对的，没有"就是好"的东西的，它总有坏的一面的。现在呢，把"文化大革命"说成"十年的浩劫"、"悲剧"，你也不能这么说的。从社会治安来说，"文化大革命"就比较好。"文化大革命"随时抽出空来打老干部，所以这些老干部啊，对"文化大革命"恨得要死。这场"革命"，对当官的是有伤害的，批斗走资派，所以他耿耿于怀啊，怕它重演，但对老百姓来说没什么伤害，是这样子的。"文化大革命"焦点是什么呢？造反派要夺走资派的权，走资派后来返回来的时候，你要我的权，我就要你的命，是这样子的，所以这个武斗就很厉害了。任何问题你都不能绝对地看。我们勤俭大队，它的发展，恰恰在"文化大革命"期间。不是仅仅我们大队，我们国家，好多事情都是在"文化大革命"期间做起来的，所以把"文化大革命"的错误绝对化就不对了。有些人说毛主席晚年糊涂了，发动了"文化大革命"，我也不完全同意这个说法。毛主席那时候才七十多岁，怎么会糊涂？
>
> 刘少奇搞资本主义，还说"剥削有功"。不能这么说的。剥削怎么有功？人民的价值都给资本家弄去了，你还有功啊。你说是吧？那么就倒过来，不是工人创造财富了，而是资本家创造财富了。不是工人养活资本家，而是资本家养活工人了。这个是不对的。"三自一包"错误在哪里呢？在否定了集体的优越性，集体的力量。当然，对待刘少奇，也应该"一分为二"，过去把他批得一无是处也是不对的。

杨献珍把哲学封闭在课堂上、书本里，把哲学搞得"神秘化"，这一点是不对的。但是，他的"合二为一"，也还是有道理的。一男一女结合起来成为一个家庭，这不是合二为一吗？这有什么错呢？有好多事物它是合二为一的，你怎么说它错呢？

姜汝旺使用"一分为二"的方法去分析事物，从理论上来说没有什么问题，但是在得出具体结论的时候，有些简单化了。一分为二，并不是机械地分成"好的"和"坏的"，"对的"和"错的"，而是提供一种辩证的视角。即便是对事物作出好坏对错的判断，也要依赖于许多主客观因素。至少，我们应该看到，姜汝旺在思考的时候，受到了"信息不对称"的限制。他不知道，在勤俭村以外的许多地方，"文化大革命"造成了多么巨大的破坏；他不知道，他读到的刘少奇和杨献珍的那些观点，有很多是经过肆意曲解和恶意加工的。

姜汝旺觉得琢磨得差不多了，想与昔日的骨干们交流交流这些"新想法"。可是，他发现，没有人对这一套东西感兴趣了。那些骨干们刚尝到了"分田到户、家庭经营"的甜头，整天带着家人忙里忙外，忙得不亦乐乎，哪里还有功夫研究"哲学"？当年的笔杆子、现在的镇工办会计姜法六说："过去为平均主义哲学唱赞歌，现在实实在在觉着让一部分人先富起来，允许收入有差距，不是坏事。"

时代真的不同了。

姜汝旺沉默了。从此，村里村外，人们经常见到一个孤独的身影。在褪色的大标语前，在杂草丛生的土戏台前，在昔日的展览馆如今的服装厂前，在幽深的徐垄水库前，姜汝旺常常点燃一支烟，直瞪瞪地望着眼前的事物，有时候烟烧到了手指头都不知道。他的白头发增加得很快，以前蹲大狱的时候，也没有增加得这样快。

再后来，姜汝旺变了。可以说是180度的大转弯。他居然做起了贩煤的生意。搁在过去，这可是标准的"投机倒把"呀。关于这段经历，胡韶良在《天下无双的"哲学家"》中有这样的描述：

凑足1000元钱，姜汝旺上路了，第一站便是与江山毗邻的福建省浦城县。到了一家煤矿一问，得知煤是有的，就是找不到车辆外运。姜汝旺找到了当地运输公司请求帮忙，调度员摇摇头说：排不出车子没办法。姜汝旺一听凉了半截，唉声叹气埋怨自己瞎跑了一趟。调度员随口问："你是哪里人？"

"江山。"

"江山什么地方的？"

"勤俭。"

"啊！"或许是好奇心的驱使，调度员一听"勤俭"两字，便调整懒洋洋的坐姿来了劲，"勤俭，可是出过大名的地方，现在怎么样了？对了，那个姜汝旺现在怎么样？"

姜汝旺一听问到自己头上来了，担心露了马脚闪出不测，便收住笑容说："你问他干什么？"

不想，调度员的脑瓜子还真灵，谈话中听出他就是姜汝旺，便自言自语又像安慰姜汝旺似地说道："在那年月，犯错误也是难免的……"

也许是动了恻隐之心，调度员的态度来了180度大转弯，热情帮助他联系好了运煤车辆和装卸工，一星期内便运完了2000吨煤。

后来，他干脆打出了"姜汝旺"的"牌子"，到江西省跑了几趟，做了几笔煤生意，笔笔生意都做得出人意料的顺利。

姜汝旺住进了新建的二层楼房，却听到了"打击煤贩子"的风声。一个饱经政治风霜的人，不免对政治气候"神经过敏"，稍有风吹草动，便疑大兵压境。不管怎么说，他觉得住进新房也挺舒适了，不必再冒风险。还是早早刹车，草草收兵为妙，做煤生意的念头就此打消。以后，不少人找上门来，想借助他曾经有过的"知名度"，而请他"出山"跑项目，搞供销，姜汝旺都以年迈不便为由一一谢绝。

实践是检验真理的唯一标准。在伟大的实践面前，姜汝旺不得不承认，家庭联产承包责任制，包产到户，多种经营，这些生产方式是最适合农村经济特点的。但是，他又总有些怀旧的情绪。80年代中期，省电台、省报社的领导问他，姜汝旺你对分田到户有什么看法？姜汝旺想了一下说，分田到户是对的，有对的一方面。那些领导们说，很奇怪啊，姜汝旺你是农民学哲学搞集体的，怎么分田到户你会赞成啊。姜汝旺说，我有个前提。他们问，什么前提？姜汝旺回答，如果没有20多年的人民公社、农业集体生产，现在你分田到户就错了。这个回答可谓机智巧妙。看来，姜汝旺对辩证法的运用，水平是越来越高了。

如今的姜汝旺，已经是80多岁的老人，平静地生活在勤俭村里。他的母亲、老伴都已经过世，儿子们也都在外工作，他成了地地道道的"空巢老人"。他的身体很好，种田、养猪、养蚕这些农活都能干。寂寞的时候，他愿意与那些昔日的骨干们聊聊天，打打牌，或者参加村里组织的文化活动。

村里的人对他都很尊重，遇到什么问题，都喜欢与他商量。谁家要是闹了矛盾，也找他来调解。这一来，姜汝旺重新有了用武之地。"大石头离开小石头砌不成墙"，他曾用这句土语劝和一对夫妻，在外做生意的丈夫开始尊重妻子的想法和意见；"疑神疑鬼会害人"，他曾用这句俗话说明一户人家失火未必是邻居所为，让邻里之间恢复了信任。镇领导看到了姜汝旺在建设"幸福乡村"中发挥的独特作用，专门为他成立了"老娘舅工作室"，地址就设在"勤俭农民学哲学陈列馆"里面。后来，又有一些镇村干部和昔日的骨干加入进来。在他们的共同努力下，勤俭村的矛盾纠纷越来越少了，小山村变得更和谐了。

最近几年，到勤俭村拜访姜汝旺的外地客人不断增多。只要身体情况允许，他总是热情地出面接待，与他们探讨"哲学"问题。客人们往往请求姜汝旺讲勤俭村过去学哲学的光辉历史，但他更急于和大家分享他对当今许多社会问题的看法。每次讲完之后，客人们都惊讶地发现，姜汝旺的哲学不仅在"与时俱进"，而且更加"麻辣"了。

图15-5 "老娘舅"姜汝旺

（二）"三姐妹"又有了信心

"文化大革命"结束以后，姜汝旺受清查的时候，县里的一位主要领导曾动员戴香妹带头批判姜汝旺，结果被她顶了回去："当初是你们请他去讲的呀，又不是他自己要去宣传要去说，你们把他树成了典型，现在又要批判他，这是为什么呀？"也许是因为戴香妹有个"全国人大代表"的头衔，县里也怕她三分，所以没敢把她怎么样。

但是，走在江山县的大街上，戴香妹发现，人们对她的态度变了。过去，无论她到哪里，人们都是笑脸相迎，到处都是鲜花和掌声。现在，人们见了她都躲着走。有些老熟人，见了她甚至假装不认识。"人家没有看得起的"，回忆起这种情景，戴香妹现在还刻骨铭心，"人家看到，哎呀，干部看到了，哎呀……我们到江山，人家看到你，怕得要死啊"。学哲学学到了这样的结果，戴香妹的自尊心受到了极大的伤害。她当时就下定决心，以后再也不学哲学了。

姜汝旺被捕以后，戴香妹担任了勤俭村党支部书记。她带领全村干部、群众，一心一意搞生产，栽种了杉木、蚕桑、茶叶等经济林，搞多种经营，使群众生活有了明显改善。

80年代初，戴香妹卸去了支部书记职务，回归家庭，成了地道的家庭妇女。闲下来的时候，她想把家里与学哲学活动有关的物件都处理了。墙上原来挂着一张五届人大华东地区代表的合影照片，有一次下雪的时候，融化的雪水从屋顶漏下来把它弄脏了。她对孩子们说，"不要挂了，妈妈不要了，过时了，拿掉，不要了，人家看见也不好看的"。区里的一位干部听说了这个消息，想收藏这张照片，来看了看，见品相不太好，没有拿走，戴香妹就把这张"没有人要"的照片烧掉了。戴香妹家里还藏着一套邓颖超赠送的领袖著作，90年代也被她当作"废品"卖掉了，卖了两块钱。

傅金妹没有戴香妹那么幸运。她因在批斗姜汝旺中不坚决等原因，被免掉了妇女主任职务。最初，她心里想不通，认为勤俭大队学哲学是跟形势和上级精神做的，"走红"的时候什么都对，落下来的时候什么都错，这不公平；即使错了，责任也不应由勤俭人全部承担；事物应该一分为二才是。党的十一届三中全会后，傅金妹的思想观念有了较大的转变，她认识到"斗争哲学"是违背哲学本意的，七斗八斗于国于民有害无益，只有坚持改革开放，以经济建设为中心，才能建设富强的社会主义国家。

毛阿妹在"文化大革命"以后虽然没有受到什么牵连，但是也失去了对于哲学的兴趣。担任了村妇女主任职务后，她将精力花在本职工作上，并在全公社带头做了绝育手术。由于她以身作则，村里的计划生育工作取得了较好的成绩。勤俭村连年被评为计划生育先进单位，她本人也连续三届被选为人民代表，并多次被评为优秀共产党员、先进工作者、先进妇女主任，受到表彰。她还发挥自己养蚕的专长，经常向全村妇女传授养蚕技术，为村里发展家庭经济作出了贡献。直到2002年，毛阿妹才从妇女主任的岗位上退下来。

在过去的30多年里，"三姐妹"经常见面聊天。聊的话题很广泛，天南海北、东家长李家短、柴米油盐酱醋茶，就是没有"哲学"。

最近，情况发生了变化。

村里的"陈列馆"重新开放后，陆续有外面的专家学者来参观交流。三姐妹希望听一听他们对农民学哲学的看法。专家们解释说：人们在自己的日常生活中每天都在运用哲学，无论你学不学哲学，你都有哲学，哲学是不会过时的；学哲学本身并没有错，错的是"文化大革命"时期的历史形势，哲学与政治完全挂钩了；将"农民学哲学"捧上天是当时的政治需要，但是"文化大革命"结束后，又将其一棍子打死，完全抹杀学哲学的积极历史意义，是从一个极端走向了另一个极端。"我们本来都要灰心了，我们看到这些老师讲得这么好，这么关心，我们又有信心起来了！对我们提高帮助很大！"听完专家的这些讲解，戴香妹很兴奋。

于是，"哲学"重新走进了三姐妹的生活。她们首先想到，要在本村妇女中间，通过"传帮带"活动，把"学哲学用哲学"的优良传统继承发扬下去。为此，她们积极参加了村里组织的"母亲素质"工程培训活动。关于这个活动，我们在新塘边镇网站上找到了一篇报道。全文如下：

勤俭村组织开展"母亲素质"工程培训活动

> 昨日，新塘边镇勤俭村为广大妇女举办了一场生动的"母亲素质"工程培训活动。该活动由镇妇联主席周泽仙主持，二十余名女

代表参加了此次培训活动。

本次"母亲素质"工程培训活动邀请了当年"哲学三姐妹"戴香妹、傅金妹、毛阿妹为大家讲述当年学习哲学、活用哲学的故事。她们的艰苦奋斗、她们的无私奉献深深地感染到了在座的每一位后生。许多妇女会后交流谈到,应该向三位老前辈学习,为幸福乡村的建设做些力所能及的事情。

妇联主席周泽仙说:"都说家有老人是个宝,现在我们勤俭有三个这么辉煌的老人,真是宝中宝啊!"她还提出,让妇女们向三姐妹学习,在新的时代,发挥妇女作用,做好全村带头人。

图 15-6 三姐妹在"母亲素质"工程培训活动中讲哲学

村书记姜法十提出,希望村妇女积极参加锣鼓排舞活动,并能做好门前卫生工作,为中国幸福乡村创建立功劳!

报道刊登时间为 2010 年 10 月 28 日,作者是毛金靖,当时的大学生村官。

十六　老革命遇到了新问题

在进村采访过程中，我们和老一代哲学骨干们进行了多次交流。我们惊讶地发现，他们的思维依然很活跃，对当今社会的许多重大问题保持着"严重关切"。有些话，如果是从受过专业训练的知识分子口中说出来，也许没什么，但是从他们口中说出来，便会让人感到特别震撼。如果不是亲耳听到，我们很难想象在这样一个小山村里还有这样一群可爱的老人会思考这样的问题。他们对国家前途命运所表现出来的那份认真和焦虑，尤其令我们敬佩。他们谈得最多的，尤其是姜汝旺谈得最多的，我们总结为六个问题。

（一）社会形态问题

好几次与姜汝旺对话的时候，他都提到了社会形态问题。他感到困惑的是，现在的社会制度，既不是传统的资本主义，也不是传统的社会主义。他急切地想知道，当前我们这个"特色社会主义"到底是一个什么样的社会形态？

我们请他先谈一谈。他谈了两点。

第一点，所有制形式与分配形式不一致。从生产资料所有制形式看，好像是社会主义。"现在我们大型国有企业，这些都是我们国家掌握的，都在国家手里，是吧？那么其他的都在地方上，民营的，是这么一个状况。这个怎么是初级阶段呢？就不是初级阶段了，起码一半是社会主义，由国家掌握的。"从分配形式看，又好像是资本主义。"社会主义的分配，我理解是以劳动力为主，多劳多得，少劳少得，不劳动者不得食，这是社会主义的分配原则。资本主义社会它是以资本为主，我投资了多少，我以资本来分配为主的。这两者是截然不同性质的国家,对吧?照理说,讲粗一点,你现在是共产党,共产党是反对剥削的,革资本主义的命的,但现在共产党反而不革资本主义的命,还在搞资本主义。"

第二点,经济基础与上层建筑不一致。从经济基础看,好像鼓励搞资本主义。"我们国家现在搞资本主义并不是说不可以,可以的。并不是说搞市场经济不可以,可以的。并不是计划经济就好,市场经济就不好,不能这么说。"从上层建筑看,又好像限制资本主义。"我们国家要宏观调控,你怎么理解呢?你这个宏观调控干什么呢?它经济发展,自己根据这个条件,自身发展,根据市场的需求去发展经济,市场需要什么,你生产什么,对不对?应该这样认识。那么你这个宏观调控起什么作用呢?那你就不是根据市场经济本身、市场需要来发展经济,而是政府行为。对不对?"

姜汝旺认为,我们现在应该搞"大社会主义"。"那么怎么搞法呢?纠正毛主席那时期过'左'的东西,过'死'的东西,把它解放了。这个过'左'了,我们不能这样做,有教训了;过'紧'呢,我们要放宽,这不是很好吗?"现在的问题不是过"紧",而是过"宽",农村里"抓不拢","一盘散沙"。在农村中,"大社会主义"的搞法就是"人民公社加供销合作社加信用社"。

姜汝旺怀念人民公社制度。他说,"农民,可以说基本上有点习惯了社会主义这个制度"。当然,原来的公社制也存在一些弊端,比方说它里面的不合理分配问题,还有农民这个阶层,它领导力薄弱,有好多问题处理不了。这些弊病毛主席看到了,可惜"来不及解决"。在新形势下,可以重新实验"农村人民公社加农村供销合作社加农村信用社"这种经济组织形式,它比"公司加农户"的形式更公平更有效率。"人民公社,加供销合作社,加农村信用社,多好。信用社给农民提供资本,发展生产。供销社为发展经济保障供给。你这里需要的,我外面采购来,你这里农副产品,我推销出去,而且它还做亏本生意。三年困难时候,我们这里毛猪没有种,猪种,供销合作社去河南,采购子猪,猪种啦,亏本的。……为什么供销社亏本卖呢?我这一桩生意为农民发展生产亏本卖猪种,小猪,但是我别的生意赚了钱的,可以补这里。那么现在供销社没有了,公司,公司它要做这种赔本生意吗?它不做的,对不对?所以,厉以宁说公司加农户，我的看法，不新鲜，过去比你这个好。人民公社加农村供销合作社加信用社，多好！它有巨大的优越性，切实发展经济。那么到现在你讲的公司加农户，我一个都没有看见加在哪里，没有，空喊喊，对不对？"

我们也谈了一些看法。

首先，关于中国特色社会主义制度。在马克思主义经典著作中，资本主义和社会主义的制度特征是清楚的。以生产资料所有制形式来说，资本主义是生产资料私有制，社会主义是生产资料公有制，集体所有或国家（全民）所有；以分配方式来说，资本主义是按资本要素分配，社会主义是按劳分配，那么到高级阶段，也就是通常所说的共产主义阶段，还要实行按需分配。这种社会主义实验，在苏联、中国以及其他社会主义国家，遭遇了不同程度的挫折甚至失败。所以，我们现在非常注重把马克思主义普遍原理和中国国情结合起来，探索具有中国特色的社会主义发展道路。也就是说，中国特色社会主义和《哥达纲领批判》等文献中描述的经典社会主义是有所不同的。如果以那种社会主义理论来对照中国的现实，当然会对不上，会发现许多"矛盾"。除了要注意中国特色社会主义制度的一些独特特征外，还要注意一些概念在意义上、解释上发生了变化。例如，"公有制"这个概念，过去指的是生产资料的公有，而现在，它也可以指在生产资料私有前提下对其使用权和处置权的公有；"公有制为主体"中的"主体"主要就重要性和控制力而言，而非主要就数量和比例而言，等等。

其次，关于"公社加供销社加信用社"的农村经济组织形式。这种组织形式只要适合农村的生产力发展特点，自然有它的生命力。实际上，随着土地承包制度的发展，随着农村劳动力流动性的增强，一些地方已经悄然出现类似公社性质的互助型生产组织，只不过它的规模不如原来那样大，也和政权形式无关。"供销社"这个机构一直没有取消，但职能发生了很大变化，随着商品流通渠道的增加，它们已经很难再起到原来那种作用。在新形势下，由农民自己建立某种自我服务的流通机构也是完全可能的。农村信用社在国家的推动下，近些年办了很多，由于管理和机制方面的原因，在"三农"经济生活中发挥的作用还比较有限。"公社加供销社加信用社"的农村经济组织形式是可能的，但是要具体问题具体分析，其效果也要通过实践来检验。而且，这种形式本身也是中国特色社会主义的一个组成部分，而不是它的某种对立物。

（二）社会矛盾问题

老骨干们认为：和谐社会，并不是没有矛盾的社会；和谐里面有不和谐，没有绝对的和谐；不和谐解决了再和谐，矛盾解决了产生新的矛盾；不断矛盾不断解决，这是事物发展的过程；当今社会，不和谐因素太多了，矛盾太多了，所以中央才提出要建设和谐社会；建设和谐社会，涉及方方面面，错综复杂，但是首先要解决一些严重的社会矛盾，例如，贫富矛盾，干群矛盾，城乡矛盾等。

造成这些矛盾的原因有很多，例如，腐败、分配不公、两极分化、政府公信力下降、城乡经济发展差距不断加大等等。姜根土说，买官卖官，利用职权拉帮结派，把工程承包给关系户，这些都是农村常见的腐败现象。姜汝旺说，分配不公和两极分化不仅造成了贫富悬殊，而且使"穷人"产生了"仇富心理"。"现在你这个人富了，我想办法弄你一下，富要到我这里来，是这样子的"。这种心理比贫富悬殊现象本身更可怕。干群矛盾的背后是政府公信力的下降："我们应该是法制国家，恰恰我们国家是制定法律的去破坏法律。土地法，国家政府制定的土地法，农民没有权力去破坏它，而政府自己去破坏。30年不变，昨天开会说的，今年要这块地了，马上就变了。谁破坏？你不是制定法律者去破坏法律吗？对不对？你说说是不是这么一个问题啊？"谈到有些地方政府在土地开发过程中肆意践踏农民利益的做法时，姜汝旺显得很气愤。更令他气愤的是，不仅城乡差距继续扩大，而且城市还"欺负"甚至"掠夺"农村。他说："我们的经济从城市里来看，不得了。我没去过纽约，上海我到过的，但是从感觉来说，从报纸上看，我们的上海比纽约还好。现在，确实建设得好。农村里，衰败了。土地是农民的，几根像样的树要挖去，从农村里挖到城市里，都这样子的。城市里环境污染不行的，养猪、养鸭，农村里行，把农村污染起来。你说是不是这样子呢？"

如何解决这些矛盾？老骨干们认为，还是要到毛主席的著作中找答案，《矛盾论》和《关于正确处理人民内部矛盾的问题》等著作没有过时。

在社会矛盾中，要注意区分哪些是人民内部矛盾，哪些是敌我矛盾。当前存在的绝大多数矛盾属于非对抗的人民内部矛盾，九个指头与一个指头的关系。人民内部矛盾处理得不好的话，它可以变化成对抗性的矛盾。对抗性的矛盾，你方法运用得当，处理得好的话它也可以变成非对抗性的矛盾。

对待人民内部矛盾，应采取批评与自我批评的方法。现在很少采用这种方法了。一个党支部，一个单位，你不能死水一潭，有斗争才有发展，你不要怕矛盾。应该学会正确认识矛盾，正确处理矛盾。你要从团结的愿望出发，通过批评与自我批评，达到新的团结。

对待敌我矛盾，应采取专政的办法。过去提阶级斗争，现在有不同情况。但是，敌我性质的斗争，不同时期、不同地点、不同行业当中都有不同程度的反映。现在大家都能认识到，有很多腐败现象，有很多触犯法律的腐败分子，所以，现在的主要问题不是"拿枪不见鸟"，也不是"有鸟没有枪"，而是"见鸟不开枪"。关键在于行动，应该运用专政的武器，狠狠打击那些腐败现象和腐败分子。

（三）意识形态多样性与指导思想一元化问题

每当戴香妹看到电视上那些打打杀杀、搂搂抱抱，充斥着"黄赌毒"、海淫海盗的画面时，她就感到特别忧虑。

"不会安定的，安定不出来的，没办法安定的"，她说。为了刺激经济发展，各种各样的宣传都泛滥起来，负面的、消极的东西宣传得太多了，正面的、积极的东西宣传得太少了，这是不对的，会导致社会的不安定，经济发展也不会持久的。还是应该注意引导，要"讲政治"。她说："那我们政治是要的，没有政治是没有头脑的，是不是？人家说政治是统帅，是灵魂，还是要讲，不能说单纯地讲经济的。人的思想端正，很快就会发展上去的。人的思想不端正，对共产党没有阶级感情，没有心思做工作的。"

戴香妹说的"各种各样的宣传"和"政治"之间的关系，在姜汝旺眼里，就是"意识形态"和"指导思想"的关系。他不同意把两者并举："曾经我在报纸上看到我们中央党校的一个教授，我到现在还想破脑袋想不通，他说思想上一元化，意识形态多元化，这我就想不通了。思想难道是和意识形态分开的？思想和意识形态是分家的？"姜汝旺担心，如果既提意识形态的"多元"，又提指导思想的"一元"，那么，这个"多元"就会把"一元"吃掉。

中国社会科学院哲学所的陈瑛教授在造访勤俭村的时候，提供了一种解决方法，就是把"多元化"中的"元"替换为"样"。"一元化，多样化"，他解释说，"心往一处想，劲往一处使，这是一元的，但是具体在方法上、方式上，你搞你的种田，我来打鱼，他来……，多样，一元"。如此改动之后，"多样化"和"一元化"就不冲突了，而且两者的主次关系也清楚了。陈教授还对那些错误的和有害的"意识形态"提出了严厉的批评，认为应该把他们从社会许可的多样化的意识形态中排除出去。

姜汝旺非常赞同陈教授的看法："首先要肯定'一元化、多样化'是对的。那么同我们过去搞社会主义一样，以生产资料公有制、以集体所有制为主体，还允许个体经营、生产资料私人占有的个体经济，这个是不矛盾的。一元化与多样化，始终是一元化占主导的，这个应该肯定。不然的话，就不存在什么一元化了，对不对？所以，多元化、多样化，不管怎么样都离不开一元化。"

（四）价值观问题

老骨干们认为：人生观、世界观同价值观，虽然三种提法，概念上可以是一样的东西；人只有用正确的思想对待社会才能够办好事情，少犯错误或不犯错误；犯罪分子没有正确地认识人、人类社会，不知道怎么样做人，天天在金钱里面打滚，满身都是充满着铜臭；我们的国家现在有一种不好的倾向，有了钱你这个人就有价值，你这个人就不错，钱代表你有本事，代表你有能力，代表你高档；商品社会，钱固然重要，但是，金钱不是唯一的；有比失去资本更痛苦的东西，这是什么呢？真理上的东西。

价值观属于"精神"领域。物质可以变精神，精神可以变物质，这是老骨干们熟悉的套路。"你富了，需要有一定的精神去巩固它。你没有一定的精神，富了，后来又趴了，曾经有好多教训。我们这里发展乡镇企业的，几百万，后来赌博，一赌就赌光了。为什么？你没有精神嘛，所以说你不牢固嘛。"姜汝旺对那些素质差的富豪没有什么好感。有一次，他当面说一位富豪是"脑膜炎"，很胖很会吃，但是很空虚。姜汝旺虽然说不好什么是"核心价值观"，但是他懂得，集体主义精神还是需要的。"邓小平提出来，让一部分人先富起来，帮大部分人富，对不对？对的。可是这些富起来的人，精神上不够，他没有去帮助大部分周围人富，而是他更富，那就是缺乏精神了。如果有精神，他就会这样子去做的，我富了，我带动周围的人富。可是，因为他缺乏精神力量，他不去这样做。那些富的更富，甚至想整个中国都归他，整个地球都归他，是有这种想法的人的。"

培养正确的价值观，应该从娃娃抓起。然而，现实情况却不容乐观。村里的学生们对老一辈人的价值观很不以为然。有一次，姜汝旺碰到一个十五六岁的小男孩在大街上拦了女孩亲嘴，他制止说："哎，你这怎么行啊？"那小男孩白了他一眼："大惊小怪！"姜汝旺又说："你能这样子啊？"那小男孩理直气壮地回答他："你老头，现在是现在的世界，同你那个世界是不一样的！"一开始，姜汝旺认为这只是这个小男孩个人的观点，后来通过了解才知道，很多中学生都是这样的观点，因为老师就是这样教的。姜汝旺仔细想了想，老师的话也不是完全没有道理，生活的时代、环境不同，人们的思想也不同，这个很正常，但是，老师也应该向学生们讲明白，那些正确的价值观，其真理性是不受时代和环境影响的。总不能说，原来世界有原来世界的做人，现在世界有现在世界的做人，原来讲良心，现在不讲良心，不能这样子吧？你做人起码要有一个道德吧？不能说过去我做好事，现在我变得做坏事了，不能这样说的。现在还是要做好人做好事的。

（五）"哲学的贫困"问题

在老骨干们眼里，哲学有很多用处。分析社会形态需要哲学，解决社会矛盾需要哲学，确立一元化的指导思想需要哲学，培育正确的价值观需要哲学，生活中处处需要哲学。按说哲学应该是很风光的，可是，在现实生活中，哲学却是"贫困"的。老骨干们对此感到愤愤不平，却也无可奈何。

老骨干们说的"哲学的贫困",主要有四层意思。

一是哲学不吃香。大学里学哲学的人,专攻哲学的人,招工没有人要,就业很困难。很多人把哲学看成是"耍嘴皮",认为说话是"软件",而他们需要的是"硬件"。硬件就是"专业技术",所以理工科的人好找工作。这种现象持续下去,导致了社会的"专业化程度"过于泛滥。哲学人才没有用武之地,而自然科学人才凭文凭就可以当官。很多地方,地质专家、林业专家,摇身一变,成了市长、书记。

二是哲学的作用没有得到充分发挥。报纸上经常讲,用机制去抑制腐败,这是空话。最高检察院、反贪局、纪委什么多得很,老是遏制不住腐败。人不能知足,也不能不知足,这是辩证地看问题。如果知足,社会就不发展了;如果不知足,那你就要犯错误了。哲学是世界观的东西,是自己管自己。为什么好多腐败会产生呢?就是世界观没有改造,自己管不了自己了。不学哲学的人呢他也有哲学,总之是为了自己的利益,"人不为己,天诛地灭",没有利益我不干,有利益我就干,都是这样子的。

三是学哲学的人数少。大学里设哲学系少,读哲学系的学生也少。社会上自学哲学的人就更少了,大部分人年龄偏大,还是"全民学哲学"那时候培养的兴趣。

四是搞哲学的收入少。既然很多人认为,哲学没有什么价值,搞哲学的人也创造不了什么价值,那么哲学工作者赚不来钱也就不奇怪了。他们辛苦耕耘,同苦行僧一样的。

造成"哲学的贫困"现象,有客观原因。例如,哲学本身往往不能直接创造经济效益,而它带来的社会效益又不易评估;哲学比较难,不容易学;目前的社会风气、社会环境、社会舆论、社会导向都不利于促进学哲学用哲学,等等。

也有主观原因。例如,有些人觉得,学了哲学,思想和行为就会受到"束缚",因而拒绝学哲学;有些人觉得,学哲学又得动脑,又得联系实际解决问题,麻烦得很,所以害怕学哲学;等等。姜汝旺认为,有一个主观原因,是最为重要的,那就是"领导忽视"。领导到一个地方听汇报,不是问你这个地方精神面貌有什么变化,而是问你物质条件上去没有,你指标上去没有,这恐怕就有片面性了。他激动地说:"我没有机会见中央领导,我有机会见中央领导,我必须说明我的问题。我说应该给哲学工作者提供平台，教人怎么做人，就这么说。我们13亿人，物质富裕了，怎么做人？怎么认识人类社会，改造人类社会？这个还是缺乏的，需要哲学工作者来解决这个问题。我们勤俭大队的例子可以充分说明，我们新塘边镇的例子可以充分说明，用哲学这个武器去解决问题，工作就做好了。"

（六）理论与实践相结合、知识分子与民众相结合问题

老骨干们认为，理论与实践相结合，知识分子与民众相结合，有助于从根本上解决"哲学的贫困"问题。

关于理论与实践相结合，他们说：

> 马克思主义的认识论就是实践论；认识来源于实践，实践出真知；哲学是真知，这个东西你只能够结合实际学，才能够越学越明白；不然的话，你就从概念到概念，恐怕越搞越糊涂，弄不好学玄起来，玄乎其玄了，也不叫辩证法了，叫诡辩法了；联系实际说明问题，明白了，这就是辩证法了，唯物辩证法；学哲学不是浮空学哲学，光读书，而是要解决问题，所以哲学要回到实践中去；用马克思主义哲学观点，去指导我们的实践，从实践中又回来，总结，再去实践，实践再认识，认识再实践，这样子才能搞好我们的工作，不然的话，下一代要变成没有成就的人了。

关于知识分子与民众相结合，他们说：

> 勤俭村历史上学哲学，得到了很多知识分子的帮助，没有老师，成不了学生的；农民学哲学，一个有文化的限制，另外，它形成于朴素的阶段，感性的认识还不能上升到理性，需要这些专业人员、高层人员来帮助，才能够提高；没有你们这些专业的工作者，没有你们这些知识分子，光我们生产第一线的实践的劳动人民，也无济于事；你们呢有专业的知识，但是缺乏实践的，专业工作者同劳动实践者只有结合起来，才能够把这个哲学应用、发展；你们的真理不经过实践的检验，也不能说明问题；我们勤俭村过去学哲学用哲学一条成功的经

验，就是知识分子和农民相结合，两者缺一不可；毛主席提出来"知识分子劳动化，劳动人民知识化"，可以说是一个真理。

从老骨干们的言谈话语中，可以听得出来：他们非常期待哲学能够走出书斋，走进百姓的日常生活，指导他们的实践；非常期待哲学工作者能够来到百姓中间，解决他们的思想困惑，辅导、帮助、带动他们学哲学用哲学。姜汝旺、戴香妹、姜法六等老骨干一再对我们说，和我们交流，他们感到非常高兴，多年来没有这样的交流了，希望我们以后多来"传经送宝"。我们也观察到：在每次交流的时候，他们都很认真，而每次我们将要离开的时候，他们都还显得意犹未尽。我们何尝不是这样呢？我们也盼望着以后能有更多的交流机会。

十七 后来者

老一辈哲学骨干们绝大多数是上个世纪三四十年代生人。姜汝旺是1933年，戴香妹和傅金妹是1935年，姜乾位是1936年，姜根土是1943年，姜法六是1944年，毛阿妹是1945年。他们的青春曾经因哲学而灿烂，然而，属于他们的年代毕竟在渐渐远去。近些年，村两委（村支部与村委会）成员姜法十、姜兴根、徐根凤、姜建平、姜裕海、毛金靖、姜赛华、姜丽华等人，肩负老一辈的期望，在推动哲学村的建设方面做出了不少成绩。他们中年龄最大的为"50后"，最小的为"80后"，都算是"后来者"。我们从中挑选出几位代表，看看他们做了哪些与哲学有关的工作。

（一）姜法十

姜法十，1955年生，初中文化，2008年开始担任村支书，2010年卸任。这三年时间，是勤俭村哲学文化从沉寂走向复苏的时间。

为什么要打"哲学村"这张牌呢？姜法十和当时的两委其他成员认为：勤俭村在物质生活方面可以说比较富裕了，人均收入达到8000多元，但是精神生活方面没有跟上，有些人好吃懒做，有些人为了一些小的利益闹得不可开交；在这种情况下，我们不仅要提倡"经济富裕"，而且要提倡"精神富有"；勤俭村在历史上有学哲学的传统，那个时候人们的精神面貌是很好的；我们应该争取把当年那段历史重现出来，引导大家提高文明素质，为"中国幸福乡村"建设、社会主义新农村建设作贡献；此外，"哲学文化"是勤俭村独有的资源，充分保护、开发、利用这个资源，发展特色旅游产业，也能为村里增加经济收入。

2009年，村里筹集资金10多万元，重修了农民学哲学陈列馆，并配置了电脑、投影仪等多媒体设备；投资3万多元，购买并制作了"中国农民哲学村"景观石；投资数千元，恢复了土戏台。这一年，还新建了三块文化墙，全面启动了"文化大革命"时期学哲学各种实物、文字和口传资料的收集工作。

图17-1　姜法十带领小学生参观陈列馆

2010年的一个重大事件是，耗资20多万元，请专业机构设计完成了《江山市新塘边镇勤俭村村庄规划》。在《规划》中，勤俭村的定位是"农民学哲学特色文化村"。关于这个定位，有如下解释：重拾"农民学哲学"这一文化品牌，紧抓现时国家发展政策，学哲学，用哲学；从"哲学的矛盾论"向"哲学的发展观"转变，凸显现时代的生态哲学、低碳哲学和幸福哲学，拓展哲学特色文化村内涵。从这个解释中，我们可以看出，姜法十他们关注的"哲学"，与其前辈相比，已经有明显不同，体现出了"与时俱进"的特点。这一年，还有一件事值得记上一笔，那就是，"勤俭创作组"创作完成了三句半《喜看今日哲学村》。"三句半"是当地村民喜闻乐见的一种文艺形式，一般由4人演出，三人说三长句，最后一人只说简短的半句，押韵还有点搞笑。这个村20世纪70年代也曾经创作过"三句半"，对于宣传哲学起到过良好的效果。

姜法十认识到，要从根本上推动哲学文化村的建设，光"硬件"是不够的，还需要"软件"，也就是，要学理论，用哲学武装头脑。他向党员们发出倡议：读"老祖宗"的书，学会用辩证法看问题，指导工作。仅 2010 年一年，他就组织党员干部集中学习 20 多次，重温马列主义毛泽东思想，以及前辈们学哲学的成果。此外，他还组织广大党员到东阳花园村参观学习，进一步激发了广大党员干部的创新精神。

勤俭村养猪比较多，带来的负面影响是猪粪比较臭，有不利的因素。通过学哲学，姜法十认识到，在一定条件下，坏的东西可以变成好的结果。猪粪做成沼气，正是转变的"条件"。于是，他发动养猪专业户大建沼气池进行排污处理。到他卸任时，全村共建沼气池 28 个，15 户规模养猪户基本上做到了零排放，有 48 户村民用沼气作燃料。实践证明，沼气非常好，烧饭不要钱，又解决了环境污染问题，真是"一举两得，变废为宝"。能用哲学说服大家建沼气池，姜法十对此很有成就感。

（二）姜建平

2011 年，村党支部换届，原来担任支部委员的姜建平成为新一任支部书记。姜建平，1973 年出生，中专文化，职业是兽医。他对自己的描述是：喜欢读书，说话不行。他上任以来的这段时间，是勤俭村重新被外界认知、勤俭村的哲学文化不断升温的一段时间。

按照"既定方针"，各项工作在有条不紊地开展。勤俭村入口处，竖起了一块 8 米长 5 米高的广告牌，上书"中国农民哲学第一村——勤俭村欢迎您"，牌子上还有"中国幸福乡村"字样以及对勤俭村的文字介绍。村内也竖起了同样大的一块牌子，上书曾经让勤俭人备感自豪的口号"种田人就是能学好用好哲学"，下面还配有英文。为了继续加大宣传与推广力度，姜建平考虑的事情还包括：更新陈列馆的展板内容，拓宽渠道征集资料，最大程度地恢复哲学景观，建造"农民学哲学文化广场"，设计新的标语和宣传画，开发旅游文化产品……

2012 年，姜建平最得意的一件事情，也是他工作中最大的"亮点"，是策划拍摄了微纪录片《勤俭——中国农民哲学村古昔》。这部纪录片以凝练的语言、优美的画面向人们讲述了勤俭村当年那段风光无限的红色岁月，那段奋斗创富的辉煌历程，令人印象十分深刻，是迄今为止关于勤俭村最成功的宣传品。姜汝旺、姜刚森、毛阿妹、姜宗福等昔日的骨干，以及当年的见证者、原勤俭大队驻村干部蔡怡参加了拍摄。姜建平也有几个镜头。他以村党支部书记的角色,谈了拍摄这个纪录片的初衷。他说:"如今我们把这些书本和照片翻出来,并不是想要复活那段岁月,而是想更多的人了解那段历史,并且把老一辈的艰苦奋斗、苦干和巧干、创立幸福生活的精神传承下去。"这部纪录片长度为 17 分 37 秒,片尾显示制片方为"江山市新塘边镇勤俭村",摄制方为"江山播视网"。目前,它已上传到优酷网。截止到 2013 年底,播放近千次。

图 17 - 2 《勤俭——中国农民哲学村古昔》姜建平画面截图

姜建平勤于思考,再加上文化程度较高,所以看问题比较有深度。在专家的启发下,他把勤俭村学哲学用哲学的历史看作是马克思主义哲学大众化的历史。在此基础上,他展开了一系列关于如何深入推进马克思主义哲学大众化的理论思考。以下是他的基本看法。

1. 推进马克思主义哲学大众化,要坚持分层推进,突出全面性和针对性

不同社会阶层、群体的思想观念、思维习惯存在着特殊性和差异性。这就决定了推进马克思主义哲学大众化必须采取分层推进、区别对待的原则,全面系统地推进实施。一是要增强党员干部的理论修养。要通过组织各种类型的学习组织、通过各种形式的学习教育培训活动,引导广大党员干部系统准确地掌握中国特色社会主义理论体系,提高运用科学理论分析和解决实际问题的能力,使党员干部成为马克思主义的坚定信仰者和实践者。二是抓好青年学生的思想教育,特别是要加强社会主义核心价值体系道德观、荣辱观教育,通过身边具体典型榜样,传承中华美德,弘扬大爱精神,增强责任意识。三是要夯实人民群众的思想根基。人民群众是历史的创造者,他们有着朴素的哲学观,要通过通俗的语言、质朴的情感把马克思主义哲学观贯彻到人民群众的日常生活、工作中去。

2. 推进马克思主义大众化,要创新形式手段,突出灵活性和实效性

使理论由书本走向大众,从课堂走向田间,关键是要找到符合大众需求的有效形式和手段,立足实际,大胆创新,采取全方位、多角度、广覆盖的宣传教育方式和手段,切实提高理论工作的覆盖面和渗透力。一是探索理论宣传、理论教育的新途径和新方式。要发挥新闻媒体的优势,开设理论宣传、政策解读、时政评论、成就展示等专栏专题,引导舆论,凝聚共识,增强理论教育的说服力。二是开展各种活动增强理论宣传的吸引力。要通过特色鲜明的主题活动,寓哲学教育于具体的文体活动,在丰富群众精神文化生活的过程中使之受启发、受教育。结合当前热烈开展的春泥活动、关心留守儿童等活动,从娃娃开始抓起。三是运用网络手段传播。现在村村都通广播、有线电视、宽带,市(县)乡(镇)村都有局域网,大多都建有自己的网络,我们可以通过这些平台将马克思主义哲学通俗化、时代化,让网民更易读懂,更易接受,从而把握主导权,赢得主动权,积极做好正面宣传教育。

3. 推进马克思主义大众化,要注重以人为本,突出群众性和参与性

人民群众既是马克思主义大众化的对象,又是推动马克思主义大众化的主体。推动马克思主义大众化,必须发挥人民群众的积极性、主动性和创造性。广大理论工作者要了解群众的喜怒哀乐,把握群众的所思所想、所盼所虑,析事明理、解疑释惑。一是满足群众需求,激发学习兴趣。从群众普遍关注的热点问题切入,有效激发群众的兴奋点,提高学习教育效果。二是把握群众特点,提高转化能力。要认真学习掌握群众语言和思维特点,做到能用老百姓的话解读党的科学理论。三是发动群众参与,提高实践能力。推进马克思主义大众化,要提高群众的参与热情,切实发挥科

学理论对社会实践的先导和引领作用。

4. 推进马克思主义大众化,要加强队伍建设,突出基础性和长效性

要整合现有的理论武装工作队伍资源,形成集教育、宣讲和研究三位一体的理论工作者队伍,为深入推进马克思主义大众化提供坚实的人才保障。一是打造一支素质过硬的理论教育人才队伍。以高校、党校和社科团体为依托,加大对理论工作者的培训教育力度,不断提高其思想政治素养,努力造就一支熟悉政策、精通业务、善于教学的马克思主义理论教育人才队伍。二是打造一支业务优秀的理论宣讲人才队伍。理论宣讲者可以是理论工作者,也可以吸收农村有哲学素养的"土哲学家"参与。让宣讲者贴近生活、贴近实际、贴近群众的思想素养和实践体验,把握大众需求进行理论宣传,能够更有效地发挥马克思主义大众化主力军的作用。三是打造一支善于钻研的理论研究人才队伍。要鼓励引导广大理论研究工作者立足群众关心的社会热点难点问题,深入工矿、企业、农村,走到基层一线,倾听基层的声音,开展理论研究,推出一大批思想性、可读性强的理论文章,为广大人民群众提供更多更好的通俗理论读物,满足群众的理论需求。

在两届村两委的大力推动下,勤俭村的哲学文化建设目前已经初具规模。然而,由于资金、拆迁、开发机制等方面的原因,规划方案里的很多设想还不能落到实处。这是姜建平感到最遗憾的。他特别希望,江山籍的那些"能人"以及全国的有志之士能到这里来投资,和村民们一起,共建精神家园。

(三) 毛金靖

毛金靖并非勤俭人,而是这里的"大学生村官",后来当选村委委员。

毛金靖生于 1987 年,是两届村两委班子中年龄最小的。大专毕业后,于 2009 年 2 月任新塘边镇新塘边村村委会主任助理一职,主要负责该村的远程教育、宣传工作,同时义务为村里留守儿童上课。2009 年 12 月任勤俭村支部书记助理。在担任书记助理期间,毛金靖除了做好本职工作,还充分发挥自身的特长为村民服务，担任陈列馆的讲解员，组织妇女群众跳排舞、唱红歌，利用"农村党员远程教育"系统为群众提供就业和农产品买卖信息等，得到了村民们的夸赞。

2011年，在得知自己符合条件，可以参选村干部的时候，她心情很是激动，希望能够通过自己的努力为村里做更多的实事。2月19日，她来到设在新塘边镇组织办的村级组织换届选举报名处，领取并填写了村支委自荐报名表，成为新塘边镇首位参与村级组织换届选举的大学生村官。3月23日上午，在勤俭村村民委员会换届选举中，958名参加投票的选民将938票投给了她。这样，她就以"高票"当选。当选以后，她分管的具体工作为"信息平台、招商引资、哲学文化建设、宣传"。

图17-3 毛金靖（左一）向村两委其他成员试讲陈列馆展板内容

2012年初，毛金靖通过了龙游县事业单位招聘考试，转往该县的一个乡镇任职。但是，她的心里，一直记挂着勤俭村。

2012年8月，当我们第二次赴勤俭村进行调研的时候，她特地乘坐1个多小时公共汽车，从龙游赶回勤俭村，向我们讲述了她与勤俭村的故事。她说："勤俭村这几年注重文化特色村的创建，以中国幸福乡村创建为契机，村庄整体面貌有了较大的改观，村民生活水平和整体素质也随之上升。现如今，如何保护和传承哲学文化历史，如何开发和挖掘更深的哲学文化内涵等问题都决定着勤俭村未来的发展。"

当提到在勤俭村任职期间的最大收获时，她说："学到了很多东西，自己的综合素质也得到很大了提升，感觉到自己成熟了很多。现在的年轻人普遍对哲学不是很感兴趣，但是置身于勤俭这个充满哲学韵味的小村庄，使人在思考问题、处理事情过程中不得不向哲学靠拢，不自觉地就用哲学原理来指导自己的思想发展和行为方式。当一个人真正深入到哲学之中的时候，就会发现，哲学是很有意思的。"来勤俭村之前，毛金靖在看待问题的时候总是免不了主观片面，随着自己的心情和意愿走，想到什么说什么，通过在勤俭村的两年实践，她学会了运用"一分为二"的观点来看待问题，并且在解决问题的过程中也学会了抓主要矛盾与矛盾的主要方面。

她举了这样一个例子："当时新村委会刚组建起来的时候，村里的妇女一到晚上没事干，经常凑在一起打麻将，可谓是整个村里一到晚上麻将声四起。毕竟，打麻将也不是一件很好的事情。后来我们村里研究了一下，也是解决主要矛盾和次要矛盾的问题。然后就决定成立一个排舞队，丰富妇女们的业余生活。就这样，排舞队很快就成立起来。没事的时候，大家凑在一起跳跳舞，既能锻炼身体，又能交流感情，愉悦身心。慢慢地，打麻将的人越来越少了，主动要求参加排舞队的人却越来越多，村里的整个氛围和风气也逐渐得到了改善。"毛金靖的看法是："打麻将"是次要矛盾，而"没事干"才是主要矛盾；抓住了主要矛盾，成立了排舞队，妇女变得"有事干"，从而解决了主要矛盾；解决了主要矛盾，次要矛盾也就迎刃而解了，所以打麻将的人越来越少了。

毛金靖觉得，现在的大学教育可以借鉴一下勤俭村讲哲学的方法。学生对哲学不感兴趣，并不是哲学本身的原因，而是教育方面的原因。书本上的话是很枯燥的，但是如果把它和现实结合起来还是蛮有意思的。"我觉得用哲学小故事讲出来嘛，很生动的"，毛金靖说，"你如果跟他说，毛毛雨湿衣裳——不小心上大当，是什么意思，再把这个故事讲给他听，哎，人家会觉得很有意思，很生动的嘛，很形象"。

十八　陈列馆又开张了

勤俭农民学哲学陈列馆，"文化大革命"期间叫"勤俭农民学哲学成果展览馆"，于2009年重新开张。在此之前，这几间房子里先后办过服装厂和火腿厂，不过，均命运不佳。服装厂倒闭了，火腿厂搬走了，而后，房子一直闲置。2009年，村里打算恢复陈列馆。赞成的人说：农民学哲学是好事，它创造了辉煌；这个辉煌包括有形的、无形的；有形的客观事实摆在这里，勤俭村的物质、生产条件，各方面的发展，有目共睹的；还有无形的，勤俭村的人，犯错误的、犯罪的不多，法制意识各方面，道德方面比较好。不赞成的人说：你那个哲学讲阶级斗争，是错误的东西、极左的东西；毛泽东思想过时了，现在搞中国特色社会主义；学哲学是过去的事情，现在是搞经济，别折腾了。最后，还是赞成的人多一些，所以陈列馆就恢复起来了。

（一）展板内容概览

2011年10月我们去参观陈列馆的时候，展览的形式和内容都还比较简单。白色背景板上，二十几块黄色大牌子一路挂过去，上面印着若干文字和图片。2012年8月我们再去的时候，发现它丰富了许多，也改变了许多。听村支书姜建平介绍，原展览是2010年4月布置的，现展览是2012年3月改的。目前的背景板为灰色，五颜六色的非对称模块纵横其上，既新鲜又活泼。有些内容，例如姜汝旺的判决书影印件，删掉了，大部分内容做了调整，也增加了一些新内容，例如对祖籍勤俭村的国民党将军姜毅英的介绍。展览的格局由原来的"工"字形变成了现在的"王"字形，面积增加了不少。整个展览还像以前一样顺着逆时针方向往下走。

新展览划分为六个区域（部分），每区三个板块。我们简要介绍一下其内容。

图 18-1　2011 年 10 月拍摄的展览（局部）

图 18-2　2012 年 8 月拍摄的展览（局部），与上图差不多同样位置拍摄

从东门进入陈列馆，首先映入眼帘的是"北有大寨　南有勤俭"这样一个宣传口号，或者说广告语。它的下面是整个展览的"前言"：

> 文化是一座城市、一个乡村的灵魂和内涵。积淀厚重的农民哲学

文化，如同喷薄而出、绵延不绝的琼浆玉液，滋养着勤俭的一方水土和一方人。如今的勤俭村，怀揣着"中国幸福乡村"的金字招牌，依旧英姿勃发，续写着传奇和辉煌。

上个世纪 60 年代末，勤俭这个名不见经传的浙西小山村，"忽如一夜春风来"，山村遍开"哲学花"。时任村支部书记的姜汝旺，带领农民学哲学，用哲学，将哲学变成群众手中的"尖锐武器"。全村农民迸发出的"战天斗地"精神，实现了"人变思想地变貌"，勤俭村一度成为学习毛主席哲学思想的全国典型，勤俭农民创造了"种田人就是能学好用好哲学"的事实。"哲学花香蜂蝶来"，新华通讯社、人民日报社、红旗杂志社、光明日报社等媒体记者纷至沓来，全国、省地、县市等报刊显要版面，高密度、大篇幅地发表了姜汝旺和勤俭农民学哲学的文章。其间，毛主席的座上宾、美国著名记者斯诺先生，先后两次采访姜汝旺。姜汝旺被各大新闻媒体誉为"中国农民哲学家"。郭沫若、邓颖超等亲切接见了姜汝旺，并为他题词复信。截至 1976 年 10 月，仅 6 年时间，全国各地到勤俭参观学习的干部群众达到了 45 万人次。

峥嵘岁月，见证风流。虽时过境迁，但勤俭农民哲学文化仍不失为文化大观园中的一朵"奇葩"。挖掘传承、弘扬提升勤俭农民哲学文化，具有积极深远的现实意义。"勤俭农民文化陈列馆"从不同侧面还原和展现了当年勤俭农民学哲学的情景，谨以此作为贯彻落实中央十七届六次全会精神，推进文化大发展、大繁荣的一次有益实践。

这个"前言"有些简单。如果把今日勤俭村基本情况特别是近几年获得的各种荣誉加进去，将是一个很好的宣传。

"前言"左边板块印着毛泽东的名句："让哲学从哲学家的课堂上和书本里解放出来，变为群众手里的尖锐武器。"毛体，看上去似乎真的是毛泽东手书。文字的旁边还配了毛泽东微笑的照片。右边板块有如下内容：埃德加·斯诺的照片及文字介绍，斯诺与毛泽东的合影照片，《矛盾论》（出版单位误写为"中国人民出版社"，实际应为"人民出版社"）引文，姜汝旺回忆斯诺采访的手稿，《人民日报》1970 年 8 月 16 日、10 月 30 日第一版刊载的勤俭作品，以及《今日江山》登载的毛新宇谈"毛泽东哲学思想"的文章。

第一部分给人的感觉是"总序"里面插入了"正文",所以有凌乱和不协调之感。改善的方法或许是把这一区域都做成"前言",左边板块的内容可吸收到"前言"里面,右边板块的内容可以调至别的部分。

第二部分是姜汝旺的专题,标题为"农民哲学家——姜汝旺"。第一板块标题为"田间地头学哲学",包含着姜汝旺的近照及文字介绍,以及上世纪70年代姜汝旺学习、劳动、生活的若干照片。第二板块标题为"哲学文化美名扬",集合了郭沫若的题词"既当火车头又当老黄牛",邓颖超写给夏好礼的信,姜汝旺参加国庆节天安门观礼活动入场券,广交会姜汝旺事迹宣传册,以及《中国建设》杂志英文版(误写为"《人民日报》海外版")对勤俭农民学哲学事迹的介绍。第三板块标题为"夕阳美景无限好",记录的是晚年姜汝旺了解村情民意、调解矛盾纠纷、同年轻人一起学习的场景。

第三部分标题为"人变思想地换貌",反映70年代勤俭村学哲学用哲学的热闹情形,全部为老照片。第一板块标题为"学习哲学热情高",呈现了勤俭村民学习、讲用、交流哲学的画面,戴香妹的事迹介绍以及"三妹"讲哲学的照片也出现在这里。第二板块标题为"活学活用改面貌",展示了村民在实践中运用哲学取得的成果。第三板块标题为"争天斗地生产忙",记载的是村民们生产劳动的情景。后两个板块选题有些重复,内容区别不太明显。

第四部分为《半篮花生》专区,标题为"半篮花生红北京"。这一部分的特色之处在于,中间位置装了一块银幕,专门用来放映越剧电影《半篮花生》。银幕的左边是该剧的剧情介绍与部分剧照,以及两种版本同名连环画的照片。右边区域是毛泽东照片以及他对于越剧《半篮花生》的评价,还有勤俭村戏台照片及文字说明(有些奇怪的是,广交会上姜汝旺宣传品的封面照片也出现在这里)。这一部分展品比较单薄,标题还可以再改进。

第五部分没有统一的标题,表现的是勤俭村与"将军"的关系。第一板块标题为"勤俭的将军缘",围绕70年代初东海舰队刘浩天、宋宪章两位将军带队到勤俭村开展交流活动布展。第二板块标题为"民国时期国军第一位女将军",介绍的是成功破译日军偷袭珍珠港情报的姜毅英的事迹（姜毅英虽然是勤俭名人，但是和"勤俭农民学哲学"没有任何关系）。第三板块是姜毅英家族的族谱。总的来看，第五部分和整个展览的主题关系不是太密切，是否为这些内容单独设立展区有待推敲。

第六部分也没有统一的标题，描述的是今日勤俭村的景象。第一板块名为"班子成员凝心聚力"，搜罗了最近两任两委班子成员的一些活动情况。第二板块名为"村庄面貌日新月异"，由一组村容村貌照片、一段关于村庄的文字说明以及一幅村庄的规划图构成。第三板块名为"文体活动丰富多彩"，展现了村民们丰富的业余生活（施轼捐赠哲学史料的照片湮没其中）。第六部分单独设展是完全必要的，但是有些细节还可以再提升。

看完展览，步出东门之前，你会看到门内右侧墙壁上一块刻写着"勤俭农民哲学名句"的铜牌。"不叫的狗更会咬人"，"大石头离开小石头砌不成墙"，"一把锄头两股劲"，"毛毛雨湿衣裳——不小心上大当"，"猴子爬竹竿——到顶"，"下雨天挑稻草——越挑越重"，"癞子头上的虱子——明摆着"，共七句。前四句是我们熟悉的，后三句好像歇后语的成分更多一些。

（二）馆藏

经过30多年的沉寂之后，想要恢复展览馆昔日的风光，已不太可能。姜汝旺说，现在的展品，只是原来的百分之一。不过，在众多村民的热情参与下，在众多爱心人士以及市档案馆等单位的大力帮助下，陈列馆的藏品正变得越来越丰富。新旧物件都有，以旧物件为主。为方便读者了解，我们分类介绍。

1. 图书。《学好用好毛主席的光辉哲学思想——浙江省江山县勤俭大队、江山水泥厂活学活用毛主席哲学思想经验》（天津人民出版社，1970），《哲学的解放——勤俭大队学哲学用哲学的事例》（人民出版社，1971），《改造世界观 自觉执行毛主席革命路线》（山东人民出版社，1971），《工农兵就是能学好用好哲学——评勤俭大队学哲学的经验》（浙江人民出版社，1971），《用唯物辩证法指导科学实验》（科学出版社，1972），《哲学的解放》（朝鲜文版，外文出版社，1972）等中外文图书数十种，其中朝鲜文版的《哲学的解放》属稀见图书。

图 18-3　陈列馆部分藏书

2. 报刊。《人民日报》、《解放军报》、《光明日报》、《浙江日报》等报纸若干种，《人民画报》（1971 年第 2 期），《工农兵画报》（1974 年第 14 期），《中国建设》（英文版，1971 年第 7 期），《中国报道》（世界语版，1975 年第 2 期）等刊物若干种，其中外文类刊物比较稀见。

3. 非正式出版物（没有书号或刊号）。《勤俭人的豪言壮语》（勤俭大队写作组编，1970），《大批判简报》（浙江省革命委员会政工组《大批判简报》编辑组，1971），《种田人就是能学好用好哲学——浙江省江山县勤俭大队党支部书记姜汝旺同志活学活用毛泽东哲学思想的事迹》（中英文，中国出口商品交易会，1971），《学哲学情况交流》（江山县革命委员会政工组编，1974 年第 3 期），《江山广播通讯》（江山县人民广播站编，1976 年第 2 期）等中外文出版物数十种。

4. 会议材料。《学了唯物辩证法，人变聪明心更红》（勤俭大队党支部，1970 年 9 月），《让哲学变为群众手里的尖锐武器——江山县第三届活学活用毛泽东思想积极分子第一次四好单位五好战士代表大会材料汇编》（1970 年 11 月），《浙江省金华地区首次革命妇女活学活用毛泽东思想讲用会材料汇编》（浙江省金华地区"革委会"政工组编，1971 年 3 月），《浙江省夺煤大会战工作会议典型材料汇编》（大会秘书组编，1971

5. 手稿与草稿。《种田人也能创造精神财富》（勤俭大队写作组，时间不详），《批林批孔是搞好农业生产的强大动力》（姜文湖，时间不详），《一定要以事实说话——参加采写〈哲学的解放〉一文的体会》（勤俭大队写作组、中共江山县委报道组，时间不详），《毛主席的辩证法是个宝，继续革命不可少》演唱宣传材料初稿（江山县电影站"革委会"，时间不详）《姓姜的不都是一家人》（作者及时间不详），《哲学下乡——勤俭大队学哲学用哲学的故事》（作者及时间不详），《回忆》（姜汝旺，时间不详）等数十种。

6. 连环画。《英雄的南堡人》（浙江人民出版社，1972），《半篮花生》（浙江人民出版社，1975），《半篮花生》（底稿，上下册，时间不详）等若干种。其中，爱心人士施轼从收藏市场淘来的《半篮花生》底稿尤惹人注目。底稿共两册，绢布封面，扉页撒金，16 开大小，只有图画没有文字，未见出版。施轼还捐了其他一些图书资料。村里人为了感谢他，专门给他搞了一个捐赠仪式，发了他一个荣誉证书。

图 18-4 《半篮花生》连环画底稿

7. 照片与图片。新旧照片加起来，有数百幅之多（不含数码照片）。照片是陈列馆最重要的资源，如果没有它们，这个陈列馆将会贫乏许多。几十张老照片，让人直观地感受到"文化大革命"时期勤俭村的面貌，

图 18-5　施轼捐赠仪式

勤俭人学习、工作、生活的状态，具有较高的文物价值和不可替代的史料价值。其中相当一部分老照片的拍摄者是蔡怡。他曾任《江山报》摄影记者和驻村干部，负有宣传勤俭大队的任务。有趣的是，这些老照片也是当年"展览馆"里面的展品。2009 年，当蔡怡听说勤俭村重张陈列馆的时候，便毫不犹豫地把它们贡献出来，无偿地赠送给了勤俭村。蔡怡目前已经 80 多岁了，有时还会下到村子里来，拍一拍新农村的新气象。陈列馆里的新照片，有一些也是出自他手。除了照片之外，陈列馆还藏有数十种图片，《种田人就是能学好用好哲学》图片集（人民出版社，1971）是较为重要的一种。

8. 影音资料。越剧电影《半篮花生》（长春电影制片厂，1974），微电影《勤俭——中国农民哲学村古昔》（江山播视网摄制，2012）等影视资料若干种，另有录音资料数十种。

9. 题词。郭沫若题词 1 种（拼装复印件）。

10. 信件。邓颖超 1970 年 11 月 19 日致夏好礼的信（复印件），山东人民出版社 1971 年 5 月 6 日致勤俭大队党支部、水泥厂党委的信，上海人民出版社 1976 年 5 月 19 日致江山县勤俭大队的信等若干种。

11. 文件。《浙江省革命委员会关于向江山县勤俭大队学习，进一步掀起活学活用毛主席哲学思想群众运动新高潮的通知》《共青团浙江省委关于学习和推广勤俭大队团支部、东海化工厂团支部的经验的决定》【团浙（1974）5号】，江山县人民法院刑事判决书【江法（77）刑字第64号，复印件】，浙江省金华地区中级人民法院刑事裁定书【金地法（80）刑上字第5号，复印件】，浙江省金华地区中级人民法院刑事判决【金地法（82）刑复字第41号，复印件】等若干种。

12. 礼品。"毛主席在'九大'主席台上"油画（浙江美术学院赠送，1969），毛主席视察"洛阳舰"照片（东海舰队赠送，1970年11月），毛主席诗词《满江红·和郭沫若》横幅（6618部队赠送，1971年12月），"山村盛开哲学花"玻璃画（山东大学政治系赠送，1974）等若干种。

13. 杂项。像章，奖状，勤俭大食堂饭票，姜汝旺国庆观礼券，戴香妹人大代表证、出席证，战天斗地石等数十种。

14. 电子资源。陈列馆的电子资源有的是原生形态，即直接产生于各种电子数码设备终端的文本、图像、声音、动画文件，有的是次生形态，即通过翻拍、转录、扫描等技术手段，从实物资源转化而来的电子数码文件。目前，馆藏目录第7至11类中的实物资源基本上实现了数字化，其他类别中的实物资源在加紧实现数字化的过程中。

陈列馆的藏品虽然称不上琳琅满目，却也特色鲜明。姜汝旺和其他老骨干们喜欢经常到这里转一转，不光是为了寻找当年的感觉，也是为了看看最近又增添了什么物件。姜汝旺记挂着竹潜民手里所藏的那些资料，"勤俭人写的文章，宣传勤俭村的文章，他搜集得很全"。竹潜民退休后住在宁波，姜汝旺曾经与新塘边镇镇长去找他要这些资料，他不给，说起码衢州档案馆来才给。这件事一直让姜汝旺耿耿于怀。

（三）接待情况

陈列馆恢复以后，一开始比较冷清。随着市、镇、村三级推介力度的增大，来参观的人逐渐多起来了。他们中间有官员，有学者，更多的是一些普通游客。参观人数并无统计，但新塘边镇党委书记李纯浩提供的一个情况从侧面说明了最近这儿"火"的程度。他说，2012年4到8月这5

个月,仅处级以上领导就来过 500 多位,有些人还住在这里,不肯走。

以下是网络上关于陈列馆接待情况的一些报道,可以略窥一斑。

单继刚处长参观"中国农民哲学村"

10 月 17 号上午,我所科研处处长单继刚在浙江江山市领导的陪同下参观了勤俭村。在文化大革命时期,这个地处江西、浙江交界俗名"荒塘尾"的小村庄兴起了一股农民学哲学的热潮,勤俭成了全国著名的"哲学村"。就在那时,社会上提出了与"农业学大寨"、"工业学大庆"齐驾并驱的响亮口号——"哲学学勤俭"。

此次活动除了参观农村学哲学活动陈列馆之外,主要参访了"农民哲学家"姜汝旺和"哲学三姐妹"之一、全国人大代表戴香妹,目的旨在了解当时哲学是如何走进群众生活,农民是怎样学习哲学的,对马克思主义哲学有些什么样的理解,怎么样在生活当中来贯彻这些思想等情况。两位前辈回忆了当时学哲学的情况,热情地回答了所提出的问题,对当今社会发展存在的问题也交换了意见。同行人员都感到深受启发。(周广友)

——中国社会科学院哲学研究所官网 2011 年 10 月 20 日报道

衢州党校副校长一行来我镇勤俭村调研

10 月 20 日上午,新塘边镇勤俭村又迎来一批贵客。衢州市委党校副校长李洁芳一行在市委宣传部、文化局及新塘边镇宣传委员、副镇长周方平的陪同下,参观了勤俭村"农民学哲学"陈列馆,并以座谈的形式认真听取了原勤俭大队"学哲学"相关人员的学习感言及对相关问题的看法,他们表示勤俭村在推动马克思主义哲学大众化方面取得了显著成效。(毛金靖)

——新塘边镇官网 2011 年 10 月 21 日报道

浙报集团总编李丹一行来我镇考察勤俭哲学文化村

"五一"前夕,浙江日报报业集团总编辑李丹一行来我镇"中国幸福乡村"勤俭村进行考察。市委书记陈锦标,市委副书记、市长王良春,市委常委、宣传部长汪黎云等陪同考察。

李丹一行人在村口下车，详细听取了镇党委书记李纯浩对勤俭村在"中国幸福乡村"建设进程中所做的努力和近年来的规划，实地参观考察了勤俭村哲学陈列馆，随后与农民学哲学的典型人物——姜汝旺、戴香妹等召开了座谈会。

李丹在考察中充分肯定了勤俭村建设"中国幸福乡村"的明显成效，对农民学哲学的事迹进行了高度评价，并对哲学文化村的建设提出了自己的真知灼见。

座谈会上，李丹与姜汝旺进行了亲切的交谈，询问了姜老担任矛盾调解员——"老娘舅"的体会，并就如何能让社会主义核心价值体系简单化、容易记、易操作的问题进行了探讨。姜老表示，现在的社会价值观没有抓住要领，没有纲，孝、诚信等是人本来就应该具备的东西，不能作为一种价值观。尊严和文明是人所追求的东西，是一种价值取向。做人要有尊严，无论富有或贫穷，年老或年少；人也应该讲文明，重礼仪。李丹积极采纳了姜老的意见，对姜老能保持活跃的思维表示赞赏，对下一步勤俭村的发展给予了厚望。（刘慧慧）

——新塘边镇官网 2012 年 5 月 3 日报道

宋光宝来勤俭村调研"网格化管理组团式服务"工作

8月2日上午，省委政法委副书记、平安办主任宋光宝一行来我镇勤俭村调研"网格化管理、组团式服务"工作。省政法委办公室主任蒋建森，衢州市委常委、政法委副书记、公安局长王建，衢州市委副秘书长、政法委副书记陈志明，我市市委书记陈锦标，市委常委、政法委书记郑朝基等陪同调研。

宋光宝副书记一到新塘边镇勤俭村，便被该村浓厚的哲学氛围所吸引。在参观完勤俭哲学陈列室后，新塘边镇镇党委李纯浩书记向工作组详细介绍了勤俭村利用自身优势，因地制宜总结出了一套有勤俭特色的社会管理模式。

在得知早在四十多年前，勤俭村就掀起了一股农民学哲学的热潮，成了全国著名的"哲学村"，而如今哲学已成为该村社会管理工作的"法宝"后，宋光宝竖起了大拇指。"一个村能有这样的成绩，非常了不起！"他说，勤俭村能将哲学思想贯彻到社会管理当中，以哲学的思想来解决社会问题，化解社会矛盾，推进社会和谐，这种做法很有特色，也非常值得推广。希望镇村继续发扬学哲学、用哲学的传统，真心实意为村民做实事，保障社会和谐稳定发展。（崔华）

——新塘边镇官网 2012 年 8 月 3 日报道

中国社科院哲学研究所将对勤俭村哲学文化作深入研究

8月21日下午，中国社科院哲学研究所党委书记吴尚民一行来我镇勤俭村进行实地考察，衢州市委宣传部副部长杨昕，江山市委常委、宣传部部长汪黎云，镇党委书记李纯浩陪同考察。

吴尚民一行实地参观了勤俭村哲学陈列馆，会见了当年的"农民哲学家"姜汝旺和"哲学三姐妹"之一的戴香妹，并在勤俭村村部会议室召开了座谈会。

座谈会上，中国社科院哲学研究所的研究人员对此行的目的和意义做了说明，并就如何将马克思主义哲学中国化、大众化、当代化的命题与姜汝旺先生进行了深入的探讨，气氛相当融洽。

座谈会后，由中国社科院哲学研究所科研处处长、研究员单继刚带队的5人研究小组还留在勤俭村，对勤俭村当年学哲学用哲学的一些建筑、资料进行了收集和记录，并与镇村两级干部、姜汝旺先生一起就那段历史对现在的影响进行了交流。接下来，研究小组成员还将采访当年学哲学的社员和现在村里的年轻人，对资料进行进一步的收集和整理，不仅要回顾那段历史，更关注哲学思想对当代社会发展的积极作用。（刘慧慧）

——新塘边镇官网 2012 年 8 月 23 日报道

省文明办领导来勤俭村检查指导

3月26日上午，省文明办副主任徐晓、未成年人处处长叶彤一行来到新塘边镇勤俭村检查指导精神文明建设工作，我市市委常委、宣传部长汪黎云陪同。

一行人先后实地考察了正在建设的"留守儿童成长乐园、留守妇女创业基地"爱心工程项目，展现幸福家庭风貌的"幸福园"及收藏当年农民学哲学各类珍贵哲学历史资料的"哲学陈列馆"。同时，观看了介绍勤俭村历史变革的纪录片，并与 80 多岁的农民哲学家——姜汝旺进行了亲切的交流。一行人对新塘边镇及勤俭村开展的"关爱留守儿童"、"开展幸福家庭评选"等工作表示了充分肯定。（蔡笑）

——江山信息网 2013 年 3 月 26 日报道

根据村干部的介绍，到这儿来的游客，什么年龄、什么职业、什么地方的人都有，还来过几个老外。他们有的是旅行社带队过来的，有的是单位组织过来的，有的是自己过来的。年纪大一些的游客以怀旧的居多，年纪轻一点的游客以增长知识和见闻为主，也有抱着猎奇心理来的。毛金靖说，她曾经接待过省里的一位"老干部"，就是来"寻找回忆"的。这位"老干部"70 年代曾经来过这里，那时他还是一个孩子，挤呀挤呀就是挤不到展览馆里去，人实在是太多了。现在，他终于能够进到里面来了。"老干部"那满足与开心的表情，至今仍然深深地印在毛金靖的脑海里。

尾声 "哲学村"走向"哲学镇"

"中国农民哲学村"能有现在这种发展态势，与新塘边镇党委政府的大力支持是分不开的。

早在2007年底，新塘边镇政府就与江山市旅游局合作，拿出了一份《江山市"勤俭哲学村"旅游区保护与开发策划书》。策划书的"前言"写道："如今，这个退出历史舞台的'中国农民学哲学第一村'，调整发展思路和策略，整合有效资源，打造个性旅游产品，为历史的追忆者和探寻者创造一片天地。"可以看出，当时镇政府对勤俭村的扶持，是从发展旅游和增加农民收入的角度来考虑的。

根据这个策划书，勤俭村的开发分为三期。第一期开发重点主要在村口至村中心段。建设内容主要是：基础设施、游步道、老建筑恢复、环境整治等，力求把"文化大革命"时期的勤俭村风貌如实展示给游客。第二期开发重点主要在村外围。建设内容主要是：农林采摘园、"人定胜天"遗存、姜氏祠堂、毛家仓火车站等。第三期开发重点也在村外围，主要是进一步完善休闲功能，发展农家旅馆，建设度假村，使勤俭哲学村成为个性化的景区。按照策划书的估算，项目总投资4000万元，其中一期1000万元，二期1000万元，三期2000万元。

2009年，江山轰轰烈烈开展"中国幸福乡村"建设，镇党委政府一班人认识到，勤俭村"并没有退出历史舞台"，农民哲学文化，可以成为幸福乡村建设的重要抓手和资源，但他们同时也担心，勤俭农民学哲学是特定时代的产物，那时斗争哲学讲得比较多，现在把哲学作为勤俭村乃至新塘边镇的"名片"是否合适？是否会带来一些负面影响？最后，经过讨论，大家统一了思想，认为可以"取其精华，去其糟粕"。在镇政府的支持下，既展示勤俭村历史又展示勤俭村现状的陈列馆很快恢复起来了。

从2007年到现在，新塘边镇党委政府经过几次换届，党委书记由柴登祥、毛香水换为现在的李纯浩，但是对勤俭村的政策并没有变，人力、物力、财力方面的支持力度不断加大，基础设施、投资环境和政策环境持续改善。难能可贵的是，新一届党委政府对于如何运用农民哲学指导工作，新农民学哲学的必要性和方法，以及镇政府如何助推勤俭发展等问题，进行了深入的理论思考。

新塘边镇党委书记李纯浩——

我们镇里所谓运用"哲学"去化解矛盾、去创新社会管理、创幸福乡村、抓经济问题，实际上是运用"农民哲学"。把农民一些很朴素的原理啊，把这个东西运用起来。

1. 用农民的哲学文化教育农村的党员干部

我们编了一本连环画。这本连环画我们体现哪些内容呢？

比如说，"大石头离开小石头砌不成墙"。我们强调班子的团结问题。有些人觉得自己是"大石头"，看不起"小石头"，主要领导说了算，不集体商量，忽视了"小石头"的作用，班子就不团结，工作就推不进。

再比如，我们对农村的党员干部开展廉政教育，你跟他说"毛毛雨湿衣裳——不小心上大当"，这样讲就很生动了。不要以为到群众那里拿一点吃一点没关系。我们最近碰到一件事情，某村发生了群体性事件之后，党支部书记不敢到现场去阻挡，为什么呢？因为那个党支部书记经常到那个老板家吃饭的，这就是"毛毛雨"嘛，把他衣服弄湿掉了。

还有，解决安全生产、维稳这些工作的麻痹性、封闭性方面，我们说，"不会叫的狗更会咬人"。安全生产的隐患，不稳定因素的苗头，你发现了，"狗"就叫了，你提防它，就不会被它咬了。

再还有，我们有些干部啊，"一把锄头两股劲"，分管的工作他很积极的，不分管的工作他不积极。抓经济有成绩的他很乐意去抓，叫他抓信访他不去抓的。"一把锄头两股劲"，就是两种不同的状态，要把两股劲变成一股劲，一把锄头一股劲。

我们把这些东西编成一本连环画，发给党员干部，让他们去学习，就是用哲学的思想教育大家。

另外，通过考试的方法，可以让村干部加深对哲学知识的记忆。我出

图尾 –1 《哲学小故事新编》连环画封面。连环画由人民美术出版社于 2012 年 8 月出版，周建新编写，曾令兵绘画

了一张试卷，有不定项选择题、简答题和论述题。不定项选择题，就是给你一些新塘边镇实际工作的案例，让你判断体现了什么哲学原理；简答题，就是联系你分管或正在做的工作分别谈一谈"毛毛雨湿衣裳，不小心上大当"、"决不能一把锄头两股劲"、"大石头离开小石头砌不成墙"、"会叫的狗不会咬人，不叫的狗咬人更凶"这几个哲学观点；论述题，就是讲述一个你在工作和生活中运用哲学思维或原理解决问题的事例。

2. 用农民哲学的方法、思维去解决具体的问题

我们抓社会管理，既要抓"大石头"，又要抓"小石头"，既要抓重点群众，又要抓弱势群体。弱势群体如果不加以关爱，转化为矛盾的主要方面，维稳的主体基础就不牢靠了。

那我们农村的弱势群体最需要的服务是什么？我们有四句话。

第一句话叫"爱情连连看"。光棍讨不到老婆，他不好意思跟政府说，是不是啊？那我们这种事情也要去帮助他。我们搞"爱情连连看"活动，就是为大龄青年找媳妇。

第二句话叫"婚姻保卫战"。农民外出打工，有些人赚了钱回家，就看不起老婆了。有些人回来搞婚外恋了。那我们就找上门，给他讲道理。"大石头离开小石头砌不成墙，你今天的成功离不开糟糠妻子的帮助"，讲这些也很有效果的。

第三句话叫"几度夕阳红"。老姜，姜汝旺，80多岁了，就他一个人，子女都不在身边，我跟他结对的，有时跟他聊聊天，谈谈哲学，到他那里学了很多东西。还有一些老人都是空巢老人。我们让这些老人不寂寞，还要给他们子女写信，叫他们关心。

第四句话叫"一个都不能少"。大家都外出打工了，留下小孩子在家里没人教育的。爷爷奶奶可能没什么文化的或怎么样，也影响教育的。我们让这些留守儿童啊，每个人都有一个"爱心妈妈"，这项工作就是我们宣传委员徐部长在抓的。新塘边的留守儿童，每个人都有一个"爱心妈妈"，全部结对的。

服务弱势群体，解决群体性事件，解决干部思想问题，解决资源整合问题，推进农房改造，推进省级森林城镇创建，我们在做这些具体工作的时候，都注意运用农民哲学的方法，帮助我们提高思维层次、找寻具体事物的具体规律，用辩证思维把握事物内部的矛盾关系、探索解决具体问题的办法，取得了事半功倍的效果。用哲学的思想去指导实践，是永远的真理。

在与李纯浩的谈话中，我们注意到，镇领导对于勤俭村的"农民哲学"，不光有继承，还有发展。原来的一些哲理名言，根据新的环境和新的需要，作出了新的解释。例如，"不会叫的狗更会咬人"这个谚语，在以前是说明阶级敌人很阴险，很狡猾，隐藏得很深，破坏性很大，现在则提醒我们，那些不易觉察的情况往往构成潜在的威胁，要让情况及时暴露出来，以便及早解决问题。通过这些新的解释，原来那些哲理名言的适用性更强了，实际上也就是它们的"哲学性"更强了。

新塘边镇宣传委员徐娟芳——

哲学是一门智慧的科学，我们的新农村建设需要哲学。我申请了一个课题，想专门研究一下"新农民学哲学"的问题。

1. 新农民为什么学哲学?

(1) 有利于保护优秀哲学文化。以前，我们这里学哲学是很辉煌的。现在，大量农民外出务工，直接导致了农村精英（包括文化精英）外流，农村出现了"空心化"发展趋向，留下的大多是文化程度不高的老人、妇女和儿童，在相当程度上影响了农村优秀文化的传承和弘扬。另一方面，随着农村文化价值观念的变迁，人们普遍认为市场经济就是金钱经济，不少人认为哲学已经过时。通过倡导新农民学哲学，做到在继承优秀哲学文化传统的同时，赋予哲学文化新时代的内涵。通过打造丰富多彩且具有时代气息的哲学文化，让更多的人包括农民的孩子来亲近和了解哲学。

(2) 有利于提升农民群众的幸福指数。随着我国从传统农业社会向现代工业社会迈进，5000年传承下来的农村优秀文化传统和传统美德受到了严重冲击。自私、浮躁、庸懒、焦虑等消极心理，对农村产生了负面影响，给社会带来了不稳定的因素。通过倡导新农民学哲学，以哲学的理念进行自我修养，可以化解精神困惑，克制过多欲望，从而为营造和谐社会作出积极的贡献。

(3) 有利于推进社会管理创新。如运用"决不能一把锄头两股劲"的哲学语言，有效地解决干部群众把自己事情当成主业，把集体事务当成副业的不良倾向；如引用"毛毛雨湿衣裳，不小心上大当"这句简单的农民哲学话语，给信访维稳工作敲响一记警钟：基层的很多小事情、小纠纷、小矛盾，都是毛毛雨，看似无碍，一旦疏忽却极易引发严重的后果；通过"大石头离开小石头砌不成墙"哲学谚语，明白既要发挥镇村两级干部在社会管理中的"大石头"作用，又要发挥农民群众"小石头"的作用，两者合力砌出稳定和谐之墙。

(4) 有利于提升地方竞争力。新塘边镇通过打造哲学文化，对内可以提高社会凝聚力和创造力，对外可以提升城镇品牌形象，增强区域竞争力。建设哲学文化强镇，不仅能成为新塘边镇实现绿色崛起、推进科学跨越的新引擎，更是凝聚人心和提高创造力的重要源泉。通过浓厚哲学文化的氛围，进一步增强群众的文化素养，推动文化软实力的显著提升，从而有力地推进经济的转型升级、科学发展，为建设小康社会提供强有力的精神支撑。

2. 新农民如何学哲学？

（1）民间谚语中发掘哲学观。在学校小学生中成立哲学课堂，通过小学生去收集民间谚语，从民间谚语中发现哲学道理。比如"大石头离开小石头砌不成墙"。一个班的学生中有的是成绩优秀的，有的却是成绩差的，在这个时候大家要有整体集体的观念。优秀生不应该看不起差生，只有去帮助差生摆脱差的局面，大家共同进步，这样才会拉高班级的平均分，使整个班级的成绩有所提高。还有如"竹篮装泥鳅，走的走，溜的溜"。竹篮就是小学生们的脑子，而泥鳅就好比是知识。因为没有勤加复习，"竹篮"很松散，"泥鳅"趁着宽宽的缝隙总是要溜走。但是只要勤奋学习，对知识点多思考，多复习，就把"竹篮"打造得严严实实，让"泥鳅"一条都溜不走，那知识就牢牢地锁在脑子里了。

（2）夜间讲堂里学哲学。通过开设夜间讲堂，邀请外来专家、知名人士为农民上课，从理论上加强哲学学习，再把新农村特点融入到哲学学习中，由简入理。

（3）在实践中学哲学。比如我们现在农村大力倡导的农房改造工程。这个工程确确实实是有利于农民群众的大好工程，但是往往有些人的思想观念是难以转变的，总觉得自己住了一辈子的老房子好。在这个时候，我们请这些比较顽固的老人们到别的新农村走走看看，听听原来也是这样想法的人说说自己的亲身经历，从而让顽固的老人们转变思想，同意拆掉老房建新房。其实，建好新房大家心里还是相当高兴的，这就是所谓的"旧的不去新的不来"，用哲学观点来说就是"不破不立"。这样的例子我们实际工作中还可以举出很多，就是要我们去发现去总结。

（4）通过文化宣传形式学哲学。像我们新塘边镇，就根据实际工作生活中的案例编写成了哲学小故事。通过故事的形式能让大家更好地接受哲学观点，使看似复杂的哲学观点简单明了。我们还可以把这些工作生活中的哲学小故事编成小品、三句半等文艺形式，通过这些多样的文艺表演让大家学习到哲学道理，寓教于乐，让哲学真正从课堂上走出来融入到老百姓的生活中。

徐娟芳的这些看法都挺好。我们向她建议，关于学哲学的方法，思路还可以更开阔一些。比如，发挥老一辈哲学骨干的"传帮带"作用，重点培养一批年轻人。具体做法是：从在外务工人员中选拔一批文化基础好、对哲学有兴趣、有志于在家乡创业的年轻人，由老一辈哲学骨干进行重点培养，这一部分人将来在哲学村、镇建设中发挥核心作用——讲解和反思哲学村的历史，研究和探讨当代哲学问题，参加各种与哲学有关的交流活动，等等。再比如，充分利用互联网等现代传媒形式学习哲学。老一辈哲学骨干通过举办学习班、讲用会、辩论会等活动学习哲学，比较有效，但是现在的新农民主要在外务工，比较分散，不易召集，因此，可以考虑将这些活动搬到网上进行。互联网提供了很多便利，微博，BBS，QQ群，在线课堂，这些传播形式都以互联网为依托，要充分加以利用。另外，新塘边镇学哲学实践中涌现出来的许多好方法，例如做试题、拍微电影、写工作日志、办村官论坛（项目论坛）等，也要注意总结。

新塘边镇政协工委副主任汪水录——

为了促使勤俭村抓住机遇，走出一条科学、有为发展路，镇政府要树立"营销助勤俭、外力推勤俭、人人帮勤俭、动作大勤俭"的理念。

1. 成立组织

勤俭村现有村民1000多人，保护开发意识不强。勤俭村原有大量的反映当时情况的标语、墙画及老屋被拆毁。在现阶段，保护和抢救哲学文化资源是基础和关键，也是利用、发展的前提。因此，要成立江山市保护开发勤俭哲学文化特色村领导小组，负责规划指导协调，同时组建保护开发有限责任公司，具体负责项目实施。政府要充分发挥优秀传统文化保护上的主导作用，提供政策、资金上的支持与保障，有针对性地制定、完善相应的扶持措施。

2. 修编规划

勤俭村在保护与开发过程中，要坚持"科学规划、统一管理、严格保护、永续利用"的大勤俭方针，可以尝试与集镇建设管理联动。勤俭古街、古寺、古屋……可在集镇找到。

3. 优化资源

结合中国幸福乡村建设，建立新塘边文化大舞台。利用文化大舞台，充分挖掘新塘边乡土文化资源，如勤俭村农民哲学文化（歌舞剧《半篮花生》、哲学的"三句半"等）、荸荠文化（邀请市文化馆或婺剧团创作荸荠为主题的情节剧、滑稽剧），毛村山头村的腰鼓文化（反映中国幸福乡村建设中涌现出来的婆媳情深的和谐景象），新塘边姜氏文化、基督教文化，上洋庙祠佛教文化，千坞语言文化，彭村博爱文化等地方文化，从而大力弘扬新塘边的特色文化，打造新塘边边界特色文化名镇。利用姜氏宗祠区位便利的地理优势，结合新塘边墟日，构建集荸荠、茶叶、葡萄、白菇等土特产和对联、烛台、锡器等手工艺品为一体的旅游购物一条街。通过对哲学文化资源的合理开发利用，形成旅游、开发、生产、销售良性循环链条，从而产生经济效益。有了经济效益，对哲学文化的传承就有了积极性和新的活力。

4. 创新模式

政府完善管理体制，制定有关的激励政策和扶持措施，以鼓励社会与个人积极参与哲学文化保护事业，激发社会与个人保护哲学文化的热情。拓宽资金投入渠道，按照"谁投资，谁受益；谁保护，谁受益；谁开发，谁受益"的原则，鼓励、引导社会资金投入哲学文化资源的保护与传承，并享有相应的合法权益。采取多元化的模式筹集保护资金。一是政府引导投入。通过政府有限的资金投入，起到四两拨千斤的作用，撬起比较大的运作资金。二是设立产业基金。通过金融体制的创新，引入产业基金，吸引市场化程度比较低的公益基金，解决保护资金问题。三是资本化。通过股份制的形式，吸引外面的资金进来。四是银行贷款。通过政府信誉担保进行筹资。

5. 丰富内涵

对优秀传统文化最有效的保护，就是进行积极的全方位的动态传承。所谓"动态的传承"指的是：既要继承优秀哲学文化传统的东西，也要适应现代生活需求创造新的东西；既要传承哲学文化的"文脉"，也要有选择地传承作为哲学文化载体的"人脉"；既要传承哲学文化的物质表象，也要注意传承哲学文化的精神内涵。作为扎根于新塘边镇的勤俭哲学文化，其在新时代依然具有旺盛的生命力，依然能在人们处理日常工作、生活等诸多方面发挥积极作用，如哲学党建、哲学经济、哲学维稳、哲学人生。因此，可以通过赋予哲学文化新时代的内涵，通过丰富多彩且具有时代气息的哲学文艺演出，让更多的人亲近和了解哲学。学校教育是最具有影响力、最有价值的优秀文化传承方式。教育部门可以与组织、宣传、农办部门合作，设立哲学文化教育基地，将与本镇有关的哲学故事、勤俭村学哲学的传奇经历，组织人员进行编写，对干部、村民学生进行授课、讲解，提升他们对哲学的兴趣，让哲学文化走进田间校园。通过营造学哲学的浓厚氛围，进一步打造哲学民俗文化节，打出品牌。

汪水录的这些想法是在参观了大寨以后形成的。他觉得：大寨与勤俭有许多相同点，勤俭要大学大寨，学大寨人顺应时代潮流、解放思想、转变理念、打造品牌的创业之道和发展之要。作为一名镇干部，他感到自己在助推新塘边镇特别是勤俭村经济发展和文化发展方面负有义不容辞的责任，所以，回来以后，他马上将上述想法写成了一篇工作日志，发表在新塘边镇官方网站上。可以看出，作者对勤俭村的村情相当熟悉，对《江山市"勤俭哲学村"旅游区保护与开发策划书》和《江山市新塘边镇勤俭村村庄规划》等文本作过认真研究。

如今，在镇领导的带动下，全镇形成了一股学哲学用哲学的风气。几乎每位镇村干部都能脱口而出几句"哲理名言"。在强调班子团结、干群团结的时候，在劝和吵架夫妻的时候，在帮扶弱势群体的时候，就说"大石头离开小石头砌不成墙"；在进行廉政教育、建立信息预警机制，以及防微杜渐时，就说"毛毛雨湿衣裳，不小心上大当"；在要求沟通民情、掌握群众信访的核心诉求、排查安全生产隐患时，就说"不叫的狗更会咬人"；在批评对自己的事热心而对集体的事不热心、对分内工作重视而对分外工作不重视现象的时候，就说"一把锄头两股劲"……。此外，还有一些哲理名言，像"物质和精神能相互转变"啦，"坏事能变成好事"啦，"科学分析大有益"啦，"不破不立"啦，"分清主流支流"啦，虽然不是那么流行，但是也能经常听到。

"镇里镇党委已经用哲学观点去解决问题。从今年开始，各个村逐步逐步发展起来，勤俭哲学村向新塘边镇建设哲学镇发展了。" 2012 年 8 月份，姜汝旺有些得意地对我们说。

我们衷心希望，在中国的更多地方，能够盛开这种带有乡土气息、地域色彩、接地气的"哲学之花"。它们一定美丽，而且一定能结出甘甜的果实。

后　　记

　　这部作品，记录的是浙江衢州江山市新塘边镇勤俭村农民学哲学用哲学的日常生活，主要是"全民学哲学"时代的日常生活，也有现在的日常生活。我们觉得，把老百姓学哲学用哲学的日常生活记录下来，一定是一部老百姓能够看得懂的哲学作品。

　　本书的第一个特点，在于它的通俗性。无论是篇章结构，还是叙事风格，我们都借鉴了文学类作品的写法。在内容方面，尽量避开那些专业术语。

　　本书的第二个特点，在于它的微观视角。我们固然需要"中国哲学史"、"西方哲学史"这样的宏大叙事，但也需要做样本研究，解剖麻雀。研究一个村庄的哲学史，可以见微知著。

　　本书的第三个特点，在于它关注的是哲学（特别是马克思主义哲学）的民间形态、草根形态。老百姓对于哲学的理解或许不如精英阶层那么准确和深刻，然而，恰恰是老百姓，把哲学变成了一种生活方式，使哲学的力量得到了最充分的发挥。

　　本书的第四个特点，在于它是"第三方"独立研究的成果。我们在收集资料和写作的过程中，衢州市委宣传部、衢州学院、江山市委宣传部、江山市旅游局、江山市档案馆、新塘边镇党委政府等单位提供了诸多便利，诸葛慧艳、杨昕、吴锡标、郑红梅、徐裕敏、汪黎云、王之云、毛明华、黄小利、毛舒锋、姜志书、李纯浩、徐娟芳等领导和朋友提供过实质性的帮助，当事人也予以大力配合，我们表示衷心的感谢。但是，本书并不是什么"宣传材料"，而是几位学者根据原始素材和学术规范独立研究形成的成果，包含着严肃的理论反思。当然，我们也绝不掩饰对哲学大众化持一种明确赞扬的态度。

特别感谢以下四位先生：竹潜民、夏好礼、朱德田、蔡怡。他们既是勤俭村兴衰荣辱的见证人，也是有责任心的思考者。如果没有他们的支持，本书不会以现在这种面貌出现。本书初稿形成后，曾经征求他们的意见。他们认真地阅读了部分或全部的书稿，写来了详细的书面意见。随后的多次请教，他们也不厌其烦地进行解答。

首先感谢他们在精神方面给予的宝贵鼓励。竹潜民先生写道："中国社会科学院哲学研究所单继刚、马新晶、周广友所著《勤俭村遇上哲学》是一部很有价值的著作。勤俭农民学哲学，包括中国20世纪60—70年代在中国大地上掀起的工农兵学哲学风潮，即使算不上哲学史的一个章、一个节，至少也是哲学史上的一个点。对这一个点，加以历史的还原、具体的分析、客观的评价，是一件很有意义的事情。本书资料翔实、内容具体、图文并茂、可读性很强，将哲学史上的一个点用这样通俗化、大众化的形式表现出来，本身做的就是'让哲学从哲学家的课堂上和书本里解放出来'的工作。同时，本书对这一段历史也没有采取简单肯定或简单否定的态度，中篇'唯物辩证法是个宝'、'做到了通俗易懂'、'一些思考和评论'几节，对勤俭学哲学的长处和短处做了实事求是的分析，指出了当时工农兵学哲学的内容、观点、文风的不妥之处，显示了相当的深度。"夏好礼先生写道："感谢你们花了大量心血搜编《勤俭村遇上哲学》一书，对你们反复考证的严谨治学精神十分钦佩。"朱德田先生写道："拜读大作《勤俭村遇上哲学》（初稿）以后，感到这本书写得很好。你们花了大量的心血，几次来到江山，深入农村，作了大量调查研究，收集了大量原始资料，把四十多年前勤俭村农民学哲学的巨幅画卷，重新呈现在当今人们的面前，这是一件很有意义的事情，特向你们表示诚挚的祝贺。"蔡怡先生写道："这本书我越想越觉得重要，是国家历史中的一页。衷心感谢你们为勤俭写这本有着重要意义的书。"

这些鼓励的话给我们增添了很多信心，也为我们后续的修改完善工作提供了精神动力。虽然我们知道，他们的话不乏礼貌的成分，因为初稿还是十分不完备的，甚至有很多错误。

其次感谢他们在史料方面给予的无私帮助。竹潜民先生是一位非常细心的人，把自己当年参与创作的各种作品搜集起来，做成三大本剪报资料。我们到宁波拜访他的时候，他把这些珍贵的资料，以及"文化大革命"时期与勤俭大队学哲学活动有关的各种印刷品展示给我们看，真是十分丰富，有一些是我们以前苦苦求之而不得的。在认真地阅读完全部书稿后，竹先生写了两篇文章给我们，一篇是《对〈勤俭村遇上哲学〉的思考》，另一篇是《〈勤俭村遇上哲学〉辩正》。洋洋 2 万余言，不仅订正了史料方面的一些错误，而且进行了深度的理论思考，甚至还包括一些具体的写作建议。夏好礼先生提的意见和建议有 22 条之多。姜汝旺的北京之行，他伴随左右，基本上没有分开过，所以他的回忆对于更正姜汝旺回忆中不清楚与不准确的地方，有很大的帮助。夏先生还热心地提供了另一名同行者吴培生的联系方式。通过与吴先生取得联系，我们也获取了有用的信息。夏先生以前写过一篇《1970 年 9、10 月间赴京宣讲毛主席哲学思想回忆录》，也成为本书重要的文献来源。朱德田先生的反馈意见是手写的，十几页的篇幅。其中，关于 1971 年春季广交会宣传勤俭大队事迹的情况，具有非常重要的史料价值。朱先生对于勤俭农民学哲学问题谈了三点看法，对于我们也很有启发。蔡怡先生提供了勤俭大队早期学哲学的一些情况，并惠允我们使用他拍摄的旧照片，这令本书增色不少。

不夸张地说，四位先生提供的新鲜史料使得本书上篇的内容相比于初稿发生了巨大的变化，不仅更加准确，而且更为周详和完备了。由于在材料的取舍和采信方面存在一定的自由度，如果因此而发生了与史实的偏差，那是应由我们来负责任的。

本书作者承担的任务如下：单继刚设计全书的框架结构，制定写作原则，并写作前言、中篇初稿、后记；马新晶负责联络勤俭村，采集整理现场资料以及写作下篇初稿；周广友负责采集整理现场资料以及写作上篇初稿。各个部分完成后，由单继刚修改，形成征求意见稿（即《〈勤俭村遇上哲学〉初稿》）。根据征求意见的情况，再由单继刚对全书进行修改，直至定稿。

本书使用的照片，有一部分是我们课题组自己拍摄的，主要是周广友拍摄的。另外一些是勤俭农民学哲学陈列馆、江山市档案馆提供的，极少量的来自互联网。如其中个别照片涉及版权问题，请权利人与我们联系。

本书使用的参考资料,未在书末单列,而是在文中直接注明。这主要是考虑了本书的体裁和读者的具体情况之后的一种安排。

最后,衷心感谢您阅读本书。哲学的大众化期待大众的参与。

单继刚写于 2013 年 10 月 11 日